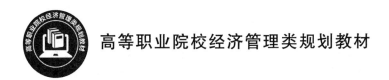

高等职业院校经济管理类规划教材

电子商务基础与实务
（第 3 版）

主　编　苏艳玲
副主编　谷　斌
参　编　张　昶　于　含　张　新
　　　　张　蕾　赵宝柱

北京邮电大学出版社
www.buptpress.com

内 容 简 介

本书是结合电子商务发展最新动态，吸收电子商务领域最新研究成果，依据高职高专教育理念、高职高专电子商务专业和相关专业的需求而编写的。坚持基础和实用原则，全面系统地介绍电子商务领域各个方面的基本理论、基本知识和基本技能。

本书共 11 章，主要内容包括电子商务概述、电子商务网络技术基础、电子商务的框架结构、电子商务的运作模式、电子商务应用、网络营销、电子商务与物流、网络支付与结算、电子商务安全、网站建设、电子商务与数据挖掘等。本书内容由浅入深，由理论到实践，循序渐进，针对高职高专的培养目标，突出实用性。

本书内容丰富，特色鲜明，可作为高职高专院校电子商务专业、跨境电子商务专业、商务数据分析与应用专业、市场营销专业、经济管理专业、物流管理专业以及其他相关专业的电子商务课程教材，也可作为普通高等院校的本科生以及企事业从事电子商务管理、应用和研究人员的参考用书。

图书在版编目(CIP)数据

电子商务基础与实务 / 苏艳玲主编. -- 3 版. -- 北京：北京邮电大学出版社，2021.1(2024.7 重印)
ISBN 978-7-5635-6322-7

Ⅰ. ①电… Ⅱ. ①苏… Ⅲ. ①电子商务 Ⅳ. ①F713.36

中国版本图书馆 CIP 数据核字(2021)第 014107 号

策划编辑：彭　楠　　责任编辑：刘春棠　　封面设计：七星博纳

出版发行	北京邮电大学出版社
社　　址	北京市海淀区西土城路 10 号
邮政编码	100876
发 行 部	电话：010-62282185　传真：010-62283578
E-mail	publish@bupt.edu.cn
经　　销	各地新华书店
印　　刷	保定市中画美凯印刷有限公司
开　　本	787 mm×1 092 mm　1/16
印　　张	14
字　　数	350 千字
版　　次	2009 年 9 月第 1 版　2012 年 8 月第 2 版　2021 年 1 月第 3 版
印　　次	2024 年 7 月第 3 次印刷

ISBN 978-7-5635-6322-7　　　　　　　　　　　　　　　　　　　定价：36.00 元

· 如有印装质量问题，请与北京邮电大学出版社发行部联系 ·

前　言

电子商务的快速发展源于20世纪90年代,经过20多年的快速发展,电子商务行业走过了从电子商务技术、电子商务服务到电子商务经济的发展道路,经历了从具体的技术应用发展到相关产业的形成,并通过创新与协同发展融入国民经济的各个组成部分的发展历程。当前,电子商务经济已经形成了从商品交易、资金传输、商务活动、供应链体系建设,到商业发展、产业链体系和产业集群形成的发展模式。

高等院校是学习和研究电子商务的重要参与者,对电子商务的发展、普及、应用都起到了积极的推进作用。基于高职高专教育理念、电子商务专业建设及电子商务知识和技能的培养,在石家庄邮电职业技术学院有关领导的大力支持下,我们组成编写组,编写了《电子商务基础与实务》。

第1版于2009年出版,第2版于2012年出版,经过几年时间,电子商务已有全新发展。第2版出版后,得到了国内多家高职高专院校电子商务专业及其相关专业师生的好评,受到了社会电商行业人士的认可和肯定。在广泛吸纳各方建议的基础上,在保留第2版主体框架和基本特色的前提下,吸收电子商务领域的最新研究成果,对全书内容进行了修订。本书重点仍然是电子商务的运作模式,完全重新编写了第4章中的"移动电子商务"、"第6章网络营销"和"第8章网络支付与结算",删除了"电子商务解决方案"的内容。

本书共11章,第1章为电子商务概述,主要内容有电子商务的定义和分类、电子商务的特点与影响、电子商务的发展及展望。第2章为电子商务网络技术基础,主要内容有计算机网络的定义、功能、协议、分类及无线网络基础。第3章为电子商务的框架结构,主要内容有电子商务的组成、电子商务的概念模型、电子商务系统的层次结构及分析。第4章为电子商务的运作模式,主要内容有B2B、B2C、C2C、B2G、EDI及移动电子商务。第5章为电子商务应用,主要内容有金融业、证券业、旅游业的电子商务以及电子商务与企业经营管理的关系。第6章为网络营销,主要内容有网络营销概述、网络营销市场定位、常见的网络营销推广方式和网络营销策略。第7章为电子商务与物流,主要内容有电子商务与物流的关系、电子商务的物流配送、物流管理的目标。第8章为网络支付与结算,主要内容有网络支付与结算概述、国内外网络支付发展情况、网络银行和第三方支付。第9章为电子商务安全,主要内容有加密技术、数字证书、认证中心、电子商务安全协议、防病毒技术、防火墙技术。第10章为网站建设,主要内容有网站设计的技术和原则、电子商务网站开发的方法与流程、电子商务网站的分类。第11章为电子商务与数据挖掘,主要涉及基于电子商务的数据挖掘技术、数据挖掘方法等。

本书第1章、第9章由苏艳玲编写,第2章由赵宝柱编写,第3章、第7章由于含编写,第4章由苏艳玲、谷斌、张昶合作编写,第5章、第10章由谷斌编写,第6章由张蕾编写,第8章由张新编写,第11章由张昶、谷斌合作编写。

本书可作为高职高专院校电子商务专业、跨境电子商务专业、商务数据分析与应用专业、市场营销专业、经济管理专业、物流管理专业以及其他相关专业的电子商务课程教材。建议课时为32学时、48学时和64学时,可针对不同专业需求选择不同的学时,筛选不同的内容。

由于电子商务发展非常迅速,新的模式、新的问题不断出现,再加上时间仓促,编者学识有限,书中不足之处在所难免,恳请各位专家、读者批评指正。

目　　录

第 1 章　电子商务概述 ... 1

1.1　电子商务的产生背景 ... 1
1.1.1　技术背景 ... 1
1.1.2　商业背景 ... 2
1.2　电子商务的定义 ... 2
1.3　电子商务的分类 ... 4
1.3.1　按电子商务涉及的范围分类 ... 4
1.3.2　按电子商务交易主体分类 ... 4
1.3.3　按照使用网络的类型分类 ... 5
1.4　电子商务的特点与优势 ... 5
1.4.1　电子商务的特点 ... 6
1.4.2　电子商务的优势 ... 7
1.5　电子商务的影响 ... 8
1.5.1　电子商务对人类工作和生活方式的影响 ... 8
1.5.2　电子商务对社会经济的影响 ... 9
1.6　电子商务的发展及展望 ... 10
1.6.1　全球电子商务发展现状及趋势 ... 10
1.6.2　中国电子商务发展现状及趋势 ... 12
1.6.3　中国电子商务面临的主要问题 ... 16
1.7　实训 ... 18
思考题 ... 18

第 2 章　电子商务网络技术基础 ... 20

2.1　网络的定义 ... 20
2.2　网络的功能 ... 20
2.3　网络协议 ... 21
2.3.1　网络协议的定义 ... 21
2.3.2　网络协议三要素 ... 21
2.3.3　网络协议的工作方式 ... 21
2.3.4　网络协议的层次结构 ... 22

  2.3.5 常用的网络协议 ... 22
 2.4 网络的分类 ... 23
  2.4.1 按网络的地理位置分类 ... 23
  2.4.2 按传输介质分类 ... 23
  2.4.3 按网络的拓扑结构分类 ... 23
  2.4.4 按通信方式分类 ... 24
  2.4.5 按网络的使用目的分类 ... 24
  2.4.6 按服务方式分类 ... 24
  2.4.7 其他分类方法 ... 24
 2.5 无线网络技术基础 ... 25
  2.5.1 无线网络概述 ... 25
  2.5.2 无线网络的分类 ... 25
  2.5.3 无线网络的优点 ... 25
  2.5.4 无线网络的规范 ... 26
 2.6 实训 ... 27
 思考题 ... 27

第3章 电子商务的框架结构 ... 28

 3.1 电子商务的组成 ... 28
 3.2 电子商务的概念模型 ... 29
 3.3 电子商务系统的层次结构 ... 30
  3.3.1 电子商务的基本框架结构 ... 30
  3.3.2 电子商务流程 ... 31
  3.3.3 电子商务基本框架结构分析 ... 33
 3.4 实训 ... 34
 思考题 ... 35

第4章 电子商务的运作模式 ... 36

 4.1 Internet商务 ... 36
  4.1.1 B2B ... 37
  4.1.2 B2C ... 46
  4.1.3 C2C ... 58
  4.1.4 B2G ... 64
 4.2 EDI商务 ... 66
  4.2.1 EDI的含义 ... 66
  4.2.2 EDI的起源与发展 ... 66
  4.2.3 EDI在我国的应用 ... 68
  4.2.4 EDI中商业信息的流通方式 ... 68
  4.2.5 EDI的系统组成 ... 70

  4.2.6 EDI 标准 ··· 75
  4.2.7 在 Internet 上构建 EDI 系统的方法 ··· 79
  4.2.8 EDI 应用案例 ·· 80
 4.3 移动电子商务 ··· 83
  4.3.1 移动电子商务的概念 ·· 83
  4.3.2 移动电子商务的特点 ·· 84
  4.3.3 移动网络带来的商业模式 ·· 84
  4.3.4 实现移动电子商务的技术 ·· 86
  4.3.5 移动电子商务的应用 ·· 90
  4.3.6 移动电子商务的营销 ·· 90
 4.4 实训 ··· 94
 思考题 ·· 94

第 5 章 电子商务应用 ·· 96

 5.1 面向个人的电子商务应用 ·· 96
  5.1.1 网上销售 ·· 96
  5.1.2 网上银行和金融服务 ·· 98
  5.1.3 网上证券交易 ·· 99
  5.1.4 旅游和娱乐服务 ·· 99
 5.2 电子商务与企业经营管理 ··· 100
  5.2.1 电子商务与企业信息化 ··· 100
  5.2.2 企业实施电子商务的策略 ··· 102
  5.2.3 电子商务与企业资源重组 ··· 104
 5.3 实训 ·· 105
 思考题 ··· 106

第 6 章 网络营销 ··· 107

 6.1 网络营销概述 ·· 107
  6.1.1 网络营销的概念和特点 ··· 107
  6.1.2 网络营销与传统营销 ·· 108
  6.1.3 网络营销与电子商务 ·· 110
 6.2 网络营销的市场定位 ·· 110
  6.2.1 目标市场调研 ·· 110
  6.2.2 竞争对手分析 ·· 111
  6.2.3 消费模式研究 ·· 111
  6.2.4 目标市场选择 ·· 112
 6.3 常见的网络营销推广方式 ·· 112
  6.3.1 网络广告 ·· 112
  6.3.2 搜索引擎营销 ·· 115

6.3.3 电子邮件营销 ………………………………………………………………… 115
6.3.4 论坛营销 …………………………………………………………………… 116
6.3.5 微博营销 …………………………………………………………………… 116
6.3.6 微信营销 …………………………………………………………………… 117
6.3.7 短视频营销 ………………………………………………………………… 117
6.4 网络营销策略 ……………………………………………………………………… 118
6.4.1 从产品策略到满足需求策略 ……………………………………………… 118
6.4.2 从按成本定价到满足需求定价 …………………………………………… 118
6.4.3 从传统商业到现代商业的运作模式 ……………………………………… 119
6.4.4 从广泛促销到网络在线实时沟通 ………………………………………… 120
6.4.5 从压迫式促销到加强与顾客沟通和联系 ………………………………… 120
6.5 实训 ………………………………………………………………………………… 120
思考题 ……………………………………………………………………………………… 121

第7章 电子商务与物流 ………………………………………………………………… 122

7.1 物流概述 …………………………………………………………………………… 122
7.1.1 物流概念的形成与内涵 …………………………………………………… 122
7.1.2 物流的分类 ………………………………………………………………… 123
7.1.3 物流活动的构成 …………………………………………………………… 125
7.1.4 物流的地位和作用 ………………………………………………………… 126
7.2 电子商务与现代物流 ……………………………………………………………… 126
7.2.1 电子商务与物流的关系 …………………………………………………… 126
7.2.2 电子商务物流的特点 ……………………………………………………… 127
7.2.3 电子商务物流系统的组成 ………………………………………………… 128
7.3 电子商务的物流配送 ……………………………………………………………… 129
7.3.1 电子商务物流配送的概念和特征 ………………………………………… 129
7.3.2 物流配送流程 ……………………………………………………………… 132
7.4 物流管理的目标 …………………………………………………………………… 133
7.5 实训 ………………………………………………………………………………… 135
思考题 ……………………………………………………………………………………… 135

第8章 网络支付与结算 ………………………………………………………………… 137

8.1 网络支付与结算概述 ……………………………………………………………… 137
8.1.1 支付工具的演变和发展 …………………………………………………… 137
8.1.2 网络支付与结算简介 ……………………………………………………… 138
8.1.3 网络支付与结算方式分类 ………………………………………………… 139
8.1.4 常见的网络支付工具 ……………………………………………………… 141
8.2 国内外网络支付发展情况 ………………………………………………………… 141
8.2.1 国内网络支付发展情况 …………………………………………………… 141

8.2.2 国外网络支付发展情况 ··· 144
8.3 网络银行 ··· 145
  8.3.1 网络银行概述 ·· 145
  8.3.2 个人网络银行 ·· 147
  8.3.3 企业网络银行 ·· 148
  8.3.4 纯网络银行 ··· 149
8.4 第三方支付 ·· 150
  8.4.1 支付流程 ·· 150
  8.4.2 第三方支付的分类 ·· 151
  8.4.3 优劣势分析 ··· 152
  8.4.4 发展前景 ·· 153
8.5 实训 ·· 153
思考题 ··· 154

第9章 电子商务安全 ·· 155

9.1 电子商务安全保障体系 ·· 155
  9.1.1 电子商务的安全要求 ·· 155
  9.1.2 加密技术 ·· 156
  9.1.3 认证技术 ·· 159
  9.1.4 电子商务安全协议 ·· 164
9.2 防病毒技术 ·· 166
  9.2.1 计算机病毒的概念 ·· 166
  9.2.2 计算机病毒的分类 ·· 167
  9.2.3 计算机病毒的防治 ·· 168
9.3 防火墙技术 ·· 169
  9.3.1 防火墙的概念 ·· 169
  9.3.2 防火墙技术的优缺点 ·· 169
  9.3.3 防火墙的类型 ·· 170
9.4 实训 ·· 171
思考题 ··· 171

第10章 网站建设 ··· 173

10.1 万维网与网站建设 ··· 173
  10.1.1 万维网 ·· 173
  10.1.2 网站运行的基础——网络协议 ··· 175
  10.1.3 网站的构成及工作方式 ·· 176
10.2 网站设计技术基础 ··· 177
  10.2.1 网页设计语言及相关技术 ··· 177
  10.2.2 网页设计相关技术 ·· 182

- 10.3 网站开发方法与建设流程……183
- 10.4 电子商务网站的设计原则……186
- 10.5 电子商务网站的分类……187
- 10.6 实训……188
- 思考题……188

第 11 章 电子商务与数据挖掘……189

- 11.1 数据挖掘简述……189
  - 11.1.1 数据挖掘的产生……189
  - 11.1.2 什么是数据挖掘……190
  - 11.1.3 数据挖掘的商业流程……192
  - 11.1.4 数据挖掘的典型应用……194
- 11.2 基于电子商务的数据挖掘技术……196
  - 11.2.1 电子商务中的数据特点……196
  - 11.2.2 基于电子商务的数据挖掘概念……198
  - 11.2.3 数据挖掘在电子商务领域中的应用……199
  - 11.2.4 电子商务中数据挖掘的过程……201
- 11.3 数据挖掘方法介绍……201
  - 11.3.1 典型的数据挖掘方法……201
  - 11.3.2 电子商务中的 Web 挖掘……204
  - 11.3.3 Web 挖掘应用与案例分析……209
- 11.4 实训……212
- 思考题……212

参考文献……213

第1章　电子商务概述

电子商务对整个人类来说是一个新生事物,它的产生有深刻的技术背景和商业背景,生产力发展的客观要求和 IT 业技术发展是它的产生原因,也是它的发展驱动。

随着因特网在全球的迅速发展和广泛应用,电子商务受到人们越来越多的关注,并渗透到人们生活的各个角落,改变着社会经济的各个方面。

本章对电子商务的产生背景、基本概念、特点与优势以及发展展望进行概括性介绍,使大家对电子商务有初步的认识。

1.1　电子商务的产生背景

电子商务的产生是计算机技术和 Internet 技术的发展,以及商务应用驱动的必然结果。其产生有深刻的技术背景和商业背景。

1.1.1　技术背景

电子商务是随着信息技术的不断发展而产生的,其中电子数据交换(EDI)、Internet 等对电子商务的发展有着举足轻重的作用。

互联网起源于冷战时期。早期的雏形是美国军用计算机网 ARPANET,由美国国防部高级研究计划局于 1969 年年底建立。建立 ARPANET 的初衷是帮助美国军方研究人员通过计算机交换信息,保障在网络的一部分遭受攻击时,其他部分仍能正常通信。为此,他们提出要建立一个没有中枢控制的计算机网络系统的设想,该系统的每个终端通过许多连接点连接到其他终端或者指挥中心。互联网至今仍保留了这个结构,这也是互联网迅速发展的主要原因。

1982 年,ARPANET 与 MILNET 等几个计算机网合并,采用 TCP/IP 协议,以便在不同机型和不同网络之间顺利地通信,互联网初步形成。

互联网诞生之后,计算机网络和 Internet 在 20 世纪 70 年代得到了迅速的发展,许多企业开始依靠 EDI 实现业务处理的自动化。当时,企业借助文字处理技术,在内部实现单证的自动化处理。EDI 在这些自动化"孤岛"之间建起连接,形成了新的商务模式,即"无纸贸易"。无纸贸易并不是为了节约纸张,真正的意义在于信息流的通畅。EDI 是以电子形式在异构系统之间进行数据交换,以支持商务处理标准化。它提供一系列标准的信息和格式(如 ANSIX.12 和 UN/EDIFACT),企业之间用这些标准的信息和格式传送成批的请求来订购产品、接受货物、付账,这些都以电子化的形式进行。

但是受限于当时的技术背景,传统 EDI 使用固定的事物集,把业务规则嵌入事物集。在实用中,业务规则不仅随企业的不同而不同,而且随着市场的变化而变化,造成了固定的实现方式和经常性变化之间的矛盾。另外,传统的 EDI 服务是在昂贵的增值网上进行的,增值网的高成本是传统 EDI 的又一大不足。所以,EDI 标准缺乏灵活性和可扩展性。

Internet 迅速发展起来之后,其低成本对各种企业具有巨大的吸引力。人们开始考虑借助 Internet 进行 EDI,大大降低了 EDI 的使用成本,但并没有改变 EDI 标准缺乏灵活性和可扩展性的状况。进入 20 世纪 90 年代,随着 Web 的诞生,许多商家开始采用 Web 系统来进行电子商务。Java 问世后,Java 的网络特点进一步推动了网络时代和电子商务时代的到来。

正是因为上述各类技术的发展为电子商务的产生和发展奠定了坚实的技术基础,才有了今天电子商务的蓬勃发展。

1.1.2 商业背景

商业活动中,买卖双方交换的是产品和服务,其中就包含物资流、资金流和信息流。人类社会的商业活动中,物资流基本上一直存在。而资金流是伴随着货币的产生才出现的。随着商业信息的发展和社会分工的日益细化,银行——作为货币中介服务的机构,诞生了。之后,物资流和资金流开始分离,产生了多种交易支付方式。信息流开始表现出来,作用也越来越重要。物资流与资金流的分离使人类的交易活动呈现出丰富而复杂的特性,给人们提供方便的同时也出现了新的商业风险,如商品质量、价格信息、支付能力等。要避免这种风险就要尽可能地获得更多、更全的信息,在这种背景下,信息作为规避风险的有效手段越来越为人们所重视。

信息流的重要性与规避商业风险的必要性迫切需要在商业活动中引入电子手段,由此导致了新经济模式的产生——电子商务。电子商务的一个重要特点就是信息流处于极为重要的地位,可以站在更高的角度对商品流的全过程进行控制。

1.2 电子商务的定义

通俗地说,电子商务就是在计算机网络(主要指 Internet)平台上,按照一定的标准开展的商务活动。当企业将它的主要业务通过内联网(Intranet)、外联网(Extranet)以及 Internet 与企业的职员、客户、供销商以及合作伙伴直接相连时,其中发生的各种活动就是电子商务。电子商务的定义有多种,下面是一些组织、政府、公司、学术团体等总结得较为全面的定义。

(1) 联合国经济合作和发展组织(OECD):电子商务是发生在开放网络上的企业之间(Business to Business)、企业和消费者之间(Business to Consumer)的商业交易。

(2) 联合国国际贸易法律委员会(UNITRAL):电子商务是采用电子数据交换和其他通信方式增进国际贸易的职能。

(3) 全球信息基础设施委员会(GIIC)电子商务工作委员会报告草案:电子商务是运用电子通信作为手段的经济活动,通过这种方式人们可以对带有经济价值的产品和服务进行宣传、购买和结算。这种交易的方式不受地理位置、资金多少或零售渠道的所有权影响,公有私有企业、公司、政府组织、各种社会团体、一般公民、企业家都能自由地参加广泛的经济活动,其中包括农业、林业、渔业、工业、私营和政府的服务业。电子商务能使产品在世界范围内交易并向消费者提供多种多样的选择。

(4) 国际标准化组织(ISL/IEC)UN/ECE 关于电子商务的定义:电子商务是企业之间、企业与消费者之间信息内容与需求交换的一种通用术语。

(5) IBM 公司:电子商务(E-Business)的概念包括三个部分,即内联网(Intranet)、外联网(Extranet)和电子商务(E-Commerce)。它所强调的是在网络计算机环境下的商业化应用,不仅仅是硬件和软件的结合,也不仅仅是我们通常意义下强调交易的狭义的电子商务(E-Commerce),而是把买方、卖方、厂商及其合作伙伴在因特网(Internet)、内联网(Intranet)和外联网(Extranet)结合起来的应用。它同时强调这三部分是有层次的。只有先建立良好的 Intranet,建立比较完善的标准和各种信息基础设施,才能顺利扩展到 Extranet,最后扩展到 E-Commerce。

(6) 美国惠普公司(HP):HP 提出电子商务(EC)、电子业务(EB)、电子消费(EC)和电子化世界的概念。

它对电子商务(E-Commerce)的定义是:通过电子化手段来完成商业贸易活动的一种方式,电子商务使我们能够以电子交易为手段完成物品和服务等的交换,是商家和客户之间的联系纽带。它包括两种基本形式:商家之间的电子商务及商家与最终消费者之间的电子商务。

它对电子业务(E-Business)的定义是:电子业务是一种新型的业务开展手段,通过基于 Internet 的信息结构,使得公司、供应商、合作伙伴和客户之间,利用电子业务共享信息,E-Business 不仅能够有效地增强现有业务进程的实施,而且能够对市场等动态因素做出快速响应并及时调整当前业务进程。更重要的是,E-Business 本身也为企业创造出了更多、更新的业务运作模式。

它对电子消费(E-Consumer)的定义是:人们使用信息技术进行娱乐、学习、工作、购物等一系列活动,使家庭的娱乐方式越来越多地从传统电视向 Internet 转变。

(7) 通用电气公司(GE):电子商务是通过电子方式进行商业交易,分为企业与企业间的电子商务和企业与消费者之间的电子商务。

企业与企业间的电子商务:以 EDI 为核心技术,以增值网(VAN)和互联网(Internet)为主要手段,实现企业间业务流程的电子化,配合企业内部的电子化生产管理系统,提高企业从生产、库存到流通(包括物资和资金)各个环节的效率。

企业与消费者之间的电子商务:以 Internet 为主要服务提供手段,实现公众消费和服务提供方式以及相关的付款方式的电子化。

(8) 美国政府关于电子商务的定义:电子商务是通过 Internet 进行的各项商务活动,包括广告、交易、支付、服务等活动,全球电子商务将会涉及全球各国。

总结起来,我们可以这样说:从宏观上讲,电子商务是计算机网络的又一次革命,是通过电子手段建立一种新的经济秩序,它不仅涉及电子技术和商业交易本身,而且涉及诸如金融、税务、教育等社会其他层面。

从微观上讲,电子商务是指各种具有商业活动能力的实体(生产企业、商贸企业、金融机构、政府机构、个人消费者等)利用网络和先进的数字化传媒技术进行的各项商业贸易活动。

1.3 电子商务的分类

电子商务的应用范围极其广泛,有许多的分类方法。下面介绍几种主要的分类方法。

1.3.1 按电子商务涉及的范围分类

1. 本地电子商务

这种类型的电子商务所涉及的地域范围较小。本地电子商务系统是利用各种通用或者专用的网络将相互关联的各个系统连接在一起。相关的系统主要有参加交易的各方的电子商务信息系统、金融机构电子信息系统、保险公司信息系统、税务管理信息系统和货物运输信息系统等。

2. 远程国内电子商务

这种类型的电子商务所涉及的地域主要在本国范围内。远程国内电子商务较本地电子商务所涉及的范围要大,对软硬件的要求相对来说也高。并且要求使用这种电子商务的企业具有一定的电子商务知识、经济能力和技术能力,并且有一定的管理水平和能力。

3. 全球电子商务

这种类型的电子商务所涉及的范围最大,涉及全世界。这种商务活动对各种软硬件的要求最高,并且要求参加电子商务的各方通过网络进行贸易。与远程国内电子商务相比较,所涉及的相关系统更多,如海关系统、银行金融系统、运输系统、保险系统等。全球电子商务涉及的内容繁杂,来往信息量大,这就要求电子商务系统具有严格、准确、安全、可靠的性能。

1.3.2 按电子商务交易主体分类

1. 企业与消费者之间的电子商务(Business to Customer,B2C)

这是消费者利用因特网直接参与经济活动的形式,类同于商业电子化的零售商务。随着万维网(WWW)的出现,网上销售迅速地发展起来。目前,在因特网上有许许多多各种类型的虚拟商店和虚拟企业,提供各种与商品销售有关的服务。通过网上商店买卖的商品可以是实体化的,如书籍、鲜花、服装、食品、汽车、电视等;也可以是数字化的,如新闻、音乐、电影、数据库、软件及各类基于知识的商品;还可以是提供的各类服务,如安排旅游、在线医疗诊断和远程教育等。

2. 企业与企业之间的电子商务(Business to Business,B2B)

B2B方式是电子商务应用最重要和最受企业重视的形式,企业可以使用Internet或其他网络对每笔交易寻找最佳合作伙伴,完成从定购到结算的全部交易行为,包括向供应商订货、签约、接收发票和使用电子资金转移、信用证、银行托收等方式进行付款,以及在商贸过程中发生的其他问题(如索赔、商品发送管理和运输跟踪等)。企业与企业的电子商务经营额大,所需的各种硬软件环境较复杂,但在 EDI 商务成功的基础上发展得最快。

3. 消费者与消费者的电子商务(Customer to Customer,C2C)

消费者之间可以通过使用公共网络和个人网站等方式交换数据,完成商品和服务的交换,如民间的"以物易物"方式的交换、信息资料的交换等。此外,个体消费者组成的"客户联盟"之间的业务关系也可以归属到这种模式。我国的淘宝网是目前最大的 C2C 购物平台。

4. 企业与政府方面的电子商务(Business to Government,B2G)

这种商务活动覆盖企业与政府组织间的各项事务。例如,企业与政府之间进行的各种手续的报批,政府通过因特网发布采购清单,企业以电子化方式响应,政府在网上以电子交换方式来完成对企业和电子交易的征税等,这成为政府机关政务公开的手段和方法。

1.3.3 按照使用网络的类型分类

1. 因特网电子商务

因特网电子商务是指利用连通全球的 Internet 网络开展的电子商务活动,在因特网上可以进行各种形式的电子商务业务,所涉及的领域广泛,全世界各个企业和个人都可以参与。因特网电子商务正以飞快的速度发展,其前景十分诱人,是目前电子商务的主要形式。

2. 内联网络电子商务

内联网络电子商务是指在一个大型企业的内部或一个行业内开展的电子商务活动,形成一个商务活动链,可以大大提高工作效率和降低业务的成本。例如中华人民共和国专利局的主页,客户在该网站上可以查询到有关中国专利的所有信息和业务流程,这是电子商务在政府机关办公事务中的应用。

3. 基于外联网的电子商务

基于外联网的电子商务是指相关企业之间,如企业与其供货商、代理商、大客户以及维护服务中心等,以俱乐部的形式通过外联网沟通信息,协同运作,实现网上实时交易过程,以便提高运作效率和效益。

4. 移动商务

使用手机、PDA、笔记本计算机等智能移动设备帮助客户在任何时候、任何地方,以使用任何可用的方式得到任何想要的商务服务,商务与移动 IT 的结合形成了移动商务。现有的移动商务服务主要有网上采购、网上金融服务、网上银行、转账支付、贷款申请、电子彩票、电子购票、移动股票交易等。随着 5G 技术的普及,移动电子商务的发展会更快、更深入。

1.4 电子商务的特点与优势

Internet 的普及、新的网络经济所涉及领域的拓展、多种安全措施的使用和电子化处理速度的提高等因素决定了电子商务具有很多新的特点和优势。

1.4.1 电子商务的特点

1. 网上销售特点

由于网上购物的特点,适用于网上销售的产品也有其不同的特征。主要表现在以下几个方面。

- 具有独特性的商品在网上比较好销售。
- 需要进行性能和价格比较,但是购买前并不必要试用的产品,如计算机、家用电器等技术成熟的标准化产品。
- 客户出于便利而购买的产品,如飞机票等。
- 便于展示销售的产品,如图书、CD盘、音乐和汽车等。
- 能在网上实现电子化传递的商品,如可以下载的软件、电子刊物等。
- 可以在网络上详细说明的服务,如旅游、信息咨询和客房预订等。

2. 社会性特点

- 电子商务的最终目标是实现商品的网上交易。这个过程相当复杂,涉及许多社会问题,如商品和资金流转方式的变革、法律的认可、政府保障部门的支持和统一管理、公众对网上购物的热情和认可等。
- 这些问题不是一个企业或者一个领域能够解决的,需要全社会的努力和整体的实现,才能最终感受到电子商务带来的优越性。

3. 结构性特点

具体表现在以下几个方面。

- 电子商务涉及电子数据处理、网络数据传输、数据交换和资金汇兑等技术。
- 企业的电子商务系统内部有导购、订货、付款、交易与安全等有机地联系在一起的各个子系统。
- 在交易进行过程中,包括商品浏览、订货、销售处理、发货、资金支付和售后服务等环节。
- 电子商务业务的开展涉及客户、生产商、运输商、保险公司和银行等参与者。这些参与者通过Internet组成了一个复杂的网络结构,相互作用、相互依赖、协同处理,形成一个密切联系、连接全社会的信息处理大环境。

4. 高效性特点

电子商务是一种为买卖双方提供的、高效的交易服务方式。高效性体现在很多方面。

- 网上商店无须营业员、无须实体店铺,可以为企业节省大量的开销,并可以提供全天候的服务,提高销售量,提高客户满意度和企业的知名度。
- 企业的电子商务系统可以记录下客户每次访问、购买的情况以及客户对产品的偏爱,这样可以获知客户最想购买的产品是什么,从而为新产品的开发、生产提供有效的信息。
- 电子商务克服了传统贸易方式易出错、处理速度慢等缺点,极大地缩短了交易时间,使交易变得非常快捷与方便。

5. 层次性特点

- 任何个人、企业、地区和国家都可以建立自己的电子商务系统,这些系统本身既是一个独立、完备的整体,又可以是更大范围或更高一级的电子商务系统的组成部分。
- 电子商务根据地域的分布可分为国内和国际等许多级别,使其面向不同层次的客户群,满足客户对各类产品和服务的需要。
- 电子商务的层次性依赖于连接网络的大小,形成不同的管理级别。

1.4.2 电子商务的优势

1. 降低生产经营成本

(1) 降低交易成本

电子商务使得买卖双方的交易成本大大降低,具体表现在以下几个方面。

- 距离越远,进行网上信息传递的成本相对于信件、电话、传真而言就越低。
- 买卖双方通过网络进行商务活动,无须中介者参与,减少了交易的有关环节。
- 卖方可以通过互联网进行产品介绍宣传,节约了传统方式下做广告、发印刷品等大量费用。
- 电子商务实行"无纸贸易",节省了大量文件处理费用。
- 互联网使买卖双方即时沟通供需信息,使无库存生产和无库存销售成为可能。

(2) 缩短生产周期

企业产品的生产由许多其他环节相互协调完成。Internet 的发展增加了企业联系的深度和广度。通过电子商务可以改变过去信息封闭的分阶段合作方式,变为信息共享的协同方式,从而最大限度减少因信息封闭而出现的等待时间。

2. 增加商机,提高效率

- 互联网可以提供每周 7 天、每天 24 小时的运行,几乎没有时间限制,任何人可以在任何时间在网上查找信息,寻求问题的解决方案。24 小时的在线服务为企业提供了大量商机,赢得了大量的客户。
- 由于电子商务没有地域的限制,企业的业务能扩展到全球。利用互联网从事市场营销活动可以达到传统营销所不能接触到的市场。例如,一个在大制造厂工作的塑料制品专家可以通过计算机浏览和选择网上的工业塑料供应商。只要小供货商把公司的业务放在网上,同样可以找到大买主,对于小企业能达到事半功倍的效果。

3. 提高企业管理水平

(1) 提高公司管理效率

Internet 为企业走向全球化起了积极的推动作用。但是在经济环境复杂多变的条件下,企业必须把内部的信息化提高到一个新的水平。电子商务对企业内部管理的计算机网络化提出了更高的要求。企业要建立健全管理信息系统,建立和完善内联网,通过数据库将公司内部的信息汇集起来,将企业的各个系统、各个部门的信息数据加以集成,以提高公司管理水平。

(2) 提高消费者满意度

市场中顾客需求千差万别，消费者的情况又各不相同，所以要想采用有效的营销策略来满足每个消费者的需求是非常困难的。互联网出现后，解决了这种困难，企业利用互联网可以把产品介绍、技术支持和订货等情况放到网上，消费者可以根据自己的需要有选择地了解有关信息，企业也突破了为顾客服务的时间和空间限制。

4. 满足消费者的个性化需求

(1) 电子商务能够满足消费者对购物方便性的需求

现代化的生活节奏使消费者外出购物的时间越来越短。在传统的购物方式中，消费者会花费大量的时间，包括去商场的路途时间、购买后的返回时间、购买地的逗留时间等，这些都延长了商品的买卖时间。同时，日益拥挤的交通和扩大的店面更加大了这种耗费。电子商务使购物过程不再是一种负担，而是一种休闲、一种娱乐。消费者可以在网上比较各种同类产品的性能价格后再作出购买决定。若使用过程中发生问题，可随时与厂家联系，可得到卖方及时的技术支持和服务。

(2) 电子商务强调个性化的营销方式

电子商务以消费者为主导，消费者将拥有比过去更大的选择自由，他们根据自己的个性特点和需求在全球范围内寻找满足品，不受地域限制。通过进入感兴趣的网站，消费者可获得更多的信息，使购物更显个性。这种个性消费的发展将促使企业重新考虑其营销策略，以消费者的个性需求作为提供产品及服务的出发点。

1.5　电子商务的影响

1.5.1　电子商务对人类工作和生活方式的影响

1. 信息传播

网络是信息传播的最佳途径。这也是电子商务受欢迎的原因之一，网上信息传播的优势使网络广告越来越受欢迎。

2. 生活方式

电子商务使人们的生活方式发生了很大改变。只要鼠标轻轻一点，便可完成网上购物、网上聚会、网上看电影、网上讨论等。当然也出现了新的问题，如网上垃圾污染、个人隐私问题、网络安全等，随着电子商务的发展及各个方面工作的完善，这些问题会逐步得到解决。

3. 教育方式

交互式的网络多媒体技术给人们的教育带来了很大的方便，远程的数字化课堂让很多人的教育问题得到解决。网络大学作为远程教育的一种方式，打破了时间和空间的限制，越来越受到人们的喜欢。

4. 消费方式

消费者不必花费大量时间在路上和排队上，在家里就能很轻松地完成购物。有了电子商务以后,购物、咨询、电子支付、送货上门等整个过程都可通过网络完成。

1.5.2 电子商务对社会经济的影响

1. 电子商务将改变商务活动的方式

电子商务的迅速发展必将改变传统商务活动的形式。传统商务中典型的情景是采购员到处跑,推销员到处说,消费者在商场筋疲力尽地寻找自己所需的商品。现在人们可以进入网上商场浏览、采购各类产品,还可以得到在线服务;商家可以在网上与客户联系,利用网络进行贷款结算服务;政府可以方便地进行电子招标、政府采购等。

2. 电子商务将改变人们的消费方式

进入电子商务时代后,消费者的消费行为和消费需求会发生根本性的变化。首先,选择范围显著扩大,不再局限于某个具体的物理地点,市场扩大到了全球,在自己家里就能购买国外网上商场的商品。其次,电子商务更有利于消费者对商品的价格、质量、服务等各方面进行全面的比较,使消费更加理智。再次,消费者需求更加多样化、个性化,消费者可直接参与商品的生产和流通,根据自己的需要和喜好来订制产品。

3. 电子商务改变企业的生产方式

电子商务对企业生产方式的影响主要表现如下:首先,电子商务取消了许多中间环节,直接面对消费者,所以企业的产品、个性化及特殊化服务必须通过网络完全展示在消费者面前。其次,由于电子商务的高效率,企业生产过程必须现代化。生产过程中使用各种现代化的信息系统,如企业资源管理系统(ERP)、计算机辅助设计与制造系统(CAD/CAM)、计算机集成与制造系统(GIMS)等。再次,按照用户的不同要求,实现产品订制。

4. 电子商务为传统行业带来一场革命

电子商务是一种新型的贸易形式,绕过了传统商务中企业与消费者之间的批发商、零售商,从根本上减少了传统商务的中间环节,大大提高了效率。传统的制造业进入小批量、多品种的时代,"零库存"成为可能,传统的零售业和批发业开创了"无店铺"和"网上直销"的新模式;各种在线服务为传统服务业提供了全新的服务方式。

5. 电子商务带来一个全新的金融业

网上支付是电子商务的一个关键环节,也是电子商务得以顺利发展的基础条件,随着电子商务的发展,网络银行、银行卡支付网络、信用卡支付系统等电子现金服务将传统的金融业带入了一个全新的领域。美国的"安全第一网络银行"已成为该行业的领头羊。

6. 电子商务将转变政府的行为

政府承担着大量的社会、经济、文化的管理和服务的职能,在调节市场运行、防止市场失灵等方面起着举足轻重的作用。在电子商务时代,企业应用电子商务进行生产经营,银行电子化,网上消费越来越普遍,对政府的管理行为也提出了新的要求,即电子政府或网上政府,将重新定位政府的角色。

7. 电子商务将改变传统的社会秩序和法律制度

电子商务是一种新型的商务模式,电子商务的虚拟化也造就了消费者、商家和物流企业的新型关系。涉及的诸多问题在现行法律中都是空白,需要根据电子商务的特点修改现行法律。另外,电子商务具有国际性特征,决定了研究、整合各国各地区成熟立法的必要性,避免与国际通用规则相抵触。

1.6 电子商务的发展及展望

1.6.1 全球电子商务发展现状及趋势

随着计算机与网络技术的普及与发展,全球电子商务迅速崛起,众多的信息技术企业、风险投资公司、生产流通企业纷纷开展电子商务。电子商务已成为经济全球化的助推器。电子商务的广泛应用降低了企业经营、管理和商务活动的成本,促进了资金、技术、产品、服务和人员在全球范围内的流动,推动了经济全球化的发展。目前,电子商务的应用已经成为决定企业国际竞争力的重要因素,亚马逊、ebay以及阿里巴巴等公司的成功说明电子商务正在引领世界服务业的发展,并影响着未来商业的发展模式。

1. 世界各地区互联网覆盖情况

Internet World Stats 网站的数据显示,截至2019年6月30日,全世界的互联网用户数量已经超过44.22亿,互联网覆盖比率增加至57.3%。表1-1反映了世界各区域的互联网用户数量、覆盖情况及相关比率。

表 1-1 世界各地区互联网覆盖情况

世界区域	人口(2019年估计数)	人口占世界的比率/%	互联网用户数(2019年6月)	覆盖比率/%	增长率/%	占世界互联网用户比率/%
非洲	1 320 038 716	17.1	525 148 631	39.8	11 533	11.9
亚洲	4 241 972 790	55.0	2 200 658 148	51.9	1 825	49.8
欧洲	829 173 007	10.7	719 413 014	86.8	585	16.3
中东	258 356 867	3.3	173 576 793	67.2	5 184	3.9
美洲	1 015 892 658	13.4	783 909 293	77.2	100	17.5
大洋洲	41 839 201	0.5	28 634 278	68.4	276	0.6
世界合计	7 716 223 209	100.0	4 422 494 622	57.3	1 125	100.0

注:资料来源于 Internet World Stats。

纵观世界各区域的情况,亚洲总上网用户数位居全球第一,互联网覆盖率为51.9%,除朝鲜外均达到了19%以上,并在缅甸、乌兹别克斯坦和阿富汗取得了惊人的增长;欧洲是世界上互联网覆盖率最高的地区,达到86.8%,最低的梵蒂冈城也达到了60.1%,远高于世界其他部分地区;美洲的互联网覆盖程度仅次于欧洲,超过半数的国家互联网覆盖率均已达到70%以上,其中百慕大群岛、马尔维纳斯群岛覆盖率已接近100%;大洋洲互联网覆盖程度位居全球第三,但由于地理位置限制,一部分岛屿的互联网用户人数和网络覆盖率数值不高,且部分数据有所缺失;非洲尽管用户人数和网络覆盖率数值不高,但较2000年已经实现了百倍以上的增长,增长势头迅猛;中东地区的也门、伊拉克和叙利亚等国内形势较为动荡的国家网络覆盖率不高,在一定程度上拉低了中东地区的互联网覆盖率。

2. 全球电商发展现状

2018年全球零售额总计23.9万亿美元,同比增长5.8%,而线上零售交易总额则达到了2.842万亿美元,同比增长23.3%,在线零售额占全球零售总额的比例由10.2%上升至11.9%,2019年全球线上零售额达到3.453万亿美元。线上零售逐渐发展成为社会大众消费的重要渠道。到2021年,全球电商业务预计将增长265%,全球电商销售额将达到新高,增长到4.878万亿美元,如图1-1所示。

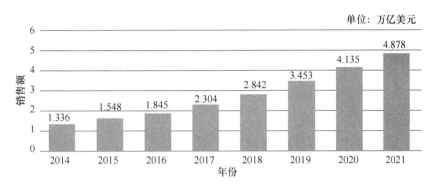

图1-1　2014—2021年全球线上零售电商销售额增长情况
(资料来源:eMarketer。)

eMarketer报告显示,B2C全球跨境电子商务交易额于2018年超过6 500亿美元,相比2017年同比增长27.5%。据估计,2020年全球市场规模将接近1万亿美元,同样在这一年,B2C跨境电子商务消费者总数也将创造超过21%的年平均增长率,达到9亿多。以中国为核心的亚太地区形成了强大的消费群体,跨境电子商务交易规模极为可观。在各种政策的支持下,跨境电商的发展也步入了更便捷、更高效、更透明的时代。

3. 新兴国家电子商务市场的发展

目前,中国是全球最大的电子商务市场,Statista数据显示,中国电子商务市场的收入在2019年达到34.81万亿元。如今中国在线购物的消费者比例已经超过70%,其巨大的消费潜力为在线零售商提供了众多商机。eMarketer预测,到2023年,中国零售电商销售额有望占零售总额的63.9%。

除中国外,印度和土耳其的电商市场呈快速增长态势。近年来,得益于印度市场的巨大潜力,印度电商发展迅猛,市场规模呈现逐年上升的趋势。根据Statista公布的数据,到2023年印度的市场规模预计将达到622.84亿美元。互联网覆盖率持续提高,2019年,用户覆盖率为37.5%,预计到2023年有望达到46.2%。可以预见,在未来几年内,印度电子商务的发展将呈现持续高速发展的状态,并将成为印度经济的重要组成部分以及经济蓬勃发展的重要推动力。土耳其在线购物消费者的比例也在持续上升,展望未来,土耳其也将是极具潜力的电子商务市场。

巴西的电子商务市场也在快速增长,但由于经济衰退,增长率已经放缓。作为拉丁美洲最大的电子商务市场,巴西电子商务市场规模的增长已经达到稳定水平,市场正在迈向成熟阶段。截至 2018 年 12 月,巴西已经拥有 1.49 亿互联网用户,网络覆盖率高达 70.2%。根据巴西电子商务协会数据,2018 年巴西电子商务规模达到 216.6 亿美元。BigDataCorp.公布的《2018 巴西电子商务报告书》指出,2018 年巴西电子商务领域在线商店增长幅度已经达到 12.5%,电子商务在巴西的发展已经步入快车道。

4. 部分典型国家电商市场的发展

美国作为电子商务的起源地,仍然是全球电子商务发展的先驱。法国作为欧洲仅次于英国的第二大电子商务市场,电商市场规模、互联网销售额、移动设备购买量等数据持续增长,反映了涉及越来越多日常用品的互联网购买行为的新趋势。俄罗斯电子商务正进入一个加速发展的周期,在线零售增速迅猛,终端移动化程度不断提高。韩国电子商务近年来一直快速增长,是其整体消费市场的重要组成部分,高互联网覆盖率下的跨境电商发展迅速。韩国的亚洲网络计划是利用完善的电商基础设施和成熟的商业模式对接海外业务,建立起全球商业网络,从而使韩国能够成为亚洲国家跨境贸易的网络中心。根据 PayPal 进行的市场调查,南非电子商务市场的增长也相当可观,网购方便、省钱以及可支配收入的增加都是促进南非电商增长的重要因素,电子商务在南非的零售业务环境中稳步增长。

1.6.2 中国电子商务发展现状及趋势

1. 中国电子商务发展现状

2019 年,中国电子商务发展与规范并举,依托数字技术加快探索新的发展空间。市场规模全球领先,产业结构持续优化,经济社会效益不断提升,对消费、外贸、就业及区域经济发展的促进作用进一步显现。

国家统计局电子商务交易平台调查显示,2019 年全国电子商务交易额达 34.81 万亿元,比上年增长 6.7%,如图 1-2 所示。按交易主体分,对单位交易额 20.46 万亿元,比上年增长 1.5%;对个人交易额 13.30 万亿元,增长 15.5%。国家统计局数据显示,2019 年全国网上零售额达 10.63 万亿元,比上年增长 16.5%(如图 1-3 所示)。从市场主体看,根据商务大数据监测,重点网络零售平台(含服务类)店铺数量为 1 946.9 万家,其中实物店铺数 900.7 万家。从消费群体看,根据中国互联网络信息中心数据,全国网络购物用户规模已达 7.10 亿。从商品类别看,根据商务大数据监测,服装鞋帽针纺织品、日用品、家用电器和音像器材网络零售额排名前三。中西药品、化妆品、烟酒、家具等实现较快增长。

图 1-2 2011—2019 年中国电子商务交易额
(数据来源:国家统计局。)

图 1-3　2011—2019 年中国网上零售额

（数据来源：国家统计局。）

农村电子商务步入新一轮创新增长空间。根据商务大数据监测，2019 年全国农村网络零售额达 1.7 万亿元，同比增长 19.10%（如图 1-4 所示）。其中，农村实物商品网络零售额为 1.3 万亿元，占全国农村网络零售额的 78.0%，同比增长 21.1%。

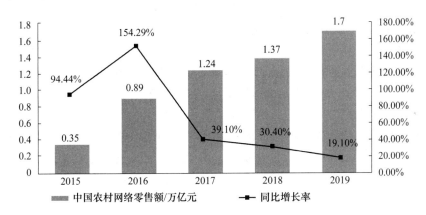

图 1-4　2015—2019 年中国农村网上零售额

（数据来源：商务大数据。）

跨境电商继续保持蓬勃发展态势。海关总署数据显示，2019 年通过海关跨境电子商务管理平台零售进出口商品总额达 1 862.1 亿元，同比增长 38.3%（如图 1-5 所示）；其中出口 918.1 亿元，同比增长 16.8%；进口 944 亿元，同比增长 68.2%。商务大数据对重点跨境零售平台监测显示，从进口地区来看，自亚洲进口的跨境电商零售额占比最高，其次是欧洲、北美洲和大洋洲。从进口来源地看，日本、美国、韩国为进口主要来源国。从进口品类看，化妆品、粮油食品和日用品三类商品进口额占比达 72.9%，化妆品和通信器材进口额同比增速较快。

图 1-5 2015—2019 年中国跨境电子商务零售进出口总额
（数据来源：海关总署。）

2．中国电子商务发展趋势

今后我国电子商务发展的总体趋势如下。

（1）专一化趋势

由于专一化网站的不可替代性及较稳定的网民基础，个性特点很强的专一化网站将会大量增加，并和若干大型综合性网站一起度过一个并存期。

专一化网站之所以能得到较快的发展，是由于它把有限的人力、财力、物力、社会的关注度、企业的潜力集聚在某一方面，力求从某一局部、某一专业，进行渗透和突破，形成和突显出局部优势，进而通过局部优势的能量累积，争得竞争中全局的主动地位和有利形势。它比较好地满足了上网者的个性化方面的深层要求，所以会受到人们的欢迎。

今后电子商务网站将从六大方面满足网民个性化要求：制定信息的个性化要求、选择商品的个性化要求、发挥潜在能力的个性化要求、参与品评和发表见解的个性化要求、业务扩展中的个性化要求、深度服务的个性化要求。人们将真正尝到电子化带来的福音和实惠。在这方面发展较快的空车配货网已经尝到了甜头。

（2）融合化趋势

网站建设的专业化和网民要求的个性化使任何一个网站也不可能满足网民全方位、多层次的个性化要求，都会遇到资源的空缺与内容的贫乏等问题，因此，势必感受到融合的重要性，因为只有融合，才能实现优势互补，资源共享。

这种融合首先反映在信息的融合上。因为网民对信息更新的及时性要求会和各网站捕捉信息、更新信息、采集信息的现状形成巨大的断层。不克服这个信息的断层，一周之内信息无更新，网民就会有一种腻烦感，访问量会锐减。维持信息日复一日地更新比构建网站要难得多。这会促使许多网站的整合观发生变化，会由扩充期兼并式的整合观跃升为互补式的整合观，双方和多方，发现所长，发展所长，稳定所长，互补所短，互通有无地融合在一起，以求得共同的发展。

新浪和 3721 共推强力搜索引擎，与启迪网共推网上招生，与中国频道共推企业上网，就是一种融合和互补。这种融合还反映在工作上。一种以方便客户为原则、以共同利益为纽带、以多方协同完成同一商务运作为目的的垂直型网站将得到迅猛发展。融合的深度发展必然是市场的扩展和网站服务领域的延伸。

（3）区域化趋势

我国经济发展的不平衡、地区自然条件的差异性、生活水平的差异性、网民结构的差异性、文化风俗的差异性，必将导致网络经济和电子商务在发展中表现出区域差异。

一种以发达经济带为基础而形成的、有区域经济特点的信息产业群、网站建设群很快在京津及东南沿海地区出现。中间城市有可能出现分站区和以配送为特点的网站商务传输体系。有区域经济特点和地域文化特色的一批小型网站在西部将得到快速发展。

形成区域特色的另一个重要原因是受区域文化的影响和制约。网站建设的深层发展必然在栏目建设及销售物品上反映这一特色，并形成自己的区域文化特色和相对稳定的客户群。

（4）大众化趋势

大众化趋势是网络经济和电子商务发展的必然要求。网络知识必将从"深宅大院"走向平民和普及。难记的网址和域名必将为中文网址所取代；聊天室中怪异的语言必将逐步为大众语言所取代。随着网费的下降和大量傻瓜型软件的上市，上网会进一步普及和便捷。不仅如此，一大批类似于北京大栅栏网、天津和平区社区服务网等真正意义上的社区网站将遍布各地。虚拟社区将向真实社区发展和延伸。

个人网站、电子商务代办点和网络中间体将得到发展。中小城市、条件较好的农贸市场和农村集镇将出现网吧式电子商务代办处。网络将成为人们生活的一部分。今后小区局域网、各地开发区局域网将得到发展。随着智能化住宅的出现，将开辟新的服务领域。只有大众化之日，才是电子商务的黄金时代到来之时。

（5）延伸化趋势

延伸化趋势是电子商务发展的必然结果，也是电子商务生命力的体现。这种延伸将主要体现在三个方面。

① 向电子商务实务扩展和延伸。随着网络技术的发展，个性化服务的优势将越来越充分地显示出来。人们不仅可以享受到购物送货的方便，还将享受多种延伸服务。比如，随着智能化住宅的出现，远程水表、远程电表将普及到千家万户。用量考核，查表收费，也必将成为电子商务的内容。与此同时，信息将进一步商品化。收集和人工采集信息的方法将有所创新。定制信息将受到企业家的欢迎。反馈转发和一网多发信息将得到发展。

② 向产业化扩展和延伸。电子商务的发展将影响和带动结算业、包装业、配送业等相关产业的发展。同时，还将激活和延伸带动起许多关联的产业。比如电子地图技术，初期发展并不快，电子商务将它激活了，使人们看到了它的连锁采用会形成一种增质效益，于是广阔的产业化前景出现了。

③ 向技术管理的新需求扩展和延伸。十亿农民的广阔市场将通过网络提出需求。远程教学、远程会诊、远程技术服务、远程科普教育都将得到大的发展。有可能出现一种网络中间体，成为连接边际地区和发达经济带、连接无网络地区和网络中心的桥梁和纽带。

（6）国际化趋势

电子商务的国际化趋势是历史的必然。国际网络经济和电子商务/巨头们早就看中了中国的潜在市场和无限商机。网络必将成为跨国集团和国外企业的首选目标、投资热点和开发热点。日本软库总裁孙正义曾表示，他看好200家中国网络公司，要投资10亿美元。

国外资本的注入将进一步地加强国外新技术的介入。宽带技术、交易安全技术等支撑技术将更快地进入中国,必将进一步推动我国电子商务的整体实力以及技术水平、装备水平的迅速提高。中国市场和国际市场对接的进程将加快。

这种国际化的趋势使市场开放度加大,贸易机会增多,给中国的商家提供了千载难逢的机遇,特别是给中小企业提供了展示自己形象的广阔空间和表现自己的平等舞台。中国电子商务将很快地走向世界。

1.6.3 中国电子商务面临的主要问题

我国电子商务起步较晚,随着其快速发展,网络经济带来的新问题已不断出现,电子网络纠纷案件逐渐增多,虚假广告、网络诈骗、域名争议等案件时有发生。而对于涉及网上拍卖、网上支付、物流、数字认证、隐私权保护、电子邮件、法理学、域名、数据库以及知识产权等方面的相关法律问题,更迫切需要通过制定电子商务政策和相关法律法规,来营造良好的竞争环境。目前急需解决的问题主要如下。

1. 电子商务法律法规问题

电子商务的快速发展给现行的法律体系带来新的挑战。要解决信息时代出现的种种问题,使信息社会始终处于良性、有序的发展之中,就必须把信息社会纳入规范化、法律化的轨道,运用法律手段对新的社会关系予以规范和调整,而仅靠传统的法律体系已经越来越不能满足信息社会的需要,这就需要制定出适应信息化社会的法律制度。2013年12月27日,全国人大常委会正式启动了《中华人民共和国电子商务法》(以下简称《电子商务法》)的立法进程;2018年8月31日,十三届全国人大常委会第五次会议表决通过《电子商务法》,自2019年1月1日起施行。

2. 网上支付安全问题

一是网络安全层面。存在众多钓鱼平台,经常出现业务拒绝现象,网络跟踪现象频发。二是系统安全层面。存在大量黑客攻击、病毒入侵现象。三是信息安全层面。存在合法用户被假冒、用户各类信息被窃取、用户信息被篡改现象。四是支付系统协议层面。我国网络支付标准SSL协议和SET协议存在较大的隐患,SSL协议最突出的问题是加密传播的只是客户信息,客户却无从验证网络销售的商家身份信息。SET模式确保了商家和客户对于对方的身份能够进行有效识别,但操作异常烦琐。五是监管层面。我国现行法律无法对电子支付进行有效约束。2019年年初实施的《电子商务法》在网络支付层面对消费者的合法权益进行了保障,但是面对日益更新的诈骗手段,网络用户的合法权益仍然无法得到全面保障。

3. 物流配送问题

物流是电子商务"四流"中的一环,也是电子商务中商品和服务的最终体现。物流是电子商务的重要组成部分,是实施电子商务的重要保证。观察各国电子商务和物流发展的关系可以发现:电子商务发展比较好的国家,物流发展水平一定较高。目前,我国的物流企业数量具有一定的规模,但能适应电子商务物流的企业数量还不够、服务意识及服务质量都不尽如人意。例如,物流不能够到达一些偏远山区、乡村。总体来说,我国物流配送水平还较低,物流体系尚未建好,物流信息化程度较低,制约了我国电子商务的发展。我国一定要大力发展物流技术和物流系统,如 EDI(电子数据交换)、RFID(无线射频技术)、GPS(全球定位系统)等。电子商务的发展对物流的需求越来越高,使物流成为电子商务发展的瓶颈,要发展壮大物流从而加强对电子商务的支撑作用。

4. 社会化信用体系问题

目前中国的社会化信用体系很不健全,信用心理不成熟。交易行为缺乏必要的自律和严厉的社会监督。在这种情况下,要发展电子商务,必须加速培育市场,创造比较成熟和规范的社会信用环境,以利于电子商务快速良性的发展。

根据相关媒体报道,2018 年 5 月中国信联成立。其实国外早在很多年前就开始了信用联合应用,我国的社会信用体系才刚刚建立起来,社会信用体系的建设仍然是一个漫长、复杂的过程,我国在社会信用体系方面的立法还不完善,社会信用体系目前主要还是服务于政府的有关部门。新时期下我国电子商务的发展离不开社会信用体系,同样社会信用体系的建设和完善也离不开电子商务所产生的信用数据。

5. 税收问题

电子货币的发行影响了传统的税收缴纳办法。电子货币系统是电子商务活动的基础。支付宝、微信、信用卡、电子支票等是电子商务中常用的电子货币形式。这就意味着在未来的电子商务环境中,产销双方无须通过中介机构就可直接进行交易。而传统的税收征管很大一部分是通过代扣代缴来进行的。网上交易不需要中介机构,扣缴税款无法实现。借助互联网的发展,新的易货贸易方式在很多地方重新兴起。这种不需要货币为中介的交易形式如何进行税收征管,在实践中还没有行之有效的方法。电子商务增加了避税和转移定价的可能性。

6. 管理思维问题

电子商务的本质还是商务——真正的商务。而 Internet 仅仅是一种技术、一个工具,它的功能虽然强大,但并不能改变商业世界的运作,也不能改变消费者的观念和基本行为,赢家将是那些坚持做真正商务的人,那些善于利用互联网提高商务效率、降低成本并从中发现巨大商机的人。电子商务时代,企业的发展需要新思维,只有遵循商务基本法则,用电子商务整合所有商业流程,才能使企业变成一个无懈可击的强大有机体。

从总体上看,我国电子商务的管理模式和管理体制都还比较落后。目前我国电子商务处于对传统商业模式和海外先进经营模式进行抄袭、模仿的水平上,很少结合我国国情的创新模式。而现行管理体制基本上是计划经济时代的产物,条块分割,设置不合理,协调性不够,办事效率低下,对新经济适应性较差。

7. 隐私权的保护问题

对消费者而言,网上交易对个人资料带来的潜在威胁是阻碍消费者上网购物的一个重要因素。其中,最主要的是经营者不合理地收集消费者的个人资料。这主要是指经营者收集超过实际所需的资料或者将收集的资料用于消费者未曾预料的用途。几乎所有的网上经营者都要求登记个人资料,包括姓名、性别、电话、住址等,有些还要求提供身份证号码、收入等。商家可通过这些资料挖掘出消费的兴趣爱好及购物习惯,同时黑客也把手伸进了客户的账户,侵害客户的利益。

8. 技术人才问题

近几年伴随着农村电商和跨境电商新领域的迅猛发展,很多公司和商家缺乏足够的技术人才来处理电子商务所遇到的各种问题,尤其是互联网上的电子商务具有"24×7"的要求,迫切需要一大批专业技术人员进行管理。技术人才的短缺已经成为影响电子商务发展的一个重要因素。

9. 标准的统一问题

各国的国情不同,电子商务的交易手段和方式当然也有差异,由于电子商务打破了时间和空间的限制,具有国际特征,所以需要在全球范围内建立相关的、统一的国际性标准,以解决电子商务活动的互操作问题。

中国目前需要解决以下问题:首先,解决统一标准的电子商务综合服务平台问题;其次,电子商务关键的是业务,应用是其龙头,要把各种各样的服务连接起来;再次,解决互联互通的标准问题。

除了以上所说的问题外,电子商务的发展从外部环境来讲,还面临诸如著作权、专利权、商标权以及域名等知识产权保护,信息内容管理,技术标准建立,信息基础设施的配合,认识与观念的转变等一系列问题。

1.7 实 训

(1) 通过上网的方法,分析六个国内或国外典范企业的网站(如 IBM、HP、DELL、联想、海尔等),了解其网站的页面布局和提供的功能,并分析这些企业成功的原因。

(2) 通过浏览中国互联网络信息中心网站(http://www.cnnic.net.cn)、中国电子商务协会网站(http://www.ec.org.cn)、新华网电子商务频道(http://www.xinhuanet.com/ec)等,了解它们对电子商务的具体看法。

(3) 为更好地学习"电子商务基础与实务"课程,请完成购买一本相关参考书的准备工作。

① 搜索图书销售网站,将其中两个网站的 Logo 标志粘贴在问题下面。

② 写下你搜索参考书使用的关键词。

③ 将你准备购买的图书的信息(包括书名、作者、出版社、价格、ISBN 等)粘贴在问题的下面。

④ 该网站的送货方式有哪些?你准备采用什么样的方式?为什么?

⑤ 该网站的资金结算方式有哪些?你准备采用何种方式?为什么?

⑥ 请你对购买图书的网站进行简要分析与评价。

思 考 题

1. 试述广义和狭义的电子商务。

2. 电子商务存在、发展的背景是什么？
3. 电子商务主要有哪些分类？
4. 电子商务的特点是什么？有哪些优势？
5. 试述电子商务对社会经济的影响。
6. 论述中国电子商务的发展趋势。
7. 分析中国电子商务面临的主要问题。

第2章 电子商务网络技术基础

2.1 网络的定义

计算机网络的最简单定义是：一些相互连接的、以共享资源为目的的、自治的计算机的集合。

从广义角度分析，计算机网络是以传输信息为基础目的，用通信线路将多个计算机连接起来的计算机系统的集合。一个计算机网络包括传输介质和通信设备。

从用户角度分析，计算机网络是一个大的计算机系统，能为用户自动管理所需的网络资源，对用户是透明的。

通用的定义是：利用通信线路将地理上分散的、具有独立功能的计算机系统和通信设备按不同的形式连接起来，以功能完善的网络软件及协议实现资源共享和信息传递的系统。

综上所述，计算机网络就是把分布在不同地理区域的计算机与专门的外部设备用通信线路互联成一个规模大、功能强的系统，从而使众多的计算机可以方便地互相传递信息，共享硬件、软件、数据信息等资源，是由通信线路互相连接的许多自主工作的计算机构成的集合体。

2.2 网络的功能

计算机网络的功能主要包括硬件资源共享、软件资源共享和用户间信息交换三个方面。

（1）硬件资源共享。可以在全网范围内提供对处理资源、存储资源、输入输出资源等昂贵设备的共享，使用户节省投资，也便于集中管理和均衡分担负荷。

（2）软件资源共享。允许互联网上的用户远程访问各类大型数据库，可以得到网络文件传送服务、远地进程管理服务和远程文件访问服务，从而避免软件研制上的重复劳动以及数据资源的重复存储，便于集中管理。

（3）用户间信息交换。计算机网络为分布在各地的用户提供了强有力的通信手段。用户可以通过计算机网络传送电子邮件、发布新闻消息和进行电子商务活动。

2.3 网络协议

2.3.1 网络协议的定义

协议是为进行网络中的数据交换而建立的规则、标准或约定的集合。

例如,网络中一个微机用户和一个大型主机的操作员进行通信,由于这两个数据终端所用字符集不同,因此操作员所输入的命令彼此不认识。为了能进行通信,规定每个终端都要将各自字符集中的字符先变换为标准字符集的字符后,才进入网络传送,到达目的终端之后,再变换为该终端字符集的字符。对于不相容终端,除了需变换字符集字符外,其他特性,如显示格式、行长、行数、屏幕滚动方式等也需要进行相应的变换。

2.3.2 网络协议三要素

一个网络协议至少包括以下三要素。

(1) 语法

确定通信双方"如何讲",定义了数据格式、编码和信号电平等。

(2) 语义

确定通信双方"讲什么",定义了用于协调同步和差错处理等的控制信息。

(3) 时序

确定通信双方"讲话的次序",定义了速度匹配和排序等。

2.3.3 网络协议的工作方式

网络协议是网络上所有设备(网络服务器、计算机及交换机、路由器、防火墙等)之间通信规则的集合,它规定了通信时信息必须采用的格式和这些格式的意义。大多数网络都采用分层的体系结构,每一层都建立在它的下层之上,向它的上一层提供一定的服务,而把如何实现这一服务的细节对上一层加以屏蔽。一台设备上的第 n 层与另一台设备上的第 n 层进行通信的规则就是第 n 层协议。在网络的各层中存在着许多协议,接收方和发送方同层的协议必须一致,否则一方将无法识别另一方发出的信息。

网络协议使网络上各种设备能够相互交换信息。常见的协议有 TCP/IP 协议、IPX/SPX 协议、NetBEUI 协议等。具体选择哪一种协议则要看情况而定。Internet 上的计算机使用的是 TCP/IP 协议。

ARPANET 成功的主要原因是它使用了 TCP/IP 标准网络协议,TCP/IP(Transmission Control Protocol/Internet Protocol)——传输控制协议/互联网协议是 Internet 采用的一种标准网络协议。它是由 ARPA 于 1977—1979 年推出的一种网络体系结构和协议规范。随着 Internet 的发展,TCP/IP 也得到进一步的研究开发和推广应用,成为 Internet 上的"通用语言"。

2.3.4 网络协议的层次结构

由于网络节点之间联系的复杂性,在制定协议时,通常把复杂成分分解成一些简单成分,然后再将它们复合起来。最常用的复合技术就是层次方式,网络协议的层次结构如下。

(1) 结构中的每一层都规定有明确的服务及接口标准。
(2) 把用户的应用程序作为最高层。
(3) 除了最高层外,中间的每一层都向上一层提供服务,同时又是下一层的用户。
(4) 把物理通信线路作为最低层,它使用从最高层传送来的参数,是提供服务的基础。

国际标准化组织(ISO)在 1978 年提出了"开放系统互连参考模型",即著名的 OSI/RM(Open System Interconnection/Reference Model)。它将计算机网络体系结构的通信协议划分为七层,自下而上依次为物理层(Physics Layer)、数据链路层(Data Link Layer)、网络层(Network Layer)、传输层(Transport Layer)、会话层(Session Layer)、表示层(Presentation Layer)、应用层(Application Layer)。

其中,第四层完成数据传送服务,上面三层面向用户。对于每一层,至少制定两项标准:服务定义和协议规范。前者给出了该层所提供的服务的准确定义,后者详细描述了该协议的动作和各种有关规程,以保证服务的提供。

2.3.5 常用的网络协议

TCP/IP 协议是三大协议中最重要的一个,作为互联网的基础协议,没有它就根本不可能上网,任何和互联网有关的操作都离不开 TCP/IP 协议。但 TCP/IP 协议也是三大协议中配置起来最麻烦的一个,单机上网还好,若通过局域网访问互联网的话,就要详细设置 IP 地址、网关、子网掩码、DNS 服务器等参数。

尽管 TCP/IP 是目前最流行的网络协议,但其在局域网中的通信效率并不高,使用它在浏览"网上邻居"中的计算机时,经常会出现不能正常浏览的现象。此时安装 NetBEUI 协议就能解决这个问题。

NetBEUI 即 NetBIOS Enhanced User Interface 或 NetBIOS 增强用户接口。它是 NetBIOS 协议的增强版本,曾被许多操作系统采用,例如 Windows for Workgroup、Win 9x 系列、Windows NT 等。NetBEUI 协议在许多情形下很有用,是 Windows 98 之前的操作系统的缺省协议。NetBEUI 协议是一种短小、通信效率高的广播型协议,安装后不需要进行设置,特别适合在"网络邻居"间传送数据。所以建议除了 TCP/IP 协议之外,小型局域网的计算机也要安装 NetBEUI 协议。另外还有一点要注意,如果一台只装了 TCP/IP 协议的 Windows 98 机器要想加入 WinNT 域,也必须安装 NetBEUI 协议。

IPX/SPX 协议本来就是 Novell 开发的专用于 NetWare 网络中的协议,现在也非常常用——大部分可以联机的游戏都支持 IPX/SPX 协议,比如星际争霸、反恐精英等。虽然这些游戏通过 TCP/IP 协议也能联机,但是通过 IPX/SPX 协议更省事,因为根本不需要任何设置。除此之外,IPX/SPX 协议在局域网络中的用途不是很大。如果确定不在局域网中联机玩游戏,那么这个协议可有可无。

2.4　网络的分类

网络从不同的角度有不同的分类方法,每种网络名称都有特殊的含意。几种名称的组合或名称加参数更可以看出网络的特征。千兆以太网表示传输速率高达千兆的总线形网络。了解网络的分类方法和类型特征,是熟悉网络技术的重要基础之一。

2.4.1　按网络的地理位置分类

(1) 局域网(LAN):一般限定在较小的区域内,小于10 km的范围,通常采用有线的方式连接起来。

(2) 城域网(MAN):规模局限在一座城市的范围内,10～100 km的区域。

(3) 广域网(WAN):网络跨越国界、洲界,甚至全球范围。

目前局域网和广域网是网络的热点。局域网是组成其他两种类型网络的基础,城域网一般都加入了广域网。广域网的典型代表是Internet。

(4) 个人局域网(PAN):个人局域网就是在个人工作的地方把属于个人使用的电子设备(如便携式计算机等)用无线技术连接起来的网络,因此也常称为无线个人局域网(WPAN),其范围在10 m左右。

2.4.2　按传输介质分类

(1) 有线网:采用同轴电缆和双绞线来连接的计算机网络。

同轴电缆网是常见的一种联网方式。它比较经济,安装较为便利,但传输速率和抗干扰能力一般,传输距离较短。

双绞线网是目前最常见的联网方式。它价格便宜,安装方便,但易受干扰,传输速率较低,传输距离比同轴电缆要短。

(2) 光纤网:光纤网也是有线网的一种,但由于其特殊性而单独列出,光纤网采用光导纤维作为传输介质。光纤传输距离长,传输速率高,可达每秒数千兆比特,抗干扰性强,不会受到电子监听设备的监听,是高安全性网络的理想选择。不过由于其价格较高,且需要高水平的安装技术,所以现在尚未普及。

(3) 无线网:采用空气作为传输介质,用电磁波作为载体来传输数据。由于联网方式灵活方便,是一种很有前途的联网方式。

局域网常采用单一的传输介质,而城域网和广域网采用多种传输介质。

2.4.3　按网络的拓扑结构分类

网络的拓扑结构是指网络中通信线路和站点(计算机或设备)的几何排列形式。

(1) 星形网络:各站点通过点到点的链路与中心站相连。特点是很容易在网络中增加新的站点,数据的安全性和优先级容易控制,易实现网络监控,但中心节点的故障会引起整个网络瘫痪。

(2) 环形网络:各站点通过通信介质连成一个封闭的环形。环形网容易安装和监控,但容量有限,网络建成后,难以增加新的站点。

(3) 总线形网络:网络中所有的站点共享一条数据通道。总线形网络安装简单方便,需要铺设的电缆最短,成本低,某个站点的故障一般不会影响整个网络。但介质的故障会导致网络瘫痪,总线网安全性低,监控比较困难,增加新站点也不如星形网容易。

树形网、簇星形网、网状网等其他类型拓扑结构的网络都是以上述三种拓扑结构为基础的。

2.4.4 按通信方式分类

(1) 点对点传输网络:数据以点到点的方式在计算机或通信设备中传输。星形网、环形网采用这种传输方式。

(2) 广播式传输网络:数据在共用介质中传输。无线网和总线形网络属于这种类型。

2.4.5 按网络的使用目的分类

(1) 共享资源网:使用者可共享网络中的各种资源,如文件、扫描仪、绘图仪、打印机以及各种服务。Internet 是典型的共享资源网。

(2) 数据处理网:用于处理数据的网络,如科学计算网络、企业经营管理用的网络。

(3) 数据传输网:用来收集、交换、传输数据的网络,如情报检索网络等。

目前网络使用目的都不是唯一的。

2.4.6 按服务方式分类

(1) 客户机/服务器网络:服务器是指专门提供服务的高性能计算机或专用设备,客户机是用户计算机。这是客户机向服务器发出请求并获得服务的一种网络形式,多台客户机可以共享服务器提供的各种资源。这是最常用、最重要的一种网络类型。不仅适合于同类计算机联网,也适合于不同类型的计算机联网,如 PC、MAC 机的混合联网。客户机/服务器网络便于保证安全性,控制计算机权限,监控网络运行,规范网络管理。网络性能在很大程度上取决于服务器的性能和客户机的数量。目前,针对这类网络有很多优化性能的服务器,称为专用服务器。银行、证券公司都采用这种类型的网络。

(2) 对等网:对等网不要求有文件服务器,每台客户机都可以与其他每台客户机对话,共享彼此的信息资源和硬件资源,组网的计算机一般类型相同。这种网络方式灵活方便,但是较难实现集中管理与监控,安全性也低,较适合于部门内部协同工作的小型网络。

2.4.7 其他分类方法

例如,按信息传输模式的特点来分类的 ATM 网,网内数据采用异步传输模式,数据以 53 字节单元进行传输,提供高达 1.2 Gbit/s 的传输速率,有预测网络延时的能力,可以传输语音、视频等实时信息,是最有发展前途的网络类型之一。

另外,还有一些非正规的分类方法,如企业网、校园网等,根据名称便可理解。

2.5 无线网络技术基础

2.5.1 无线网络概述

信息时代的网络互联已不再是简单地将计算机以物理的方式连接起来,取而代之的是合理地规划及设计整个网络体系,充分利用现有的各种资源,建立遵循标准的高效可靠同时具备扩充性的网络系统。无线网络的诸多特性正好符合这一需求。

一般而言,凡采用无线传输的计算机网络都可称为无线网。例如,从 WLAN 到蓝牙、从红外线到移动通信,所有的这一切都是无线网络的应用典范。

2.5.2 无线网络的分类

尽管各类无线网所遵循的标准和规范有所不同,但就其传输方式来看则不外乎两种,即无线电波方式和红外线方式。红外线传输的最大优点是不受无线电波的干扰,而且红外线的使用也不会被国家无线电管理委员会加以限制。然而,红外线传输方式的传输质量受距离的影响非常大,并且红外线对非透明物体的穿透性也非常差,这就直接导致了红外线传输技术与计算机无线网的"主角地位"无缘。相比之下,无线电波传输的应用则广泛得多。

2.5.3 无线网络的优点

(1) 安装便捷

在网络的组建过程中,施工周期最长、对周边环境影响最大的就是网络布线了。而无线局域网的组建则减少甚至免去了这部分繁杂的工作量,一般只需在该区域安放一个或多个无线接入(Access Point)设备即可建立网络覆盖。

(2) 使用灵活

在有线网络中,网络设备的安放位置受网络信息点位置的限制。而无线网络一旦建成后,在信号覆盖区域内的任何位置都可方便地接入网络,进行数据通信。

(3) 经济节约

由于有线网络灵活性的不足,设计者往往要尽可能地考虑到未来扩展的需要,在网络规划时要预设大量利用率较低的接入点,造成资源浪费。而且一旦网络的发展超出了预期的规划,整体的改造也将是一笔不小的开支。无线网络的出现则彻底解决了这一规划上的难题,充分保护了用户的投资,而且改造和维护起来也十分简便。

(4) 易于扩展

同有线局域网一样,无线网络具备了多种配置方式,能根据实际需要灵活选择、合理搭配。如此一来,无论是几个用户的小型网还是上千用户的大型网,无线网络都能胜任,并能提供像"漫游"(Roaming)等有线网络无法提供的特性。

目前,无线局域网的数据传输速率可达 54 Mbit/s,已经非常接近有线局域网的传输速率,而且其远至 20 km 的传输距离也是有线局域网所望尘莫及的。作为有线局域网的一种补充和扩展,无线网络使计算机具有了可移动性,能快速、方便地解决有线网络不易实现的网络连通问题,成为今后网络发展的主导方向。

2.5.4 无线网络的规范

迄今为止,电气电子工程师学会(IEEE)已经开发并制定了 4 种 IEEE 802.11 无线局域网规范:IEEE 802.11、IEEE 802.11b、IEEE 802.11a、IEEE 802.11g。这 4 种规范都使用了防数据丢失特征的载波检测多址连接(CDMA/CD)作为路径共享协议。任何局域网应用、网络操作系统以及网络协议(包括互联网协议、TCP/IP 协议)都可以轻松运行在基于 IEEE 802.11 规范的无线局域网上,就像以太网那样。但是无线网络却没有"飞檐走壁"的连接线缆。

早期的 IEEE 802.11 标准数据传输速率为 2 Mbit/s,后经过改进,传输速率达 11 Mbit/s 的 IEEE 802.11b 也紧跟着出台。但随着网络的发展,特别是 IP 语音、视频数据流等高带宽网络的频繁应用,IEEE 802.11b 规范 11 Mbit/s 的数据传输速率不免有些力不从心。于是,传输速率高达 54 Mbit/s 的 IEEE 802.11a 随即诞生。下面就从性能及特点上入手,来分别介绍当今主流的无线网络规范。

(1) IEEE 802.11b

IEEE 802.11b 的带宽为 11 Mbit/s,实际传输速率在 5 Mbit/s 左右,与普通的 10Base-T 规格有线局域网持平。无论是家庭无线组网还是中小企业的内部局域网,IEEE 802.11b 都能基本满足使用要求。由于基于的是开放的 2.4 GHz 频段,因此 IEEE 802.11b 的使用无须申请,既可作为对有线网络的补充,又可自行独立组网,灵活性很强。

IEEE 802.11b 的运作模式分为两种:点对点模式和基本模式。其中点对点模式是指无线网卡和无线网卡之间的通信方式,即一台装配了无线网卡的计算机可以与另一台装配了无线网卡的计算机实施通信,对于小型无线网络来说,这是一种非常方便的互联方案;而基本模式则是指无线网络的扩充或无线和有线网络并存时的通信方式,这也是 IEEE 802.11b 最常用的连接方式。此时,装载无线网卡的计算机需要通过"接入点"(无线 AP)才能与另一台计算机连接,由接入点来负责频段管理及漫游等指挥工作。在带宽允许的情况下,一个接入点最多可支持 1 024 个无线节点的接入。当无线节点增加时,网络存取速度会随之变慢,此时添加接入点的数量可以有效地控制和管理频段。从目前大多数的应用案例来看,接入点是作为架起无线网与有线网之间的桥梁而存在的。

作为目前最普及、应用最广泛的无线标准,IEEE 802.11b 的优势不言而喻。技术的成熟使得基于该标准网络产品的成本得到了很好的控制,无论家庭还是企业用户,无须太多的资金投入即可组建一套完整的无线局域网。

(2) IEEE 802.11a

就技术角度而言,IEEE 802.11a 与 IEEE 802.11b 虽在编号上仅一字之差,但二者间的关系并不像其他硬件产品换代时的简单升级,这种差别主要体现在工作频段上。由于 IEEE 802.11a 工作在不同于 IEEE 802.11b 的 5.2 GHz 频段,避开了当前微波、蓝牙以及大量工业设备广泛采用的 2.4 GHz 频段,因此其产品在无线数据传输过程中所受到的干扰大大降低,抗干扰性较 IEEE 802.11b 更为出色。

高达 54 Mbit/s 的数据传输带宽是 IEEE 802.11a 的真正意义所在。在 IEEE 802.11b

以其 11 Mbit/s 的数据传输率满足了一般上网冲浪、数据交换、共享外设等需求的同时，IEEE 802.11a 已经为今后无线宽带网的进一步要求做好了准备，从长远的发展角度来看，其竞争力是不言而喻的。此外，IEEE 802.11a 的无线网络产品较 IEEE 802.11b 有着更低的功耗，这对笔记本计算机以及 PDA 等移动设备来说也有着重大意义。

2.6 实 训

到网络机房观察认识网络设备，如路由器、交换机等。

思 考 题

1. 试述计算机网络的定义。
2. 网络协议的三要素是什么？
3. 简述计算机网络的分类。

第 3 章 电子商务的框架结构

3.1 电子商务的组成

一个完善的电子商务系统应该包括哪些部分,目前还没有权威的论述。电子商务覆盖的范围十分广泛,必须针对具体的应用才能描述清楚系统架构。从基本流程和基本功能构成看,电子商务的基本组成要素有网络、用户、物流中心、认证中心、网上银行、商家和商务活动的管理机构等,如图 3-1 所示。

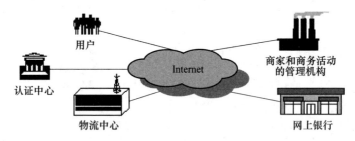

图 3-1 电子商务的组成

1. 网络

网络包括 Internet、Intranet、Extranet。Internet 是电子商务的基础,是商务、业务信息传递的载体;Intranet 是企业内部服务活动的场所;Extranet 是企业与用户进行商务活动的纽带。

2. 用户

电子商务用户包括企业用户和个人用户。企业用户建立 Intranet、Extranet 和 MIS,对人、财、物、产、供、销进行科学管理。个人用户利用计算机、电视机顶盒、PDA(Personal Digital Assistant)和 Visual TV 等接入因特网获取信息和购买商品等。

3. 物流中心

物流中心接受商家的送货要求,组织运送无法从网上直接得到的商品,跟踪产品的流向,将商品送到消费者手中。

4. 认证中心

认证中心(Certificate Authority,CA)是受法律承认的权威机构,负责发放和管理电子证书,使网上交易的各方能互相确认身份。

5. 网上银行

网上银行在 Internet 上实现传统银行的业务,为用户提供全天候实时服务。

6. 商家和商务活动的管理机构

除销售商家外,还包括工商、税务、海关和经贸等部门。

3.2 电子商务的概念模型

电子商务的概念模型是对现实世界中电子商务活动的一般抽象描述,它由电子商务实体、电子市场、交易事务和物流、资金流、信息流等基本要素构成。

1. 电子商务实体

电子商务实体是指能够从事电子商务活动的客观对象,如企业、银行、商店、政府机关等。

2. 电子市场

电子市场是指电子商务实体从事商品和服务交换的场所,它由各种各样的商务活动参与者,利用各种通信装置,通过网络连接成一个统一的经济整体。

3. 交易事务

交易事务是指电子商务实体之间所从事的具体的商务活动内容,如询价、报价、转账支付、广告宣传、商品运输等。

4. 物流

物流主要是指商品和服务的配送及传输渠道。对于大多数商品和服务来说,物流可能仍然经由传统的经销渠道;然而对有些商品和服务来说,可以直接以网络传输的方式进行配送,如各种电子出版物、信息咨询服务、有价信息等。

5. 资金流

资金流主要是指资金的转移过程,包括付款、转账、兑换等过程。

6. 信息流

信息流既包括商品信息的提供、促销、营销、技术支持、售后服务等内容,也包括诸如询价单、报价单、付款通知单、转账通知单等商业贸易单证,还包括交易方的支付能力、支付信誉、中介信誉等。

电子商务一般概念模型描述了电子商务活动基本情况。这一模型中涉及六个基础要素,其中电子商务实体、电子市场、交易事务是形式要素;物流、资金流、信息流是电子商务交易的辅助要素。六要素共同抽象出电子商务一般概念,该模型可以这样阐述,即电子商务实体通过电子市场完成交易事务,过程中涉及物流、资金流和信息流。

3.3 电子商务系统的层次结构

3.3.1 电子商务的基本框架结构

电子商务的框架结构是指电子商务活动环境中所涉及的各个领域以及实现电子商务应具备的技术保证。从总体上来看,电子商务框架结构由三个层次和两大支柱构成。其中,电子商务框架结构的三个层次分别是网络层、信息发布与传输层、电子商务服务和应用层;两大支柱是指社会人文性的公共政策和法律规范以及自然科技性的技术标准和网络协议,如图 3-2 所示。

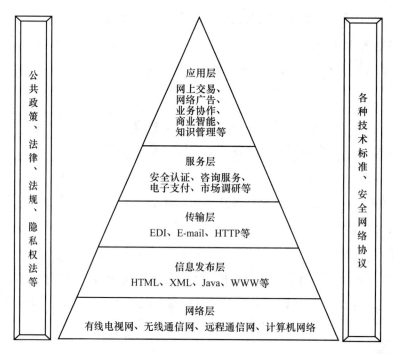

图 3-2 电子商务的框架结构模型

1. 三个层次

(1) 网络层:网络基础硬件设施,包括主机、通信设备、网络接入等。它是实现电子商务的最底层的基础设施,是信息的传输系统,也是实现电子商务的基本保证。

(2) 信息发布与传输层:网络信息发布应用,包括 E-mail、Web、Homepage 等。从技术角度而言,电子商务系统的整个过程就是围绕信息的发布和传输进行的。

(3) 电子商务服务和应用层:电子商务服务层实现标准的网上商务活动服务,如网上广告、网上零售、商品目录服务、电子支付、客户服务、电子认证(CA 认证)、商业信息安全传送等。其真正的核心是 CA 认证。

在基础通信设施、多媒体信息发布、信息传输以及各种相关服务的基础上,人们就可以进行各种实际应用。比如,供应链管理、企业资源计划、客户关系管理等各种实际的信息系统,以及在此基础上开展企业的知识管理、竞争情报活动。而企业的供应商、经销商、合作伙伴以及消费者、政府部门等参与电子互动的主体也是在这个层面上和企业产生各种互动。

2. 两种支持

(1) 环境支持:包括公共政策和法律规范。法律维系着商务活动的正常运作,对市场的稳定发展起到了很好的制约和规范作用。进行商务活动,必须遵守国家的法律、法规和相应的政策,同时还要有道德和伦理规范的自我约束和管理,二者相互融合,才能使商务活动有序进行。

电子商务系统的支撑环境除了以上提到的两种之外,还和许多因素有关,如计算机的普及程度和上网率、企业领导对电子商务运作的重视程度及职工素质等。2005年国家发改委开展了电子商务支撑环境项目试点工作,目的是进一步推动骨干企业电子商务建设,鼓励骨干企业优化业务流程和组织结构。

(2) 技术支持:主要指技术标准和网络协议。技术标准定义了用户接口、传输协议、信息发布标准等技术细节。它是信息发布、传递的基础,是网络信息一致性的保证。就整个网络环境来说,标准对于保证兼容性和通用性是十分重要的。网络协议是计算机网络通信的技术标准,对于处在计算机网络中的两个不同地理位置上的企业来说,要进行通信,必须按照通信双方预先共同约定好的规程进行,这些共同的约定和规程就是网络协议。

3.3.2 电子商务流程

电子商务和传统贸易的基本处理过程是一样的,只是完成这些过程的方式和媒介不一样。

1. 传统商务的基本处理过程

传统商务运作过程是企业在具体进行一个商务交易过程中的实际操作步骤和处理过程。传统商务交易过程中的实务操作由交易前的准备、贸易磋商、合同与执行、支付等环节组成。

(1) 交易前的准备:对于商务交易过程来说,交易前的准备就是供需双方如何宣传或者获取有效的商品信息的过程。商品供应方的促销策略是通过报纸、电视、户外媒体等各种广告形式宣传自己的商品信息。对于商品的需求者——企业和消费者来说,要尽可能地得到自己所需要的商品信息,来充实自己的进货渠道。因此,交易前的准备实际上就是一个商品信息的发布、查询和匹配过程。

(2) 贸易磋商:在商品的供需双方都了解了有关商品的供需信息后,就开始进入具体的贸易磋商过程,贸易磋商实际上是贸易双方进行口头磋商或纸面贸易单证的传递过程。纸面贸易包括询价、价格磋商、订购合同、发货、运输、收货等,各种纸面贸易单证反映了商品交易中双方的价格意向、营销策略管理要求及详细的商品供需信息。在传统商务活动的贸易磋商过程中使用的工具有电话、传真或邮寄等,因为传真件不足以作为法庭仲裁依据,所以各种正式贸易单证的传递主要通过邮寄方式进行。

(3) 合同与执行:在传统商务活动中,贸易磋商经常通过口头协议来完成,但在磋商过程完成后,交易双方必须要以书面形式签订具有法律效力的商务合同,来确定磋商的结果和监督执行,并在产生纠纷时由相应机构通过合同进行仲裁。

(4) 支付:传统商务中的支付一般有支票和现金两种方式,支票方式多用于企业间的商务过程,涉及双方单位及其开户银行,现金方式常用于企业对个体消费者的商品销售过程。

传统商务活动大部分依靠面对面及书面单证往来传递为主,使传统商务具有信息不完善、耗费时间长、花费高、库存占用大、生产周期长、客户服务不及时等局限性。

2. 电子商务的基本处理过程

电子商务是在传统商务基础上发展起来的。电子商务与传统商务并不是截然分开的,两者有着密切的联系。电子商务的发展并不是要完全排除和取代传统的商务模式。例如,很多电子商务网站都提供了传统的"货到付款"的支付方式;尤其是在宣传和推广网站时,电子商务也离不开传统的广告和促销模式。

电子商务具有巨大的融合性。电子商务把过去似乎不相干的很多概念、技术和工作融合到一起,也把传统商务模式和电子商务模式融合在一起。电子商务使一些传统的工作方式和岗位消失或改变,并不断创造新的工作方式和工作内容、新的沟通方式和新的创业模式。

对于网上交易而言,通信、计算机、电子支付以及安全等现代信息技术是其实现的保证。电子商务通用交易流程可以分为以下四个阶段。

(1) 交易前的准备

该阶段主要是指买卖双方和交易各方在签约前的准备活动。买方根据自己要买的商品,准备购货款,制定购货计划,进行货源市场调查和市场分析,反复进行市场查询,了解各个卖方国家的贸易政策,反复修改购货计划和进货计划,确定和审批购货计划。尤其要利用互联网和各种电子商务网络寻找自己满意的商品和商家。

卖方根据自己所销售的商品,召开商品新闻发布会,制作广告进行宣传,全面进行市场调查和市场分析,制定各种销售策略和销售方式,了解各个买方国家的贸易政策,利用 Internet 和各种电子商务网络发布商品广告,寻找贸易伙伴和交易机会,扩大贸易范围和商品所占市场份额。

(2) 交易谈判和签订合同

该阶段主要是指买卖双方对所有交易细节进行谈判,将双方磋商的结果以文件的形式确定下来,即以书面的形式或电子文件的形式签订贸易合同。交易双方以现代电子通信设备和通信方法,经过谈判和磋商后将双方在交易中的权力及所承担的义务,对所购买商品的种类、数量、价格、交货地点、交货期、运输方式、违约等合同条款,全部以电子合同做出全面详细的规定,也可以通过数字签名等方式签名。

(3) 办理交易进行前的手续

该阶段涉及中介方、银行中介机构、信用卡公司、海关系统等,买卖双方要利用 Internet 等通信手段进行电子票据和电子单证的传递,直到办理完可以将所购买商品从卖方按照合同规定开始向买方发货的一切手续为止。

(4) 合同的执行与资金支付

电子商务中交易的资金支付采用信用卡、电子支票、电子现金和电子钱包等形式以网上支付的方式进行。

该阶段中,买卖双方各种手续办理完毕后,卖方进行备货、租货并将收售商品支付给运输公司包装、起运、发货,买卖双方可以通过电子贸易系统跟踪发出的货物。银行和金融机构也按照合同进行结算并处理双方的收付款,同时出具相应的单据。最后,买方收到所购商品,完成整个交易过程。如果在交易过程中出现违约行为,则需要进行违约处理,由受损方向违约方索赔。

网上交易的过程看似简单,但却是建立在电子商务基本框架基础之上的。电子商务过程一方面减少了中间商的存在,拉近了顾客和企业的距离;另一方面交易的参与者并不见得会减少,有很多硬件和软件的支持者。

传统商务与电子商务的运作过程比较如表 3-1 所示。

表 3-1 商务实务运作过程

	交易前的准备	贸易磋商过程	合同与执行	支付过程
传统商务	商品信息的发布、查询和匹配,通过传统方式来完成	口头磋商或纸面贸易单证的传递过程。工具:电话、传真、邮寄等	以书面形式签订具有法律效力的商务合同(纸面合同)	方式:支票、现金
电子商务	通过交易双方的网址和网络主页完成	电子化的记录、文件和报文在网络上传递	电子合同,同样具有法律效力	方式:网上支付(信用卡、电子支票、电子现金、电子钱包等)

3.3.3 电子商务基本框架结构分析

可以从不同的角度对电子商务的框架进行认识。从应用的角度,电子商务要满足客户、企业等参与者的需求;从技术角度,电子商务要具有一定的结构实现商务活动功能。下面从应用角度和技术角度介绍电子商务框架。

1. 技术视角的电子商务框架

如果从技术构成要素分析电子商务,电子商务基本框架可看作设施设备构成的电子商务框架,如图 3-3 所示。

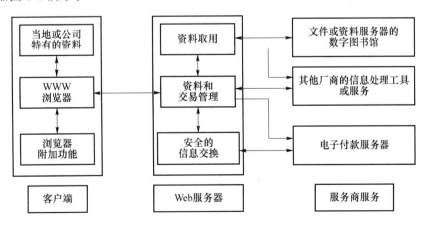

图 3-3 以 Web 为核心的电子商务架构

(1) Web 客户端(Web Client)

为存取和显示内容提供一个图形使用界面,如微软的 IE 等。

(2) Web 服务器(Web Server)

Web Server 是存储文件或其他内容的硬件和软件的组合,如微软的因特网信息服务器(Internet Information Server)、网站的通信服务器(Communication Sever)。

(3) 超文本传送协议(HTTP)

HTTP 提供了一种能够让服务器与浏览器之间沟通的语言。

(4) 超文本标记语言(HTML)

HTML 是一种包含文字、窗体及图形信息的超文本文件的语言。

(5) 通用网关界面(CGI)

CGI 是介于 Web 服务器和应用之间的一个标准界面,它可以用来整合数据库和 Web。

2. 应用视角的电子商务框架

电子商务应用视角是电子商务系统中的主要视角。电子商务应用的重要性在于能够全面渗透到各行各业。以狭义的电子商务概念为例,互联网的到来波及很多传统产业,迫使它们转变思想,重组业务流程,实施行业的电子商务。银行进行网上银行服务,证券业也积极从事证券网上交易,传统商家纷纷建立自己的网站通过网上商城卖东西。与此同时,传统经济没有的新行业也应运而生,如内容服务商(ICP)、网络服务商(ISP)、数据中心(IDC)、CA等。所以,从应用角度来看电子商务整体框架如图 3-4 所示。

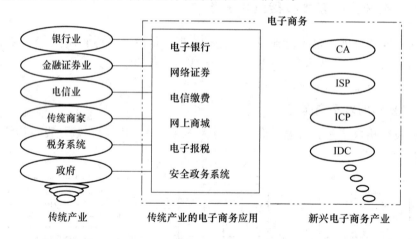

图 3-4 应用视角的电子商务框架

从图 3-4 中我们可以看出,电子商务应用领域覆盖范围非常广,几乎涉及现有的各行各业。

3.4 实 训

1. 结合本章内容,登录下列电子商务网站,认识各种类型的电子商务网站。

(1) 亚马逊网和当当网。

(2) ebay、雅宝网。
(3) 阿里巴巴网、海尔企业电子商务网。

2. 登录阿里巴巴网、淘宝网、海尔企业电子商务网站,了解其流程,分析不同类型的电子商务功能和交易流程。

思 考 题

1. 电子商务的基本组成要素包括哪些?
2. 简述电子商务的层次结构。
3. 你认为中国是否应该积极开展电子商务活动?在政策上,有什么好的建议?
4. 从应用角度分析一下电子商务的功能。
5. 从技术角度分析一下电子商务的关键技术。
6. 你能否从其他角度对电子商务基本结构进行分析?

第4章 电子商务的运作模式

4.1 Internet 商务

Internet 在全球的迅猛发展将处于不同国度的人们的距离拉近,电子商务成为社会热点,它通过先进的信息网络,将事务活动和贸易活动中发生关系的各方有机地联系起来,极大地方便了各种事务活动和贸易活动。主要经营模式有 B2B、B2C、C2C 和 B2G。如今,上网的个人、企业、政府、银行越来越多,电子商务受到各地政府和社会各行业的高度重视。

近几年,中国 Internet 商务迅速崛起,发展相当快,引起了世界的广泛关注。它的发展出现了新趋势。

- Internet 市场已成为商业活动的重要场所。
- 打破时空的局限,改变贸易形态,Interne 成为一种重要的业务传递载体。
- 汇聚信息,生成新的业务,产生新的收入,使企业进行相互连锁交易。
- 越来越多的人会使用自己的电视、PDA、电话、手机等进行日常商务交易。

2019 年,世界经济增速放缓,全球化和贸易自由化进程中的风险和不确定性因素增多。中国经济克服内外诸多困难挑战,以电子商务为代表的数字经济取得长足进步,在推动国内外社会发展方面发挥了重要作用。

(1) 规模品质加速提升

2019 年,中国电子商务市场规模持续引领全球,服务能力和应用水平进一步提高。中国网民规模已超过 9 亿人,互联网普及率达 64.5%;全国电子商务交易额达 34.81 万亿元;电子商务从业人员达 5 125.65 万人。党中央、国务院高度重视电子商务发展,商务部积极主动作为,持续优化电子商务发展环境。大力开展《电子商务法》宣传贯彻,逐步完善配套法规。强化示范引领,遴选首批 60 家数字商务企业,新增 13 家电子商务示范基地。深化电子商务诚信建设,大力推动企业开展诚信承诺,完善诚信档案。细化公共服务,开通全国电子商务公共服务平台,印发关于加强电子商务统计监测分析工作的指导意见,深入推进部省电商大数据共建共享,指导行业健康发展。

(2) 结构效益更加优化

2019 年,农村电商进入规模化专业发展阶段,跨境电商成为外贸转型升级的重要方向。全国农村网络零售额达 1.7 万亿元,同比增长 19.1%。截止到 2019 年,电子商务进农村综合示范对全国 832 个国家贫困县实现全覆盖,电商扶贫对接、"三品一标"认证深入实施,工业品下行、农产品上行的双向渠道进一步畅通,"下沉市场"的消费潜力得到释放。通过海关跨境电子商务管理平台的零售进出口商品总额达1 862.1亿元,同比增长38.3%。新增24个跨境电商综合试验区,截止到2019年年底,试验区总数达到59个,加快成熟的经验做法向全国复制推广,跨境电商政策体系不断完善。

(3) 模式业态持续创新

电子商务新模式、新业态不断涌现。人工智能、大数据、小程序等技术广泛应用,直播电商、社交电商、跨境电商海外仓等模式深化创新,顺应了时下多元化、个性化、重视体验的消费需求。与此同时,电子商务带动线上线下融合发展的趋势更加明显,餐饮企业、零售门店主动拓展线上市场空间,传统实体经济在数字化转型方面做出新的探索和尝试。网络零售向智能制造领域延伸,电子商务平台与产业链中的各方建立数字化连接,对于提升供应链运营效率和助推产业转型升级成效明显。

(4) 引领作用不断凸显

在政府和市场共同推动下,中国经济主动适应数字化变革,抢抓产业数字化、数字产业化机遇,电子商务发展成果丰硕,在国际和国内两个市场发挥了重要引领作用。从国内市场来看,2019年网络零售对社会消费品零售总额增长的贡献率达45.6%,电子商务在促消费、稳外贸、助扶贫、扩就业,以及带动产业数字化转型等方面作出了积极贡献,成为稳定经济增长和高质量发展的重要动能。从国际市场看,中国已与五大洲的22个国家建立了双边电子商务合作机制,"丝路电商"成为贸易合作新渠道,带动了伙伴国数字经济发展,在世界舞台上受到越来越多的关注。

4.1.1 B2B

1. B2B的定义

B2B是Business to Business的缩写,它是指企业与企业之间的电子商务,是指采购商与供应商通过Internet进行谈判、订货、签约、付款以及索赔处理、商品发送和运输跟踪等所有活动。企业间的电子商务包括供应商管理、库存管理、销售管理、交易文档管理以及支付管理等功能。企业间的电子商务可以让整个供应链与配销链管理进一步自动化,通过Internet,节省成本,提高效率。

2. B2B发展状况

(1) 国外B2B发展状况

全球B2B电子商务市场在全球电子商务市场中占据重要地位,从国际电子商务的发展来看,B2B的发展有两个主要特点,即进入B2B市场的企业越来越多和电子商务发展的地区差异日益扩大。

进入B2B市场的企业主要有四种类型。

① 传统的IT巨头,如微软、Sun、Intel等。

② 新兴互联网巨头,如Yahoo、AOL、ebay、shopnow.com和Priceline.com等。

③ 传统行业的跨国公司,如通用汽车、杜邦公司等。

④ 现有的B2B电子商务公司,如Ariba、Commerce One等。

世界电子商务的发展很不平衡,电子商务鸿沟有逐渐扩大的趋势。美国电子商务的应用领域和规模远远领先于其他国家,在全球所有电子交易额中,目前大约占50%以上。世界范围内已经形成了以美国为首,欧洲和亚洲发达国家随后的国际电子商务发展格局。

B2B 在美国已经进入蓬勃发展的阶段。美国 B2B 电子商务发展的特点是:以大型企业为主导,以集成供应链管理为起点,以降低成本为主要目标。其主要表现形式为:大型企业首先利用 ICT 信息平台(ERP、ISC、CRM、IPD 等),在整合企业内部流程和信息资源的基础上,进一步向上游的供应商和下游的客户扩展,打通上下游的信息流、资金流和物流,从而提高沟通效率和服务质量,大幅度降低交易成本、库存成本、生产成本和采购成本,通过全球化资源配置提高竞争优势,这构成了美国 B2B 电子商务发展的主流模式。这类大型企业如戴尔(DELL)、UPS、沃尔玛、Cisco 等。

例如,根据对食品工业的调查,60%的公司已经开始在网上共享产品信息,52%的公司开始共享价位信息,37%的公司开始共享库存信息。其中 59%的公司认为 B2B 带来的最大好处就是增加了数据传递的准确性。在对生产、批发、零售的分类分析时发现,批发商是得益最广泛也是最多的。这是源于 Internet 与批发商所起到的一个共同的中介作用。

美国的 B2B 之所以能够发展起来,是因为像 Intel、Cisco 这样的大型跨国集团离线交易系统相当发达,不管是集团内部还是与外界联系,都已经具备了网络化的基础,其传统企业与中间机构的地位谁也无法取代。

(2) 国内 B2B 发展状况

相对而言,我国的基础比较薄弱。近年来,随着市场竞争的加剧,很多中小企业发展壮大甚至生存都面临困境,而 B2B 电子商务能打破地域时空和国界的限制,帮助中小企业迅速成长,而且 IT 采购的增长、网络应用的普及以及周围企业的示范带动都加快了中国中小企业对 B2B 电子商务环境的理解。在浙江、广东等沿海发达地区,电子商务已经成为不少企业不可缺少的业务工具,中小企业的电子商务意识也日渐成熟。

根据国家统计局电子商务交易平台的统计,2018 年,中国电子商务交易额达到 31.63 万亿元,同比增长 8.5%。据中研普华数据显示,在电子商务市场细分行业结构方面,2018 年 B2B 电子商务合计占比超七成,其中中小企业电子商务占比 42.90%,规模以上企业 B2B 电子商务占比 27%。此外,中小企业 B2B、网络购物、在线旅游交易规模的市场占比与 2017 年相比均有所上升。中国电子商务研究中心数据显示,2019 年中国电子商务交易规模达 36.8 万亿元,同比增长 13.1%。从 2019 年我国电子商务行业主要细分市场结构来看,B2B 行业的交易规模依然占据着巨大的份额,其次是零售电商行业。B2B 行业市场规模占比为 66.74%,零售电商行业市场规模占比为 28.88%。

国内 B2B 电子商务高速发展,主要原因如下。

一方面,随着中小企业对电子商务认识的提高,订单量越来越多,企业间的交易需求迅速提升,这对整个 B2B 电子商务市场的发展起到了很大的推动作用。中小企业纷纷加大线上推广费用,加强对增值服务的用户体验。

另一方面,核心运营商的业务模式逐渐拓展,付费会员、在线交易、增值服务等业务保持稳定增长,提价措施又将整个 B2B 电子商务行业的准入门槛抬高,提升了服务质量,一定程度上避免了恶性价格战。

新模式、专注于新行业的 B2B 电子商务企业大量涌现。在线交易平台快速发展,中国 B2B 电子商务也将逐渐向服务纵深化方向发展。

3．B2B 的特点

B2B 电子商务的特点如下。

（1）交易对象相对固定。普通消费者发生的交易行为比较随意，而企业交易的对象一般比较固定。

（2）交易过程复杂但规范。企业之间的交易一般涉及的金额较大，不容有闪失。

（3）交易对象广泛。企业交易的商品有很多不属于普通的日常用品，企业交易的物品几乎可以是任何一种物品。

4．B2B 的竞争优势

与传统商务活动相比，B2B 电子商务具有下列竞争优势。

（1）使买卖双方信息交流低廉、快捷。信息交流是买卖双方实现交易的基础。传统商务活动的信息交流是通过电话、电报或传真等工具，这与 Internet 信息是以 Web 超文本（包含图像、声音、文本信息）传输不可同日而语。

（2）降低企业间的交易成本。首先对于卖方而言，电子商务可以降低企业的促销成本。其次对于买方而言，电子商务可以降低采购成本。另外，借助 Internet，企业还可以在全球市场上寻求最优价格的供应商，而不是只局限于原有的几个商家。

（3）减少企业的库存。企业为应付变幻莫测的市场需求，通常需保持一定的库存量。但企业高库存政策将增加资金占用成本，且不一定能保证产品或材料是适销货品；而企业低库存政策可能使生产计划受阻，交货延期。因此寻求最优库存控制是企业管理的目标之一。以信息技术为基础的电子商务则可以解决企业决策中信息不确切和不及时的问题。通过 Internet 可以将市场需求信息传递给企业决策生产，同时也把需求信息及时传递给供应商而适时得到补充供给，从而实现"零库存管理"。

（4）缩短企业生产周期。一个产品的生产是许多企业相互协作的结果，因此产品的设计开发和生产销售最可能涉及许多关联企业，通过电子商务可以改变过去由于信息封闭而无谓等待的现象。

（5）每天 24 小时不间断运作，增加了商机。传统的交易受到时间和空间的限制，而基于 Internet 的电子商务则是一周 7 天、一天 24 小时无间断运作，网上的业务可以开展到传统营销人员和广告促销所达不到的市场范围。

5．B2B 电子商务模式

（1）按企业参与方式划分

按照企业参与方式的不同，B2B 网站的商业模式可基本划分为三大类：公司网站模式、第三方经营的 B2B 网站模式和外联网模式。其中第三方经营的 B2B 网站目前又被细化分为横向型网站和纵向型网站。

① 公司网站模式

顾名思义，公司网站是以销售本公司产品或服务为主的网站，是公司的"网上店面"。这种类型的网站适合于品牌知名度很高且市场份额较大的公司，故公司网站又被称为大型企业的 B2B 网站。其中成功的代表有卖家主导型的 DELL、Cisco 和买家主导型的通用、福特汽车。值得一提的是，这些公司在过去的几十年里还都是中小企业，因勇于先行实施电子商务，今天已经一跃成为全球赫赫有名的跨国集团。公司网站的投入和维护费用较高，中小型企业一般并不适合建立自己的公司网站,因此对大量企业来说,需要依靠下面将要介绍的第三方经营的B2B网站。

② 第三方经营的B2B网站模式

网络企业对传统经济的重大贡献就在于为没有能力建造电子商务系统的企业建立了大量的"平台",第三方经营的B2B网站就是各种平台中的一种,这个平台不仅在交易中保持中立公平,为买卖双方提供信息发布平台,促成交易,而且它能够帮助企业增加市场机会、比较供货渠道、促成项目合作、宣传企业品牌等。目前,第三方经营的B2B网站又细分为横向型网站和纵向型网站,这两者有着重大区别。

a. 横向型网站

"横向"的含义是指网站服务于不同的行业,或者说是定位于跨行业的横向应用。纵向型网站又称行业生态型的网站,有时也称为垂直门户或者行业门户网站,它其实可以理解为第三方经营的B2B网站的一个特例,也就是定位于某个行业内企业间电子商务的网站。

与纵向型网站相比,横向型网站的优势在于全面多样化,它可以服务于各种行业,且多样化的行业减少了经营风险,并可为一些中小企业带来意想不到的商机,如发现许多原来没有业务往来的行业,大大扩展业务。因为它们服务于多种行业,所以通常会得到更多的收益机会。

但全面多样化既是一种优势也是一种潜在的限制,因为它肯定存在深度不足和产品配套性欠缺的缺点。任一横向市场迎合太多产业就有把自己铺展得太薄弱的危险,它低估了提供满足市场要求的服务所必需的专业技能。如果它试图让各种行业都在这里获得一步到位的服务,就需要做太多的工作以让其内容、产品以及业务满足广大市场成员的需求和利益,这的确需要一个十分全面的方案来解决,难度无疑较大。同时,这类网站进入成本高,长期竞争之下,只适合两三家生存,而且面临着纵向型网站的挑战。横向型网站的具体情况可参见阿里巴巴网(http://www.1688.com)、慧聪网(http://www.hc360.com)和中华商务网(http://www.chinaccm.com)等。图4-1所示是阿里巴巴网站主页。

图4-1 阿里巴巴网站主页

b. 纵向型网站

垂直门户网站是纵向型网站更常用的叫法,其特点是以一两个相关行业作为突破口,把这个行业做深、做透,纵向型网站是依托传统产业的交易平台。之所以称之为"垂直"网站,是因为这些网站的专业性很强,它们将自己定位在一个特定的专业领域内,如IT、化学、钢铁或者农业。垂直网站是将特定产业的上下游厂商聚集在一起,让各阶层的厂商都能容易地找到物料供应商或买主。在提供某一类产品服务的同时,它还提供与其相关产品(互补产品)的一系列服务,这种互补性是它的极大优势,形象一点来说,在一个汽车网站不仅可以买到汽车,还可以买到汽车零件,甚至汽车保险。这种可以令客户实现一步到位的采购,可使客户有较长的平均滞留时间。

由于纵向电子商务市场专业性强,所以若充分挖掘其商业潜力,需要精通专业知识的高级人才,人力方面的投入很大。典型的纵向电子商务市场创办者都有丰富的行业经验,对所从事的行业非常了解,能够准确地把握市场需求情况,并做出正确的反应。

纵向电子商务市场吸引的是特定的、很小范围的高级客户,也就是说,纵向电子商务市场客户更为集中,他们往往是一个团体。因此,纵向电子市场的用户很有价值,他们具有极高的经济潜力,是真正能产生利润的买家和卖家。因此,销售商和广告商为吸引他们的注意力而有所付出是值得的。

纵向型网站通过向客户提供会员资格来收取费用或按每笔交易收费,常以行业联盟网站的形式出现。目前中国已有一些企业组建了行业联盟网站,如中国制造网(http://cn.made-in-china.com)是由家电大型企业联合建立的行业联盟网站,能源一号网(http://www.energyahead.com)是由中石油组建的行业联盟网站,中国联合钢铁网(http://www.custeel.com)是由国内11家大型钢铁企业组建的行业联盟网站。图4-2所示是中国联合钢铁网首页。

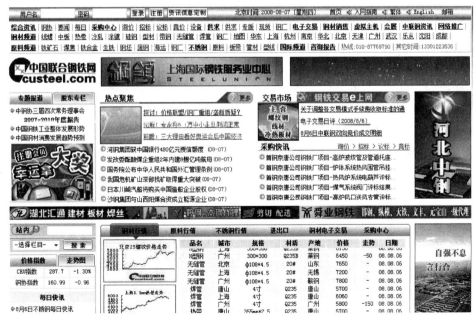

图4-2 中国联合钢铁网首页

总之,纵向型网站数量多于横向型网站。特别是在我国,虽然互联网的发展速度很快,但整体水平还处在导入期,且经济发展水平较低,纵向型网站具有更好的发展前景。未来的纵向型网站可能有数百家,而横向型网站只有少数几家。而且综合门户站点与纵向型网站的相互靠近会挤压横向型网站的生存空间,未来的竞争仍将是残酷而激烈的。横向电子市场以及纵向产业电子市场是相互交叉的。横向电子商务市场像钉子头一样拓展,而纵向电子市场像钉子尖一样深入,两者会在根部的 B2B 市场中重叠,而赢得各自的生存空间。

③ 外联网模式

外联网模式即企业的内部网(Intranet)有限地对商业伙伴开放,允许已有的或潜在的商业伙伴有条件地通过互联网进入自己的内部计算机网络,从而最大限度地实现商业信息传输和处理的自动化。

企业可以将客户录入的表格放到网上的服务器中,客户可以在线填制这些表格。结果是,商业伙伴和客户自己录入了交易信息,而企业人员就减少了重复录入。安全是外联网模式中最关键的问题,企业首先要解决该问题。企业允许商业伙伴进入自己的内联网,对公司的业务有一定的好处。特别是在一些需要客户录入相关交易信息的场合,内联网模式是比较理想的模式。

我国的联想集团就让经销商进入自己的内部网,查看相关的销售信息、广告宣传、费用、问题反馈等。外联网还可以对客户支持提供辅助手段。例如,用友财务软件公司让客户从用友网页上进入内联网,输入信息就可以自动跟踪和了解财务软件的技术问题,并可以在线提交数据库里没有的技术问题,后台技术人员会在一定的时间内给出解决方案,并在数据库里公布。通过这种方法,用友的技术热线就可以和用户交互性交流,解决用户的技术问题。有些公司通过外联网让客户在线更新产品。在企业内部,公司将自己的内联网用防火墙与互联网隔开,可增强重要系统和重要数据的存取、共享,保持组织间的联系。一个有效的外联网可以带来许多好处:增强商务活动处理的敏捷性,对市场状况做出更好的反应,更好地为客户服务。

(2) 按电子市场的控制方划分

B2B 电子市场就是一个能够为采购商和供应商提供产品和服务交易信息的互联网交易平台。所以,若根据 B2B 电子市场的控制方考虑,又可把 B2B 电子商务模式分为以下几种。

① 销售方控制的市场

由销售方控制的市场是指销售方自己建立控制并将自己的产品放到 B2B 电子市场上,以吸引更多范围的购买方,降低销售成本。例如,Intel 公司通过自己的 B2B 交易平台集中了全世界几乎所有的大型计算机生产厂商和 CPU 中间商,通过互联网数据交换进行网上的订购。

② 购买方控制的市场

由购买方控制的市场是指购买方自己建立控制并将自己的购买需求放到 B2B 电子市场上,以吸引更多范围的供应商,降低采购成本。例如,沃尔玛通过自己的 B2B 交易平台将供应商集中到一起进行全球采购。

③ 中介方控制的市场

由中介方控制的市场是指由独立的第三方中介建立并控制 B2B 电子市场,吸引卖方和买方将自己的销售和采购信息放到市场上,以促进双方的沟通,并降低成本,促成网上交易。

例如,国内的阿里巴巴为广大的中国企业提供互联网 B2B 产品买卖信息交换。

(3) 按贸易类型划分

B2B 电子商务按照贸易类型划分,可分为内贸型 B2B 和外贸型 B2B,如图 4-3 所示。

① 内贸型 B2B

内贸型 B2B 是指以国内供应者与采购者进行交易服务为主的电子商务市场,交易的主体和行业范围主要在同一国家内进行。

② 外贸型 B2B

外贸型 B2B 是指以提供国内与国外的供应者与采购者交易服务为主的电子商务市场。相对内贸型 B2B 电子商务市场,外贸型 B2B 电子商务市场需要突破语言文化、法律法规、关税汇率等各方面的障碍,涉及的 B2B 电子商务活动流程更复杂,要求的专业性更强。

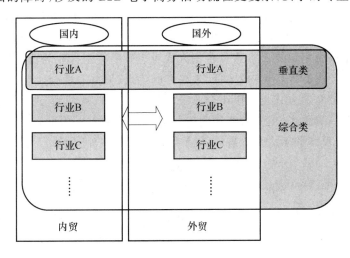

图 4-3 B2B 电子商务按照贸易类型的分类

6. 中小企业电子商务及网络营销发展状况

(1) 电子商务普及情况

电子商务对于提升中小企业竞争力具有很重要的作用。2008 年金融危机以来,我国的中小企业电子商务取得了较大的发展。阿里巴巴、慧聪网、敦煌网等一大批为中小企业提供电子商务交易服务的平台蓬勃发展起来;而以百度为代表的搜索服务、黄页服务提供商也借助中小企业电子商务的兴起而得以快速成长。目前,我国中小企业中的电子商务普及程度已达到一定水平,在销售和采购环节都开始利用互联网手段。

目前我国中小企业电子商务的普及程度已经接近国外发达国家,甚至超过了部分发达国家。我国的中小企业电子商务相对国外发达国家有很明显的特点:国外发达国家的企业中一般都是在线采购活动普及程度远超在线销售;但在我国的情况却恰恰相反,在线销售的普及程度相比在线采购更高。

我国电子商务出现这种特有情况的原因主要是:国内的电子商务是由电子商务服务商主导的拉动式发展,而国外的电子商务主要是由企业信息化推动的、自企业内部发起的推动式发展。国外企业主要是为了提高供应链管理效率、降低成本,才开始使用电子商务;而国内企业的信息化程度偏低,对电子商务最主要的需求就是拓展市场、寻求商机。因此,我国的企业电子商务偏重在线销售,而国外的企业电子商务偏重在线采购。

(2) 中小企业互联网营销推广方式应用现状

互联网营销推广的方式多种多样,电子商务平台推广、搜索营销推广、QQ和微信等即时聊天工具推广是普及率最高的三类互联网营销方式。其中,由于电子商务平台服务商的大力推广,电子商务平台推广方式成为中小企业中最普遍采用的互联网营销方式。67.8%的中小企业曾利用电子商务平台进行过推广。电子商务平台推广方式具有门槛低、使用简单、成本低等优点,对于中小企业的网络营销入门有很大帮助。

此外,搜索营销在普及率中位居第二。搜索营销具有成本可控、投放精准、效果可见等优点,但搜索营销一般要求有企业网站,同时对网络营销运营水平要求较高,因此受到一些限制。但随着企业建站的活跃,搜索营销也得以快速发展。

由于QQ、微信等即时聊天工具在网民中的普及率不断提升,基于即时聊天工具的网络营销方式也在中小企业中普及起来。这种方式主要通过建立或加入主题群组,或与群管理员合作,在群组中进行营销推广。这类营销方式对于一些特定行业的营销具有很好的效果,例如家居装饰、婚纱摄影等,具有成本低、效果好的优点,但并非适合所有行业。

此外,电子邮件营销方式也是中小企业采用较多的互联网营销方式。电子邮件营销具有成本低、到达率高等优点,但具有容易引起受众反感等缺点。因此,在付费进行网络营销的中小企业中的普及率并不太高。各种营销手段对比如图4-4所示。

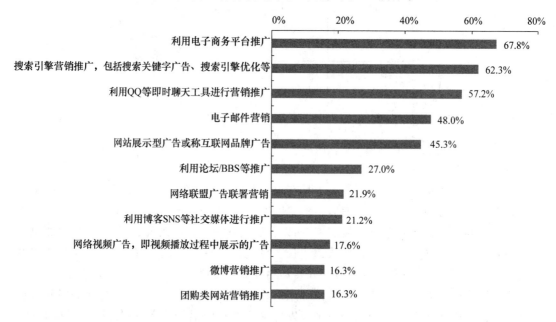

图 4-4 中小企业互联网营销推广方式的渗透率

7. 案例:阿里巴巴的 B2B 之路

阿里巴巴集团于1999年成立,目前已成为国际贸易领域最活跃的网上市场之一和全球商业贸易领域最大的网上社区之一,是全球著名的B2B电子商务品牌。良好的定位、稳固的结构、优秀的服务使阿里巴巴成为全球超过千万网商的电子商务网站之一,每日向全球各地企业及商家提供百万条商业信息,成为全球商人网络推广的首选网站,曾被《远东经济评论》读者评为"最受欢迎的网站"。图 4-5 所示是阿里巴巴国际站首页。

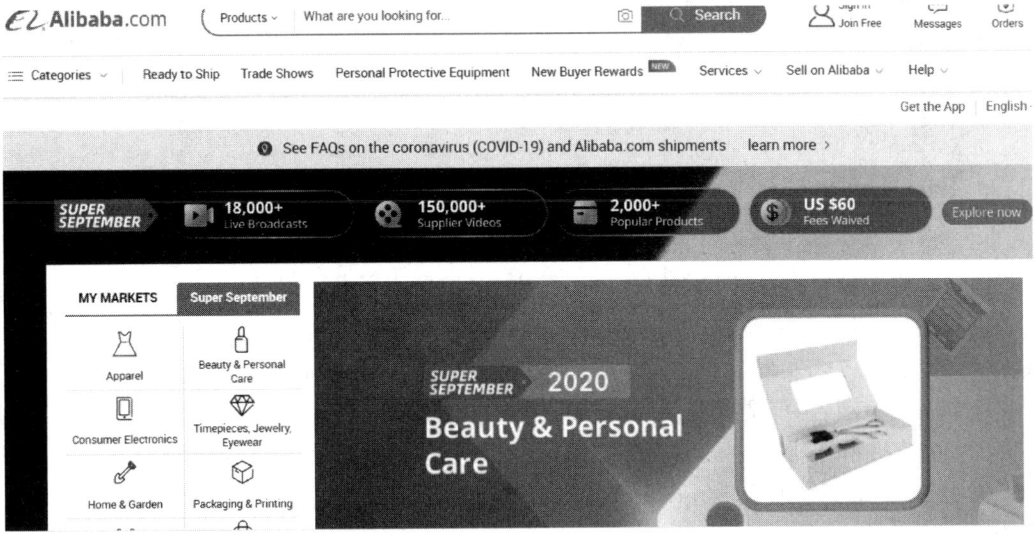

图 4-5 阿里巴巴国际站首页

目前阿里巴巴已经成功融合了 B2B、B2C、C2C、搜索引擎和门户,帮助全球客户和合作伙伴取得成功,服务超过 240 个国家和地区的互联网用户。现主要业务有阿里巴巴国际交易市场、阿里巴巴中国交易市场、淘宝网、天猫、聚划算、一淘、阿里云计算、支付宝。2014 年 9 月 19 日,阿里巴巴正式在纽交所挂牌交易,其股票当天开盘价为 92.7 美元,共筹集到 250 亿美元资金,创下有史以来规模最大的一桩 IPO 交易。2014 年 11 月 20 日,出席首届世界互联网大会的中共中央政治局委员、国务院副总理马凯介绍,阿里巴巴、腾讯、百度、京东 4 家企业进入全球互联网公司十强。

阿里巴巴网站由英文国际站(www.alibaba.com)、简体中文中国站(1688.com)、日文(japan.alibaba.com)网站等组成。阿里巴巴总部在我国杭州,并在中国内地、中国香港、美国和欧洲拥有 16 个售后服务中心。

阿里巴巴开创的 B2B 电子商务平台被国内外媒体、硅谷和国外风险投资家誉为与 Yahoo、Amazon、ebay 比肩的互联网第四种模式。1999 年 10 月,美国著名投资公司高盛牵头的国际财团向阿里巴巴注入 500 万美元风险资金;2000 年 1 月,日本互联网投资公司软银以 2 000 万美元与阿里巴巴结盟。2002 年 2 月,日本亚洲投资公司又向阿里巴巴投资。除此之外向阿里巴巴投资的投资商还有汇亚基金、Fidelity 远东风险投资公司、TDF 风险投资有限公司、瑞典投资。这些都是世界著名的投资机构,它们对阿里巴巴的关注和资金注入,充分体现了阿里巴巴资本运营的成功。

阿里巴巴每日提供数千条当日更新的供求信息。会员订阅的每日最新供求信息将以电子邮件形式送至会员信箱里。会员也可主动查询 40 多个行业、1 200 多种产品分类下的商业机会。目前阿里巴巴中国站累计商机总量达 4 800 万条,单日最高有效商机数 190 万条。会员也可自己发布供求信息。会员可创建公司档案,并加入阿里巴巴公司库,创建产品目录,分类展示图文并茂的产品信息。阿里巴巴还提供反馈管理功能,保存会员因为发布商业机会、公司档案、产品信息而获得的所有反馈,以及会员与这些反馈发送者后续联系的所有记录。为了方便会员之间的交流,阿里巴巴还提供了独特的商人论坛。会员还可以查询每日更新的行业新闻报道,以把握行业动态。此外,阿里巴巴还提供与贸易、商务相关的各种配套服务,如信用调查、物流服务、商务咨询等。

4.1.2 B2C

1. B2C 的定义

B2C 电子商务是按交易对象划分的一种电子商务模式,是指企业通过 Internet 向个人网络消费者直接销售产品和提供服务的经营方式,即网上零售。这是大众最为熟悉的一种电子商务类型,也是电子商务发展最快、最普遍的领域之一,具体是指通过信息网络以电子数据信息流通的方式实现企业或商业机构与消费者之间的各种商务活动、交易活动、金融活动和综合服务活动,是消费者利用因特网直接参与经济活动的形式。借助网上交易平台,可以大大节省客户和企业双方的时间和空间,提高交易效率。这种形式的电子商务一般以网络零售业为主,主要借助于 Internet 开展在线销售活动。例如经营各种书籍、鲜花、计算机、通信用品等商品。

目前 Internet 上有很多这种电子商务类型的例子,如亚马逊(http://www.amazon.com)、当当网(http://www.dangdang.com)等。戴尔(http://www.dell.com)在网上卖计算机是 B2C 的经典,创造了按订单生产模式。不像以前那样去预测生产产量,只需在网上接单后才向供应商订零件,从而降低了管理库存和资金积压的风险。同时消费者可以用最低的价格得到想要的产品。

2. B2C 发展状况

电子商务在中国崛起之后,B2C 发展速度很快。据网经社"电数宝"电商大数据库显示,2019 年国内网络零售市场交易规模达 10.32 万亿元,较 2018 年的 8.56 万亿元同比增长 20.56%,网络零售市场交易规模增长日趋平缓。电商平台拼多多、京东、阿里等向三至六线城市的扩张及国际化步伐的迈进,促进交易规模的增长。交易额方面,阿里、京东、拼多多位居前列。另外,短视频平台快手、抖音在电商方面也有较快发展,其中快手电商 2019 年交易额约为 350 亿元。

2019 年国内网络零售用户规模达 7.32 亿人,较 2018 年的 5.7 亿人,同比增长 28.42%。2015—2017 年网购用户的增速逐年下降,2018 年有小幅回升,2019 年相较前几年,回升明显。截至 2019 年年底,年活跃用户上,阿里达 7.11 亿人,同比增长 11.2%;拼多多 5.85 亿人,同比增长 39.67%;京东 3.62 亿人,同比增长 18.6%。京东、拼多多、阿里电商三巨头已完成下沉市场布局,充分挖掘三至六线城市及县级农村市场存在的巨大潜力,开发用户增量。

据网经社"电数宝"电商大数据库显示,2019 年网络零售 B2C 市场(包括开放平台式与自营销售式,不含品牌电商),以 GMV(成交总额)统计,排名前三位的分别为天猫 50.10%、京东 26.51%、拼多多 12.80%;排名第四至八位的分别为苏宁易购 3.04%、唯品会 1.88%、国美零售 1.73%、云集 0.45%、蘑菇街 0.24%(如图 4-6 所示)。零售电商市场格局已定,电商三巨头形成。若以年活跃用户数衡量平台规模,拼多多已超过京东,直逼阿里。但无论从营收还是净利润指标看,阿里与京东均领先于拼多多。总体来看,零售电商依然是巨头的舞台,天猫、京东地位依旧领先,GMV 达万亿级,拼多多异军突起,GMV 也突破万亿;苏宁易购、唯品会 GMV 为千亿级;云集、蘑菇街 GMV 为百亿级。

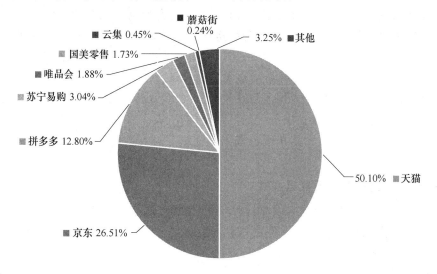

图 4-6　2019 年网络零售 B2C 市场份额

(数据来源:网经社 www.100ec.cn。)

目前,B2C 电子商务形成六大特征,分别是下沉市场继续下沉、百亿补贴继续加码、直播带货火爆、进口消费常态化、生鲜电商进入调整、电商与实体融合紧密。

未来几年中国 B2C 电商行业发展趋势如下。

(1) B2C 仍是电商行业主流,品牌背书重要性将更突出

目前电商行业发展进入成熟期,头部电商平台综合服务能力愈加突出,B2C 电商能从平台品控、物流配送等方面更好地服务用户,未来其作为电商行业主流的情况仍将持续。而消费者对品质的追求越发明显,B2C 电商平台自身以及平台商品的品牌背书能力更受用户看重,品牌背书能力的提升也成为平台的重要发展方向。

(2) B2C 电商运营模式多样化发展,紧抓消费主流特卖模式,发展空间大

随着线上获客成本不断提高,B2C 电商平台纷纷创新运营模式,多种玩法以及针对不同类型人群的运营模式出现。而针对主流消费者的消费需求变化,特卖等能满足用户对优质、高性价比商品消费需求的运营模式未来将有较大发展市场,能否针对主流消费者进一步提升服务质量以及商品品控也成为平台竞争重点。

(3) 平台发展渗透垂直领域,产品细分化趋势愈加明显

物流配送服务的提升使 B2C 电商平台有能力渗透到更多细分领域,而对不同垂直领域商品的覆盖也使用户的个性化需求可以得到更好的满足。未来 B2C 电商行业产品细分化的趋势会更加明显,更多垂直电商平台会出现,而综合 B2C 电商平台也会利用自身资源优势渗透至各领域。

(4) 线下场景成争夺重点,各平台继续加强布局新零售

无论是阿里对饿了么的收购,还是各 B2C 电商平台纷纷推出线下门店和提高配送效率,都显示出新零售业务的竞争趋向激烈,线下场景也成为竞争重点。新零售业务的发展是电商平台拓展线下流量,降低获客成本的关键,同时也是提升消费者体验的关键一环,未来

各平台围绕新零售的布局将不断加强。

（5）结合本地化仓储提升物流效率，B2C 电商发展将更进一步

在各平台解决"最后三公里"配送问题后，其对于仓储物流布局继续加强，未来结合本地化仓储的模式将会更加明显。通过本地化配送服务支撑，远程物流的效率也将很大程度得到提升，随着物流配送效率的提高，未来 B2C 电商行业仍会有巨大的发展空间。

（6）提高高净值用户体验，平台会员服务打造升级

现阶段 B2C 电商平台纷纷推出会员服务，通过会员制度平台能有效筛选高净值用户，针对该部分人群的各项会员权益能有效提升用户体验，进一步增强平台高净值用户的黏性。同时随着人们付费观念的普及，未来平台或更多针对不同人群推出分级会员服务，以进一步提升用户体验。

3. B2C 电子商务的主要经营模式

按照为消费者提供的服务内容不同，B2C 模式的电子商务可以分为电子经纪、网上直销、电子零售、远程教育、网上娱乐、网上预订、网上发行、网上金融等类型。

（1）无形产品和劳务的电子商务模式

① 网上订阅模式

网上订阅模式指的是企业通过网页向消费者提供网上直接订阅、浏览信息等服务的电子商务模式。网上订阅模式主要被商业在线机构用来销售报纸杂志、有线电视节目等。

② 付费浏览模式

付费浏览模式指的是企业通过网页向消费者提供计次收费性网上信息浏览和信息下载等服务的电子商务模式。付费浏览模式让消费者根据自己的需要，在网址上有选择地购买一篇文章、一章书的内容或者参考书的一页。超星数字图书馆（http：//www.ssreader.com）是这种模式的典型代表，超星曾荣获"中国优秀文化网站"称号。图 4-7 所示是超星数字图书馆主页。在数据库里查询的内容也可付费获取。另外，一次性付费参与游戏娱乐将会是很流行的付费浏览方式之一。

图 4-7　超星数字图书馆主页

③ 网上赠予模式

网上赠予模式是一种非传统的商业运作模式,是企业借助于国际互联网用户遍及全球的优势,向互联网用户赠送软件产品以扩大企业的知名度和市场份额。通过让消费者使用该产品,让消费者下载新版本的软件或购买其他相关的软件。由于所赠送的是无形的计算机软件产品,而用户是通过国际互联网自行下载,因而企业所投入的成本很低。因此,如果软件确有其实用特点,那么很容易让消费者接受。

④ 广告支持模式

广告支持模式是指在线服务商免费向消费者或用户提供信息在线服务,而营业活动全部用广告收入支持。此模式是目前最成功的电子商务模式之一。由于广告支持模式需要上网企业的广告收入来维持,因此该企业网页能否吸引大量的广告就成为该模式能否成功的关键。而能否吸引网上广告又主要靠网站的知名度,知名度又要看该网站被访问的次数。广告网站必须对广告效果提供客观的评价和测度方法,以便公平地确定广告费用的计费方法。这已成为许多门户网站的主要盈利模式,如搜狐、新浪等。图 4-8 所示为新浪网主页。

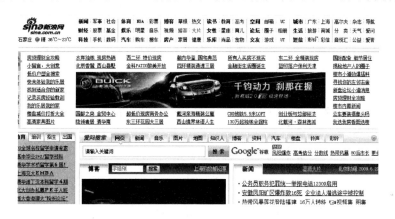

图 4-8　新浪网主页

(2) 实物商品的电子商务模式

实物商品指的是传统的有形商品,这种商品和劳务的交付不是通过计算机的信息载体,而仍然通过传统的方式来实现。虽然目前在互联网上所进行的实物商品的交易仍不十分普及,但还是取得了很大的进步。网上成交额有增无减。

网上实物商品销售的特点主要是网上在线销售的市场扩大了。与传统的店铺市场销售相比,网上销售可以将业务延伸到世界各个角落。例如,美国的一种创新产品"无盖凉鞋"网上销售的订单有 2 万美元是来自南非、马来西亚和日本。一位日本客户向坐落在美国纽约的食品公司购买食品,付出的运费相当于产品的价值。然而,客户却非常满意,因为从日本当地购买相同的产品,其代价更昂贵。

实物商品的电子商务模式主要可以分为以下几种。

① 企业网站模式

这种模式就是企业在自己的网站上零售商品,也就是品牌电商。目前网上交易比较活跃并热销的商品有计算机产品、数码产品、服饰、书籍、礼品、鲜花等。如以网络直销模式而闻名天下的戴尔公司(http://www.dell.com)网上销售额达到数百亿美元。图 4-9 所示为戴尔公司网站首页。

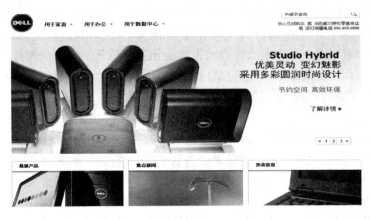

图 4-9　戴尔公司网站首页

② 网上商城模式

网上商城模式是通过网上商城的形式销售有形商品,就是商家将商品批发给电子商城,再由电子商城在网上零售商品。比较典型的有当当、京东、天猫、唯品会等。

③ 网上拍卖模式

网上拍卖模式其实是网上商城模式的一种,主要是一些比较难以定价的特殊商品,采取拍卖方式进行销售,如名人字画、工艺品、艺术品等。网上拍卖网站也很多,如京东拍卖(paimai.jd.com)等。

(3) 综合模式

实际上,多数企业网上销售并不是仅仅采用一种电子商务模式,而往往采用综合模式,即将各种模式结合起来实施电子商务。Golf Web 就是一家有 3 500 页有关高尔夫球信息的网站。这家网站采用的就是综合模式。其中,40%的收入来自订阅费和服务费,35%的收入来自广告,还有 25%的收入是该网址专业零售点的销售收入。该网址已经吸引了许多大公司的广告,如美洲银行、美国电报电话公司等。专业零售点前两个月的收入高达 10 万美元。

网上的一些零售商店之所以能吸引广告,就是因为虚拟商店本身的名气很大。而在传统的类似实物商店中,一般商店的广告都是与经营的商品有关,网上虚拟商店上的这种交叉广告并不十分常见。

4. B2C 电子商务的交易流程

网上购物是 B2C 电子商务一个很重要的模式,与传统购物的流程有很大区别,网上购物是把 Internet 作为媒介的,因此,对购物者而言,网上购物操作更简单,但涉及的参与者较多,并且以电子工具为操作基础,其流程原理较传统购物复杂一些。参与网上购物活动的除了商家和消费者外,一般还涉及网上银行、信用卡公司、电子商务服务器及 Internet。网上购物使用的主要工具除了计算机、手机、电子钱包、信用卡外,还包括电子订货单、加密电子购货账单及电子收据等。图 4-10 为 B2C 交易流程。

下面以京东为例,分析 B2C 的一般业务流程。

① 登录京东网站,网址为 www.jd.com。

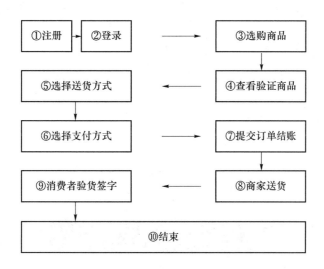

图 4-10　B2C 交易流程

京东在全国很多城市有本地仓储配送中心,无论从全国哪个地方下单,网站会根据收货人的地址从相对比较近的配送中心发货。登录网站(图 4-11),就可以挑选自己喜欢的商品了。

图 4-11　登录网站

② 注册。

消费者登录网站后,如果只是想随便看看,无须进行注册,就好像平时逛商店一样,若没有购买的打算,销售员的过分热情反而形成一种压力。B2C 网店也能满足人们闲逛的需求,不管登录或退出多少次都不会有任何负担。如果计划购买商品,则必须注册填写相关资料。只有这样,网站才能把商品准确地送到消费者手中。注册成功后就成为京东的会员,网站会通过手机和消费者进行联系和沟通,如通知货已发出、了解是否收到货等。注册信息如图 4-12 所示。

图 4-12　网站注册信息

③ 搜索要购买的商品。

京东主营家用电器、图书、日用品、数码、百货、手机、游戏和软件等几大类商品，商品种类多且齐全，有"京东秒杀""特色优选"等活动，消费者根据所需选择要购买的商品。商品搜索如图 4-13 所示。

图 4-13　商品搜索

④ 单击"加入购物车"按钮，购买商品，如图 4-14 所示。

图 4-14　把选中商品放入购物车

⑤ 单击"去购物车结算"按钮,如图4-15所示。

消费者选中商品并放入购物车后,下一步就是去购物车结算。

图 4-15 结算中心

⑥ 选择"配送方式"。

京东的配送方式有"上门自提""211限时达""京东特色配送""次日达""极速达""夜间配"等。消费者可根据需求选择,配送方式不同,收费不一样,支持的付款方式也不一样。

⑦ 选择"支付方式",如图4-16所示。

京东目前采用的支付方式有货到付款、在线支付、分期付款、公司转账。

图 4-16 选择配送方式和支付方式

5. 网上顾客类型

对网上购物者的购买行为进行研究,是网站策划和网络营销人员提高顾客服务水平的基础。了解网上购物者的主要类别,对营销策划人员针对性地改善服务具有重要价值。下面是几种主要的网上顾客类型。

(1) 简单型网络顾客

简单型网络顾客需要的是方便直接的网上购物。他们每月只花7个小时左右的时间上网,但他们进行的网上交易却占了一半的时间。零售商们必须为这一类型的人提供真正的便利,让他们觉得在商业网站上购买商品将会节约更多的时间。

(2) 冲浪型网络顾客

冲浪型网络顾客占8%,而他们在网上花费的时间却占了32%。并且,他们访问的网页是其他网民的4倍。冲浪型网民对常更新、具有创新设计特征的网站很感兴趣。

(3) 接入型网络顾客

接入型网络顾客是刚触网络的新手,占36%的比例,他们很少购物,而喜欢网上聊天和发送免费问候卡。那些有着著名传统品牌的公司应对这群人保持足够的重视,因为网络新手们更愿意相信生活中他们所熟悉的品牌。社交类网站就是最好的例子。

(4) 议价者网络顾客

议价者网络顾客约占8%,他们有一种趋向购买便宜商品的本能,ebay网一半以上的顾客属于这一类型,他们喜欢讨价还价,并有强烈的愿望在交易中获得优惠。

(5) 定期型和运动型网络顾客

定期型和运动型网络顾客通常都是为网站的内容吸引,定期型的网络顾客常常访问新闻和商务网站,而运动型的网民喜欢运动和娱乐网站。

6. B2C电子商务的盈利模式

B2C电子商务的类型决定了B2C电子商务企业的盈利模式,不同类型的B2C电子商务企业其盈利模式是不同的。一般来说,B2C电子商务企业主要是通过以下几个方面盈利。

(1) 网上目录盈利模式

在网络出现之前,目录盈利模式已经存在,它主要是指商家向潜在购买者邮寄商品目录,而购买者通过邮寄或拨打商家付费电话来下订单,商家从而获得盈利的一种模式,即通常的邮购模式或商品目录模式。

网上目录盈利模式是指企业将邮寄目录的模式扩展到互联网上,应用网络上的销售信息目录来代替商品目录的分发,而消费者可以通过网络进行在线订购,或先通过网络了解产品信息、比较产品的价格和性能等,进而在线下购买商品。目前大多数成功的网上商品目录销售企业大多曾经是邮寄商品目录的公司,他们借助互联网的优势把业务扩展到网上,还有一些传统企业利用网上目录盈利模式开展网上营销活动。采用网上目录盈利模式的商品包括计算机软硬件产品、数码家电、图书与音像制品、鲜花与礼品等。其中最典型的当属戴尔的网上计算机目录销售和亚马逊的在线图书与音像制品等的商品目录销售。

(2) 广告支持的盈利模式

作为互联网盈利的基本模式之一,广告支持的盈利模式是指借助网络平台通过为企业客户发布广告从中获取收益以支持B2C电子商务企业的生存和发展,它是各类网站收入的重要组成,特别是在互联网发展的初期,它一直是门户网站的主要收入来源。目前,广告收益是大部分B2C电子商务企业的主要盈利来源。广告支持的盈利模式的成功与否的关键是网站能否有超大的客户点击量。

(3) 广告—收费混合模式

广告—收费混合模式已经被报纸和杂志应用了多年,订阅者支付一笔费用并接受一定程度的广告。大多数情况下,这种网站的订阅者被广告骚扰的程度要比广告支持网站模式的订阅者轻得多。

如《纽约时报》和《华尔街日报》都采用广告—收费混合模式,他们允许访问者查看分类广告和某些特定广告，但是大部分内容只有订阅者才能看到，订阅印刷版的访问者可以以折扣价订阅在线版。越来越多的报纸和杂志都发现需要对印刷版和在线版采取不同的盈利模式。

（4）交易费用模式

交易费用模式是指 B2C 电子商务企业运用网络向访问者提供交易的相关信息，向客户提供以前由业务人员提供的价格更便宜的服务，客户可以在网站上填写交易信息，进而根据所处理交易的数量或规模来确定提供服务的收费水平。

例如，许多在网上开展业务的在线旅行社就是从它所售的机票、预定的旅馆、租用的汽车和导游活动中收取佣金的。而且在线旅行社能比传统的旅行社提供更为个性化的服务，从而为顾客带来更大的价值。此外，拍卖网站、证券经纪公司、保险经纪公司、网上银行和票务公司也大都采用交易费用的模式，按每笔交易向顾客收取佣金。

（5）服务费用模式

相对于按照交易数量进行收费的交易费用模式而言，服务费用模式是按照服务本身的价值收费的。采用服务费用模式如网络游戏和网上娱乐、理财建议以及专业人员（如会计师、律师、医生）提供的服务。

其中，计算机游戏和视频游戏是一个巨大的产业。访问者要玩必须付费，或交纳注册费用进入网站付费区。随着宽带上网的家庭越来越多，许多网站开始向付费用户提供音乐会和电影录像。

（6）数字内容盈利模式

数字内容产品是指运用数字化高新技术手段和信息技术对图像、文字、影像、语音等内容进行整合运用的数字化了的产品和服务，是数字媒体技术与文化创意结合的产物，它涉及移动内容、互联网服务、数字游戏、动画影音、数字出版和数字化培训等多个领域。如大家比较熟悉的短信、网络游戏、VOD、音乐下载，甚至 QQ、微信等都属于这种新兴的数字化内容产业。

企业借助网络通过专业的数据库向用户提供联机服务，从中收取费用获取利益。例如，现在国内外许多大学都付费订购专业的文献数据库和电子期刊数据库，如国内著名的万方数据库和中国期刊网，相对于传统的订阅方式，这种网络方式节省了纸张、印刷和发行等高额成本，使研究成果的传播成本更低而且及时。

7．B2C 电子商务存在的问题

（1）对部分业务流程的改进具有局限性

虽然企业利用电子商务技术可以更有效地改进商务中的业务流程，但在很多情况下，一些业务流程使用传统的商务活动可以更好地完成，这些业务流程无法通过实施新技术得到改进。那些消费者愿意亲手触摸、仔细检查的产品就很难通过电子商务来销售。例如，如果不能亲眼看到或触摸时装或易腐食品，消费者是不愿购买的。

在创造良好的商店购物环境促使顾客购买方面，零售商已经积累了多年的工作经验。店面设计、布局和商品的摆放称为销售规划。零售人员也掌握了很多销售技巧，可以发现顾客的需要并找到产品或服务满足这些需要。这些销售规划和人员的推销技术是很难通过电子链接来实现的。

一般来说，对于那些需要个人销售技巧的商品（如房地产）或者个人建议对估价影响很大的商品(如高档时装、古董)来说,更适合通过传统商业渠道销售。也就是说,在现有的技术条件下,有些商务中的业务流程是不适合使用电子商务的。

(2) 网上购物的体验感不强

消费者基于传统消费习惯更倾向于可见到实物的、体验式的消费,对于虚拟网络购物仍心存疑虑。因为在 B2C 电子商务网站购物时,消费者往往会有一些不良体验感:对虚拟商店的不信任,交互界面的技术性太强,需要长时间才能找到需要的商品、提供的图像和文字信息并不能促使消费者下决心购物。再者,在实体世界中,通过各种展示方式,卖方可以塑造出商品的个性,但在网上却很难做到。实体世界的优点会激发消费者冲动性购物的欲望,从而促使消费者直接买下商品。

此外,消费者也不可能在虚拟商店里体验到任何购物氛围,与传统商场相比,看不到滚滚人流以及炫目的娱乐和休闲设施,往往也听不到明快的背景音乐。

(3) 缺乏互动性与个性化的客户服务

目前,从 B2C 电子商务网站的服务功能上来看,尤其是在客户服务方面,创新精神尤为缺乏。大多数 B2C 电子商务网站提供相似的服务功能,由于这样的网站在服务功能上缺少新意,其服务质量对顾客来说都是千篇一律的,所以导致顾客越来越看重商品的价格,从而造成 B2C 电子商务网站经常靠打价格战的方式吸引人气。这样一来,可想而知,顾客对这样的 B2C 电子商务网站黏度自然不高,事实也证明了这一点:亚马逊(www.amazon.com)的会员中,交易活跃的消费者不到十分之一。由此可见,缺乏互动性与个性化客户服务的 B2C 电子商务网站对顾客的吸引力不够,在培养客户忠诚度方面并不具备优势。

(4) 物流配送体系不完善,服务水平普遍偏低

尽管现在电子商务的物流水平逐渐得到改善,但仍然是制约其发展的瓶颈。目前我国的 B2C 电子商务企业配送有两种形式:一种是像京东商城这样的大型 B2C 电子商务企业自建属于自己的物流公司,这样能够降低物流成本、提高服务质量、有效地控制物流配送过程等。但投入资金大,主要包括对物流基础设施设备的投入和对物流人力资本的投入,同时自建物流配送网络覆盖点不可能全面普及,无形之中会流失一些不在派送范围内的顾客群体。另一种 B2C 电子商务企业的配送形式是依赖第三方物流企业,减少了企业对固定资产的投入,也能让企业专注于核心业务,有效进行资源配置,提高企业的核心竞争力。但目前我国的现状是第三方物流企业服务水平参差不齐,能够提供一体化综合物流服务的企业仍是少数,不能保证服务质量,问题主要集中在超时送货、物品损坏与丢失等方面。

8. B2C 电子商务案例分析——京东商城

北京京东世纪贸易有限公司,即京东集团,以线下起家,2003 年"非典"之后转战电商平台,设立了京东商城,目前在自营式网络零售领域已经处于国内领先地位,在 B2C 电商平台领域也仅仅落后于天猫商城,处于第二位。2014 年 5 月 22 日,京东集团顺利在美国纳斯达克证券市场挂牌上市,是中国首家在美国申请 IPO 成功的自营电商企业。截至 2019 年 5 月,京东的市值高达 386.49 亿美元。京东集团业务涉及电商、金融和物流三大板块。

京东金融集团于 2013 年 10 月开始独立运营,定位为金融科技公司。京东金融依托京东生态平台积累的交易记录数据和信用体系,向社会各阶层提供融资贷款、理财、支付、众筹等各类金融服务,夯实金融门户基础,并依托京东众创生态圈,为创业创新者提供全产业链一站式服务。

第 4 章 电子商务的运作模式

主营电商业务的京东商城(图 4-17)致力于打造一站式综合购物平台,服务中国亿万家庭,3C、家电、消费品、服饰、家居家装、生鲜和新通路(B2B)全品类领航发力,满足消费者多元化需求。经过多年的迭代,京东集团已经从"自营模式"转向"以自营为主,以平台为辅"的商业模式,并且平台业务占比逐步增大。京东集团商业模式围绕为网络大众消费者及第三方平台商家提供多、快、好、省的价值主张,构建了四个方面的核心优势。

图 4-17 京东商城首页

(1) 最大的自建物流和仓储系统

京东物流为合作伙伴提供包括仓储、运输、配送、客服、售后的正逆向一体化供应链解决方案服务、物流云和物流科技服务、商家数据服务、跨境物流服务、快递与快运服务等全方位的产品和服务,致力于与商家和社会化物流企业协同发展,以科技创新打造智慧供应链的价值网络,并最终成为中国商业最重要的基础设施之一。目前,京东是全球唯一拥有中小件、大件、冷链、B2B、跨境和众包(达达)六大物流网络的企业,凭借这六张大网在全球范围内的覆盖以及大数据、云计算、智能设备的引入应用,京东物流将打造一个从产品销量分析预测,到入库出库,再到运输配送各个环节无所不包,综合效率最优、算法最科学的智慧供应链服务系统。截至目前,京东物流在全国范围内拥有超过 500 个大型仓库,运营了 13 个大型智能化物流中心"亚洲一号",大件和中小件物流网络实现大陆行政区县 100% 覆盖,自营配送覆盖了全国 99% 的人口,将商品流通成本降低了 70%,物流的运营效率提升了 2 倍以上。另外,京东物流还通过一系列技术创新,研发并推广创新环保材料,全方位打造"时效、环保、创新、智能"的绿色物流体系。

(2) 自主研发的信息系统

信息系统是京东集团的软实力,它保证了京东的运营效率,也是京东的核心优势之一。自成立以来,京东的信息系统主要包括管人、管钱、管物的功能。管人是指公司人力资源系统的管理,管钱是指公司的财务信息系统,管物是指库存管理、物流管理等信息系统。并且京东的信息系统是根据业务发展需要适时更新和升级的,这得益于京东有自身的技术研发团队。京东集团的信息系统非常强大,它把下单、支付、发货流程细分为 34 个环节,这个系统小到可以监督配送员用了多少胶带和纸箱,大到可以直接在线向供应商下订单。京东集团把控流程中尽可能多的环节以提升供应链的效率和服务品质。自 2008 年该系统就能满足订单查询和跟踪功能，用户可以直接查询物流信息，解决物流矛盾。京东集团所有的工作人员都是基于信息系统开展工作的，京东集团的信息系统真正连接了业务和运营环节的线上与线下的每一个环节，是京东集团的核心优势。

(3) 渠道商业化，重视合作方

京东集团打通供应商渠道，进货成本更低，保证了价格方面的优势。京东集团早期并不能跟厂商、供应商进行直接的资金往来，而是通过中间的经销商。主要原因是供应商不愿直接向京东集团提供赊销而承担坏账风险，而是更愿意将风险转移给经销商。2012 年与 2013 年，京东集团启动了渠道商业化战略，不再跟经销商合作，而是与品牌商直接合作，为此，京东集团甚至放弃赊购，直接向供应商付现赢得信任。目前，京东对供应商的付款周期在 40 天左右，与供应商达成了互利共赢的局面。京东集团的渠道商业化战略达到了良好效果，赢得了更多的产品渠道，同时也获得了许多优质的供货商伙伴。目前，京东集团和各种产品的各类品牌厂商都有长时间的合作，销售的电商产品质量有保证，且产品价格比线下实体店要低，既有价格优势，又有品牌优势，为京东集团带来了良好的客户基础。

(4) 打造完美的用户体验

京东集团自成立以来，持续不断地完善用户体验，主要包括以下三个方面。

第一，坚守正品行货，不卖假货的底线。京东集团早期在品类选择上很严格，在京东集团成立的前 7 年，京东集团只做了 5 个品类，主要原因就是选择容易保证产品质量的品类，防止品类过多导致假货泛滥，从而影响用户体验。

第二，实行低价销售。京东集团的销售毛利率很低，因为其一直保持低价策略，京东集团一直努力节约成本、提高效率，将利润让给消费者和供应商。

第三，打造无缝的完整服务链条。从用户下单到最后交易真正完成，包括退换货完成，京东集团大概有 34 个大的节点、100 多个具体流程动作，只有所有流程保证不出问题，才能满足用户体验。为此，京东集团保证配送人员的服务质量，为配送员提供有竞争力的收入和成长空间。另外，也实行一套严格的管理制度。产品、价格、服务是三个决定用户体验的因素，京东集团依靠自身物流系统、信息系统、财务系统的支撑，将三者有效地进行了融合，打造了完美的用户体验。

4.1.3　C2C

1. C2C 的定义

C2C 是 Customer to Customer 的缩写，即消费者对消费者的交易，简单说就是消费者本身提供服务或产品给消费者，此类网站不是企业对消费者，而是由提供服务的消费者与需求服务的消费者在线达成交易的方式。C2C 商务平台就是通过为买卖双方提供一个在线交易平台，使卖方可以自行提供商品上网展示销售，而买方可以自己选择商品拍下付款或通过竞价方式在线完成交易支付。

美国的 ebay(www.ebay.com)是 C2C 的典型代表，目前是全球最大规模的拍卖网站。中国 C2C 电子商务的发展曾经主要以易趣网、淘宝网、拍拍网为主，目前只剩下淘宝网。淘宝网于 2003 年 5 月 10 日由全球最佳 B2B 公司阿里巴巴公司投资 4 亿多人民币创办。短短

3年时间就超过了当年中国C2C电子商务领域的龙头ebay易趣,成为C2C新的领军企业。曾经的易趣网创办于1999年8月,2003年3月,随着ebay向易趣投资3 000万美元,易趣成为全球领先的C2C电子商务巨头ebay在中国的主站。2006年易趣和TOM合并,成为TOM易趣。曾经的拍拍网是腾讯旗下的电子商务交易平台,2006年3月正式运营,拍拍网依托腾讯QQ庞大用户群体的优势资源,具备良好的发展基础,由于腾讯没有决定性战略,没有超越性的创新模式,仅是依靠社交资源的精细化运营,将拍拍网视为增值业务在布局,于2014年被京东收购,2015年双十一当天,京东宣布关闭拍拍网。

2. 中国C2C发展现状

国内C2C电子商务模式最初是借鉴于国外的电子商务模式,以ebay为榜样的。在C2C电子商务中利用企业提供的大型电子商务平台,以免费或比较少的费用在网络平台上销售自己的商品。网上开店的门槛不高:注册、认证、开店都是免费的,除了进货成本外,几乎不需要再额外投入一分钱。按照网站的提示注册为会员,登记身份证号码,再把身份证扫描或传真给网站,通过验证以后,网店就可以开张了。

从中国网络购物市场的发展历程来看,以淘宝网为代表的C2C交易平台的出现和成长对于早期用户网上购物习惯的培养起到至关重要的作用。网络购物发展早期,由于市场的信任机制和管理机制尚不完善,线下实体厂商触网动力不强,网络购物的销售方主要以小型代理商或者个人店铺为主。随着网络购物市场的日益成熟,产品品质和服务水平逐渐成为影响用户消费决策的重要原因。2008年,阿里巴巴集团在淘宝网中推出淘宝商城,为品牌方入驻建立了一套规则和体系,为品牌方触网提供一个系统、完善的平台,并于2012年正式更名为天猫,定位为品牌方、生产商和消费者提供一站式解决方案的B2C电商平台。

交易规模方面,据统计,截止到2019年,中国电子商务行业交易总额达到36.8万亿元,同比增长16.3%。从主要细分市场结构来看,2019年B2B电商占比66.74%,B2C电商占比16.48%,C2C电商占比12.33%,生活服务电商占比4.44%。伴随着互联网短视频平台进入电商领域,B2C类平台与C2C类平台的界限逐渐模糊,两类模式在同一平台兼容的现象更加普遍,导致难以拆分。但实际上,行业整体的长期趋势依然是整体服务品质升级和经营规范化,B2C的业务模式相比C2C模式具备更加显著的优势。

3. C2C电子商务流程

大部分C2C电子商务网站都采用网上拍卖方式,但淘宝网采用一口价形式。网上拍卖是指通过互联网进行的拍卖活动。与传统拍卖相比,网上拍卖不受时空限制,而且实际交易费用低廉,有利于买卖双方沟通交流。调查发现,70%的用户认为网上拍卖比网下拍卖便捷。每个网站的具体流程都不一样,下面介绍一般采用拍卖方式的网站的商务流程,如图4-18所示。

(1) 用户注册

买家和卖家一般情况下要先在网站注册,同意在该网站交易的基本条款。卖家要支付事先同意的固定费用,还要按最终商品成交价格的百分比付费;买家不用付费。

(2) 网站卖法和买法

易趣网采用卖方登录物品信息,买家出价竞标的形式进行交易。卖方在网上陈列出欲售物品,买方在网上各自出价,最后卖方选定买方,与其联系并完成交易。淘宝网则采用荷兰拍和一口价的形式售卖商品。

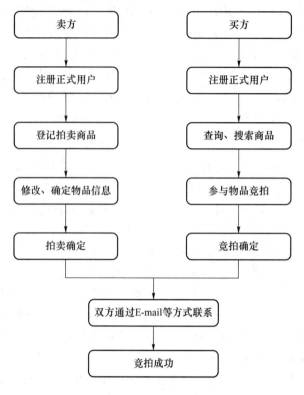

图 4-18　C2C 电子商务流程

（3）诚信与安全体系

为了给买卖双方安全的交易平台，网站需要采取一套事先预防和事后保障的诚信与安全体系。通过诚信评价系统，买家和卖家交易成功后，互相给对方打分，评价由评价类型和评价内容组成。另外，一般情况下买家和卖家要实名认证来保证交易的安全性。

4．C2C 电子商务的特点

（1）为买卖双方进行网上交易提供信息交流平台

电子商务将传统的交易搬到了网上，C2C 电子商务更是将传统的商业模式从 B2B 和 B2C 扩展到了 C2C，而 C2C 电子商务平台正是给网上进行物品买卖的人们提供了一个发布和获得信息的平台。而提供信息交流平台，改变信息交流范围，正是 C2C 电子商务平台提供的最根本也是最基础的服务。可以说，其角色的扮演类似于传统商务中交易的中介。

（2）为买卖双方进行网上交易提供一系列的配套服务

电子商务中最基本的三个要素是信息流、资金流和物流。C2C 电子商务平台除了向买卖双方提供信息交流的渠道外，还需要支持买卖双方资金和货品的交换。因此，C2C 电子商务平台需要为买卖双方提供相应的支付平台和物流系统。而且，除了提供相应的工具外，C2C 电子商务平台还需要在买卖双方出现交易纠纷时提供相应的客户服务，同时还要为买卖双方的交易行为在互联网上做信用记录等。

(3) 用户数量多,且身份复杂

C2C电子商务平台对所有人都是开放的,并且是免费的。无论将来是否免费,但至少短时间内会保持目前这种状态。所以,几乎任何人都可以注册成为网站的用户。除了数量众多,C2C电子商务平台的用户身份也较为复杂。首先,很多卖家同时又是买家,即不少用户都同时具有卖家和买家的双重身份。其次,在C2C电子商务平台开店的用户有些并不以赚钱为目的,只是为了出售一些自己已经不需要的物品,甚至有些只是将其作为一种娱乐。

(4) 商品信息多,且商品质量参差不齐

既然有着数量众多的商家,自然也就有着数量众多的待售物品。C2C电子商务网站上不仅有人们日常生活中常用的物品,如衣服、鞋帽、化妆品、家电、书籍等,也有各种各样的新鲜物品,如游戏点卡、个人收藏、顶级奢侈品等。此外,商品的质量参差不齐,既有全新的,也有二手的;既有正品,也有仿冒的;既有大工厂统一生产的,也有小作坊个人制作的。总之,C2C电子商务网站就像把传统的大商场、特色小店、地摊等统统融合在一起。因此,商品信息也是相当庞杂。

(5) 交易次数多,但每次交易的成交额较小

由于C2C电子商务中参加交易的双方,尤其是买家,往往是个人,其购买的物品常常是单件或者少量的,因此和B2B完全不一样,数量小、批次多是目前绝大多数中国C2C卖家所面临的现实。

5. C2C电子商务的盈利模式

目前,虽然C2C模式交易量很大,但现阶段中国的C2C电子商务网站还没有清晰而明确的盈利模式,从C2C电子商务发展的长远角度出发,没有明确盈利的盈利模式,再大的交易量也无法保持C2C电子商务健康持续发展。这是因为买家、卖家和电子交易平台提供商三者相互依存,密不可分,共同构成C2C电子商务模式的基本要素。对于C2C电子商务而言,买卖双方只要能够进行交易,就有盈利的可能,该模式也就能够存在和发展。但前提是必须保证C2C电子商务平台提供商实现盈利,否则这个模式就会失去存在和发展的基础。因此,分析C2C电子商务就应该更加关注C2C电子商务平台提供商的盈利模式和能力,这才是C2C模式的重点,也是C2C模式区别于其他模式的特点。反之,C2C电子商务平台提供商同样要依存于C2C电子商务的买卖双方。

从经验上看,以美国ebay公司为代表的C2C电子商务企业形成了以下盈利模式。

(1) 平台服务费

C2C电子商务网站服务收入主要包括会员服务费、交易费、店铺出租费以及特色功能费。其中会员服务费,即C2C电子商务网站为会员提供网上店铺、公司认证、产品信息推荐、商品登录和底价设置(就是发布一件物品所需支付的费用)等多种服务组合,C2C网站根据这些服务内容收取费用。交易费包括商品成交费、交易服务费,即商家在C2C平台上所达成的交易,按照一定的比例交付一定的交易金额提成费用。店铺出租费即C2C平台为商家提供出租店铺,商家开设店铺需要缴纳的基本费用。C2C电子商务网站的特色功能费包括分类广告费、图片服务费、工具费、立即购买费、陈列改良费等一系列可选费用。同时C2C电子商务网站的服务盈利模式还包括商品登录费用,即商家在自己的C2C平台上发布产品和进行橱窗展示的费用。

(2) "首页黄金铺位"推荐费

根据 Alexa 排名统计分析，70%的用户只浏览一个网站的首页，当然有特定性需求和较强目的的用户除外。所以说 C2C 模式中电子商务网站首页的广告铺位和展位都有很大的商业盈利价值。对于 C2C 电子商务网站首页的"黄金铺位"，C2C 网站可以定价销售，也可以进行拍卖，购买者或者中标者可以在规定时间内在铺位上展示自己的商品。由于网站首页位置是有限的，从 C2C 电子商务网站中大多交易额较小的交易特征来看，卖方用户没有必要花费巨额的费用来购买这个位置，因此，这种盈利模式只是 C2C 电子商务网站盈利的一个来源。

（3）广告费

C2C 电子商务网站就类似于现实生活中的大型实体超市，C2C 电子商务网站是网民经常游览光顾的地方，拥有超高的人气、频繁的点击和数量庞大的会员，其中蕴藏着巨大的商机，由此广告收入也是 C2C 电子商务网站利润的一大来源。在 C2C 网站发布广告的最大优势就在于 C2C 网站超高的人气，但目前 C2C 电子商务网站广告背后都是相应的店铺，很难将其他属于 C2C 电子商务领域的公司融合进来。随着用户使用习惯的成熟，以及 C2C 电子商务网站在广告模式上的不断创新，在具有如此多的用户数量的基础上，广告收入将会成为未来 C2C 电子商务网站的重要来源。

（4）搜索引擎竞价排名

C2C 电子商务网站具有开放性，使它的用户量庞大，卖方用户也很多，所以产品品种繁多、款式纷杂，购买者的搜索行为也会相对比较频繁。C2C 电子商务网站也拓展出了类似百度搜索引擎竞价排名的盈利模式，使顾客在 C2C 电子商务网站上海量的商品信息中很快搜索到卖方自己的网站和商品，增加顾客的访问量。现在 C2C 电子商务网站搜索引擎的作用逐步凸显出来，但基于 C2C 电子商务网站交易的特点，这种盈利模式完全不能与百度的搜索竞价排名相比较，C2C 电子商务网站的这种盈利方式主要依赖于用户自身的发展和壮大。

虽然中国 C2C 电子商务市场目前以免费为主流，并且这种主流至少还要延续一些时间，但收费是必然趋势。收费至少产生以下两方面效应：一方面，能提高网上交易的诚信度，只要交费，像随意开店、靠虚假交易骗取诚信积分等现象将大有好转；另一方面，网站一旦拥有费用来源，便可以很好地加强和稳定网站的各方面建设，包括员工在职培训、企业文化建设、知识产权保护、消费者隐私权保护、顾客关系管理等，壮大网站成长的力量。

6. C2C 电子商务案例分析——淘宝网

（1）基本情况

2003 年 5 月，阿里巴巴集团在浙江杭州创立了淘宝网（图 4-19），目前淘宝网已经是亚太地区内最大的网络零售商圈，属于综合类 C2C 电子商务平台。为了寻求更广阔的发展空间，在对顾客和用户的需求和属性进行研究分析的基础上，淘宝被分拆为三个独立的公司，即沿袭原有的 C2C 业务的淘宝网、平台型 B2C 电子商务服务商天猫和一站式购物搜索引擎一淘网。

淘宝网倡导诚信、活泼、高效的网络交易文化。在为淘宝会员打造更为安全高效的交易平台的同时，也全心营造和倡导互帮互助的氛围，让每个在淘宝进行交易的人，迅速高效交易的同时交到更多的朋友，成为越来越多网民网上创业和以商会友的最佳选择。

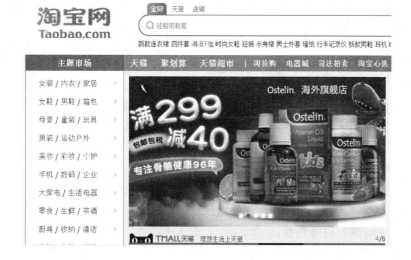

图 4-19　淘宝网首页

（2）商业模式分析

① 战略目标

淘宝网的目标是为中国人上网购物及交易提供一个优秀的电子商务平台，致力于成为全球最大的个人交易网站。

② 目标客户群

淘宝网是一个 C2C 的个人交易网站，面向的是对网上交易感兴趣的人群。只要会上网，会在网上支付，都可以在淘宝网上买卖东西。可以在淘宝网上开店卖东西，也可以买东西。所以淘宝网面向的是广大消费者。

③ 服务

- 身份认证：为了维护电子商务市场的安全和稳定发展，淘宝网规定淘宝卖家在成为淘宝注册会员后，必须通过淘宝的身份认证方可在淘宝网交易或出售商品。淘宝身份认证分为个人认证和商家认证两类。
- 支付宝：支付宝是淘宝网安全网络交易的核心保障。交易过程中，支付宝作为诚信中立的第三方机构，充分保障货款安全及买卖双方利益。
- 网络警察：为了给建设安全诚信的网络交易平台提供一个坚实后盾，淘宝网于 2005 年起在原有工作基础上，专门成立了网络安全部。这个部门特意聘请了原公安系统具有多年刑事侦查经验的高手负责，由富有网络技术和反网络诈骗经验的人员组成。

④ 收入与价值来源

淘宝网从 2003 年成立后一直实行"免费"策略。首先，淘宝凭借免费策略，在两年多的时间里，拿下了超过 60％的市场份额。其次，淘宝网通过大量的投入和免费的策略更多地培育了 C2C 网上交易市场，也为它带来了更多的客户。

淘宝网的收入主要来源于广告和为卖家提供的增值服务。随着网店竞争的激烈，淘宝拓展了多种多样的广告形式，来满足网店店主推广宣传的需要，同时也提升自己的盈利空间，如淘宝直通车、超级卖霸、旺铺、淘客等。淘宝也在努力拓展其他盈利模式，如淘宝网的图片空间、消费者保障计划等增值服务项目也倍受网商追捧。

(3) 技术模式分析

淘宝网提供的安全技术如网络警察、支付宝等都能让买卖双方放心。淘宝网的网站技术模式定位于系统运行的持续稳定性和安全性两方面,淘宝网作为信息中介服务平台,它的系统要求是严格的。淘宝网的通信系统采用互联网和通信网,在服务器的构建上要保证交易信息的安全传递,保证数据库服务器的绝对安全,防止网络黑客的闯入破坏。淘宝网在身份验证和安全监控上也有很大的作用。在系统应用软件方面,淘宝网采用了网上信用管理系统、身份认证和安全管理系统、网络监控管理系统和网络安全管理系统等,最大限度地保证网站安全、数据安全、交易安全。

(4) 经营模式分析

① 淘宝网实行免费政策迅速切入市场

淘宝网所有的服务均免费,卖家开店免费、交易免费……实行产品登录免费制度,让用户真正在网上交易中获得利益,才能培养更多忠实的网络交易者,把"蛋糕"做大。

② 本土化特色赢得用户

摩根士丹利的中国互联网分析报告指出,淘宝网的成功除了免费外,还在于注重用户社区体验、界面友好、反应迅速和用户满意。另外利用"淘宝旺旺"这一即时通信软件,联系或留言给买家、卖家都十分方便,做生意的同时还能交朋友,很符合中国人做生意的习惯,深受欢迎。

③ 支付模式

2005年2月2日,支付宝正式上线,"支付宝"为买家提供支付保障,使买家在购买时没有后顾之忧。创立之初即被誉为当年国内最成功的网络投资项目,除创造性地推出"支付宝"产品,将网络交易的危险性降到最小外,实质上是替买卖双方暂时保管货款的一种增值服务。此外,还与工行、招行等众多银行进行全方位的合作,积极完善个人网上交易支付平台。

(5) 总结

淘宝网作为典型的网络经济模式和世界上最成功的C2C商业网站之一,其很多做法都开创了网络经济类型和应用模式的先河。淘宝的人性化体现其中之一就是淘宝旺旺,强大的功能和友善的界面是一个很重要的因素。淘宝网中国化符合中国人的习惯,亲和友好,赏心悦目,用起来得心应手。

在支付功能上,淘宝打造了最诚信和最安全的网上交易市场。淘宝开发了支付宝功能,这个功能的出现最大限度地符合会员的强烈要求,就是共同建造网上交易诚信环境,让买家敢于尝试网上购物,让卖家能取信于客户。

随着我国网络的快速发展、我国网民数量的不断提升,以及网民和企业对于电子商务态度的认可,网站和电子商务正成为越来越现实的盈利途径。淘宝网以其先进的管理模式和技术模式,不断地带动自己发展。虽然淘宝网也有一些不足,存在着这样那样的问题,但随着其不断完善一定会发展得更好。

4.1.4 B2G

B2G(Business to Government)电子商务指的是企业与政府机构之间依托互联网等现

代信息技术手段进行的商务或业务活动。

随着电子商务的快速发展和深入影响,政府部门已逐渐重视电子商务的应用,世界各国许多政府机构纷纷推出电子商务采购网站,希望将政府日常采购行为导入电子商务,节省成本并提升行政效率。因政府部门的采购种类繁多且交易金额庞大,其发展相对受到关注。但不同于B2B或B2C注重交易的便利性,政府部门的采购受到很多法令的限制,必须遵守一定的程序,虽然政府部门也可视为一个大型的企业,但政府对企业的采购行为仍与B2B有所差异,因此这种企业与政府的交易模式便成为新的电子商务模式。

企业与政府之间的电子商务涵盖了企业与政府的各项事务,包括政府采购、税收、商检、政策条例发布等。企业对政府的电子商务也是政府电子政务活动的一部分。如政府的采购清单可以通过Internet发布,通过网上竞价的方式招标,企业也要在网上进行投标。目前这种方式仍处于初期的试验阶段,随着政府对电子商务的推动,这方面应用会迅速增长。除此之外,政府还可以通过这类电子商务实施对企业的行政事务管理,如政府用电子商务方式发放进出口许可证、管理各种职称考试、开展统计工作等,企业可以通过网上办理纳税和退税等。我国的金关工程就是通过政府与企业的电子商务,发放进出口许可证、办理出口退税、电子报关等,建立我国以外贸为龙头的电子商务框架,并促进我国各类电子商务活动的开展。中国首家网上政企互动平台——北京市工商行政管理局(http://www.hd315.gov.cn)在2001年1月9日正式开通,如图4-20所示。

图 4-20　北京市工商行政管理局网站

政府在电子商务中还有一个重要作用,就是对电子商务的推动、管理和规范作用。在发达国家,发展电子商务主要依靠私营企业的参与和投资,政府只起引导作用,我国是发展中国家,则更需要政府的直接参与和帮助。与发达国家相比,发展中国家企业规模偏小,信息技术落后,债务偿还能力低,政府的参与有助于引进技术、扩大企业规模和提高企业债务偿还能力。许多发展中国家的信息产业都处于政府垄断经营或政府管制之下,没有政府的积极参与和帮助很难快速地发展电子商务。另外,由于电子商务的开展涉及很多方面,没有相应的法规予以规范也是难以进行的,而对于法规的制定、实施、监督及违法的制裁,政府发挥着不可替代的作用。

总之,电子商务中政府有着双重作用:既是电子商务的使用者,进行购买活动,属商业行为;又是电子商务的宏观管理者,对电子商务起着扶持和规范的作用。对企业而言,政府既是电子商务中的消费者,又是电子商务中企业的管理者。

4.2 EDI商务

4.2.1 EDI的含义

EDI(Electronic Data Interchange)即电子数据交换,它是20世纪80年代发展起来的一种电子化商业贸易工具,是计算机技术与网络通信技术相结合的产物。它将企业与企业之间的商业往来,通过标准化、规范化的文件格式,采用电子化的方式,利用网络系统在计算机应用系统与计算机应用系统之间,无须人工介入,无须纸张文件,直接地进行业务信息交换与处理。

EDI的工作方式是:参与交易的一方在己方计算机应用系统上编辑、处理交易信息,随后利用EDI系统将原始单证信息转变为中间文件,中间文件是用户原始资料格式与标准格式之间的对照性文件,它符合翻译软件的输入格式;然后通过EDI系统将中间文件翻译为EDI标准报文;最后在标准报文外层加上通信交换信封,通过EDI系统送到增值服务网络或直接传给对方用户,对方用户则进行相反的处理过程,转换成为对方应用系统能够接收的文件格式并进行收阅处理。

EDI的运行具备了以下典型特点。
- 通过EDI传送的是贸易单证,不是一般的通知信息。
- 传输的信息须采用标准化的格式。
- 尽量避免信息传递中的人工操作。

EDI在企业间贸易信息的传送中体现出的巨大优势如下。
- 减少了重复劳动批次。
- 加快了信息的传递速度。
- 提高了工作效率。

EDI的实现依赖于EDI标准及相应的软硬件。EDI标准是由各企业、各地区代表共同讨论、制订的电子数据交换共同标准,可以使各组织之间的不同文件格式,通过共同的标准,达到彼此之间文件交换的目的。EDI软件可以将用户业务系统中保存的贸易信息,按照EDI标准格式转换成EDI标准报文,实现与其他贸易对象的信息交换。因为EDI需通过网络发送各类贸易单证信息,计算机及相应的网络设备是其不可缺少的基础条件。

4.2.2 EDI的起源与发展

20世纪60年代,随着国际贸易额的不断上升,出现了各种贸易单证、文件数量激增的现象。根据有关专家统计分析,平均每做成一笔生意需要30份纸面单证,而全世界每年做成的贸易不下亿笔,因贸易活动而产生的纸面文件数以十亿计,纸面文件的处理工作十分繁重。与此同时,市场竞争出现了新的特征,价格因素在竞争中所占的比重逐渐减小,而服务性因素所占比重逐渐增大。经销商为了减少风险,要求供应商供应商品要批量小、品种多、供货快,以便能适应瞬息万变的市场行情,这就给供应商提出了较苛刻的要求。而在整个贸易链中,绝大多数的企业既是供应商,又是经销商,既买东西,又卖东西。因此,提高商业文件的传递速度就成了贸易链中所有成员的共同需求。这种需求刺激了信息技术及其应用的飞速发展,并促使以计算机、网络通信和数据标准化为基本框架的EDI的产生。EDI一经出现便显示出强大的生命力,迅速地在世界各主要发达国家应用开来。其中应用得较早和较好的国家和地区是美国与西欧。从20世纪80年代末开始,亚洲在EDI应用方面奋起直追,获得了长足进步。

美国是最早应用EDI的国家之一。早在20世纪60年代初期,美国运输数据协调委员会(TDCC)就在美国国防部的支持下,制定了商业文件的传输格式。之后几经修改和完善,制定了用于铁路、公路运输及海运、空运的EDI标准,简称TDCC。1975年,美国国家标准学会(ANSI)授权特命标准化委员会(ASC)的X.12工作组在TDCC的基础上制定企业间商务贸易文件传递的EDI标准。1978年,X.12工作小组在充分研究TDCC文本并考察了运输业的情况后,制定出ANSI X.12美国国家EDI标准。到1988年,美国企业应用EDI进行商贸活动的已达5 000家,其中,包括美国最大的100家企业和65%位居前500家的大型企业。1990—1994年,美国应用EDI的公司数量逐年大幅增加,平均每年增长达23%,到1998年年初,美国应用EDI的企业已经超过5万家。

美国EDI的发展速度快主要是因为政府支持和大公司带头。1986年,由联合国欧经会贸易程序简化第四工作组(UN/ECE/WP.4)牵头制定国际标准。1997年7月1日,美国克林顿政府揭开了用EDI方式进行政府采购的新篇章。

1994年,欧洲进行了一次EDI应用情况调查,在被调查的公司中,有53%的公司正在使用或计划使用EDI。在应用EDI的公司中,利用EDI订购零部件者占69%,利用EDI支付款项的占24%,调查表明,用纸面订单订货做成一笔生意平均需要55美元,用EDI订货只需27美元,可节省订货费一半多。用EDI传递的采购订货单所占比例为1%,预计1995年可达40%。

1997年,英国大约有1万家公司应用EDI,且这个数字正以每年20%～30%的速度增长。英国应用EDI的行业主要是零售业、制造业、运输业、公共事业、医药业、政府部门。零售业、制造业和运输业的EDI应用主要是围绕采购和销售等核心业务进行的,主要处理发票和订单。政府部门(如教育系统)应用EDI主要是为教师、参加考试人员传输教学和考试资料等信息。

日本的航运公司对应用EDI也很积极。他们与货运代理单位、计量公司、理货公司和发货人共同开发了一个名为SHIPNETS的网络。该网络是一个跨行业的网络体系,于1986年4月正式启用,经过五年的努力,网络成员发展到24家航运公司、145个货运代理、2家计量公司和2家理货公司(配送中心)。

新加坡是全球EDI发展最富代表性的国家,在世界上第一个建立了全国EDI贸易服务网络(TRADENT)。新加坡的EDI发展计划始于1986年,那时适逢新加坡经济滑坡、工商业衰退,为了摆脱困境,新加坡开始考虑引入 EDI 以减少经营成本,提高生产效率。

截止到 1997 年,新加坡的 EDI 用户大约有 1.2 万家,95% 以上的贸易申报表格由 EDI 进行处理。据统计分析,使用 EDI 办理贸易联通手续,所需时间可由 3～4 天降为 10～15 分钟,每份文件处理成本从 5 美元降至 0.8 美元,每年可为新加坡节省 10 亿新元(约合 6 亿美元)。

4.2.3 EDI 在我国的应用

EDI 技术自从 20 世纪 90 年代初介绍到我国以来,经过多年的推广应用,已经成为我国信息化建设的重要内容之一。

1991 年,由国务院电子信息推广应用办公室牵头,国家科委、外经贸部、海关总署等部门共同组织成立了"中国促进 EDI 应用协调小组",并以"中国 EDI 理事会"的名义参加了"亚洲 EDIFACT"理事会,成为该组织的正式会员,有力地促进了 EDI 技术在我国的推广应用。1993 年,国家为进一步发挥宏观控制和组织调控的优势,统一组织进出口管理部门、海关、税务、国家计委、中国银行、保险、邮电、国家技术监督局、国务院电子办等单位协调制定了 EDIFACT 在我国的标准和相应应用系统的开发,提出了要实施"四金"工程。这"四金"工程分别为"金桥"工程(即国家网络信息化建设工程)、"金卡"工程(即国家金融信息化工程)、"金关"工程(即国家外贸处理信息化工程)和"金税"工程(即国家税务信息化工程)。"四金"工程的实施从整体上确定了我国未来社会信息化建设的总体框架。同时,各省、市、自治区及中央各部委也几乎都设立了专门的职能部门来负责协调督促有关 EDI 的应用推广工作,并组织了 EDI 的应用试点。

在我国的 EDI 应用中,EDI 网络服务中心发挥着重要作用。它作为 EDI 业务的第三方,向 EDI 用户提供 EDI 的各种增值服务、网络服务、信息服务以及其他相关服务,是 EDI 用户之间连接的服务提供者。EDI 服务中心不仅是一个大型的信息交换中心,提供完整的 EDI 服务,保障信息交换的可靠性,还具有权威性和用户认同性,能起举证、公证等作用。所以,EDI 中心的建设和运行在我国 EDI 推广应用中十分重要。我国目前的 EDI 中心建设已初见成效,在上海、深圳、大连、天津等经济发达地区已有一部分 EDI 中心开始实际运营,这些 EDI 中心的建成运营将把我国 EDI 的应用推向一个新起点,使广大 EDI 用户受益匪浅。

4.2.4 EDI 中商业信息的流通方式

图 4-21 所示为手工条件下贸易单证的传递方式。操作人员首先使用打印机将企业数据库中存放的数据打印出来,形成贸易单证。然后通过邮件或传真的方式发给贸易伙伴。贸易伙伴收到单证后,再由录入人员手工录入数据库中,以便各个部门共享。传统商业贸易在单据流通过程中,买卖双方之间重复输入的数据较多,容易产生差错,准确率低,劳动力消耗多并且延时增加。在 EDI 中这些问题都将得到良好的解决。

图 4-22 所示为 EDI 条件下贸易单证的传递方式。数据库中的数据通过一个翻译器转换成字符型的标准贸易单证,然后通过网络传递给贸易伙伴的计算机,该计算机再通过翻译器将标准贸易单证转化成本企业内部的数据格式,存入数据库。但是,由于单证是通过数字方式传递的,缺乏验证的过程,因此加强安全性,保证单证的真实可靠成为一个重要的问题。

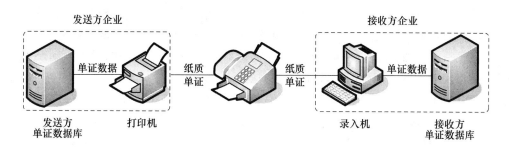

图 4-21 手工单证处理方式

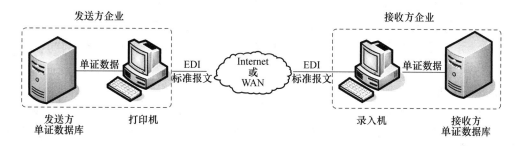

图 4-22 EDI 单证处理方式

图 4-23 描述了 EDI 在买方、卖方及双方内部商业信息的传输通道，EDI 明显地减少了每笔业务所需的时间和重复输入数据的过程。

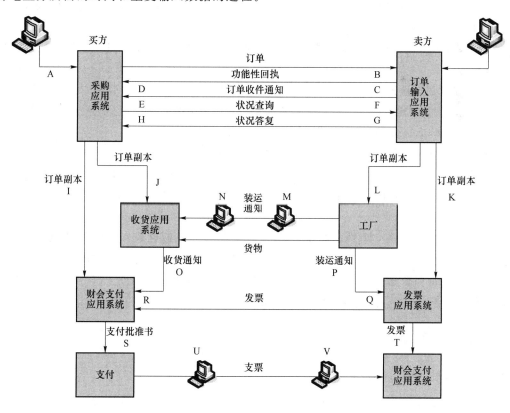

图 4-23 EDI 交易过程

A:买方标明要购买的货物的名称、规格、数量、价格、时间等,这些数据被输入采购应用系统,该系统的翻译软件制作出相应的 EDI 电子订单,这份订单被电子传送到卖方。

B:卖方的计算机接到订单后,EDI 软件把订单翻译成卖方的格式,同时自动产生一份表明订单已经收到的功能性回执,这份回执被电子传递到买方。

C:卖方也许还会产生并传递一份接受订单通知给买方,表示供货的可能性。

D:买方计算机收到卖方的功能性回执及接受订单通知后,翻译软件将它们译成买方的格式,这时订单被更新了一次。

E:买方根据订单的数据,产生一份电子的"状况查询",并电子传递到卖方。

F:卖方的计算机收到了买方的"状况查询",把它翻译成卖方的格式,并核查进展情况。

G:卖方的应用系统产生一份"状况答复",并被电子传递给买方。

H:卖方的"状况答复"被买方的计算机收到,并被翻译成买方格式,用此"状况答复"更新买方的采购文件。

I:在买方的原始 EDI 订单建立的时候,EDI 软件就把数据传递到财会支付应用系统,在那里数据自动输入系统。

J:同样在买方的原始 EDI 订单建立的时候,EDI 软件把数据传递到收货应用系统,更新系统中的文件。

L:在卖方收到原始 EDI 订单的时候,EDI 软件把数据传递到储存该种货物的仓库或生产厂家。

K:同样在卖方收到原始 EDI 订单的时候,EDI 软件把数据传递到发票应用系统,更新发票文件。

M:仓库或工厂根据订单备货,并建立一个装运通知,将装运通知传递到买方,同时将货物运到买方。

N:买方收到装运通知后,数据自动输入收货文件。在收到货物之后买方再输入收据。

O:收据通过 EDI 软件,被电子传递到财会支付应用系统。

P:卖方的装运通知,通过 EDI 软件,被电子传递到发票应用系统。

Q:一份由卖方计算机产生的电子发票被传递到买方。

R:买方的计算机收到发票后,翻译成买方格式,发票、收据和订单被计算机自动审核。

S:买方的计算机在审核了发票、收据和订单之后,自动产生一份支付批准书,并被传递到支付部门(买方银行)。

T:卖方计算机在产生发票的同时,收款应用系统也自动地更新,以表明可以收款。

U:买方通过自己的银行电子传递货款到卖方的银行。此电子汇款单被传递到卖方。

V:卖方在收到汇款单和支付说明之后,数据被翻译成财会能接收的形式,卖方的存款记录被自动更新,同时买方被授予信誉。

4.2.5 EDI 的系统组成

1. EDI 的三层结构模型

企业之间通过 EDI 系统传递单证,进行贸易往来。EDI 系统从系统功能的角度可以分为三个层次:EDI 交换层、EDI 代理服务层、EDI 应用层,如图 4-24 所示。

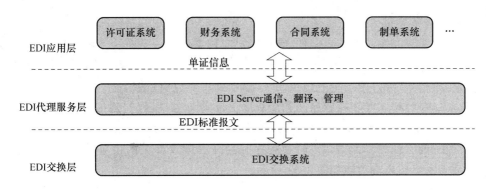

图 4-24　EDI 的三层结构

(1) EDI 应用层

EDI 应用层是由各个面向不同应用的系统组成的,以满足应用需求为目标。它与 EDI 代理服务层通过文件或信息方式交流单证信息,面向最终的具体应用业务。

(2) EDI 代理服务层

EDI 代理服务层的主要功能是翻译、通信、管理、协调,即将 EDI 应用层提供的单证信息翻译成标准的 EDI 单证,并发送到 EDI 交换系统,或者从 EDI 交换系统中接收 EDI 单证,将其翻译成单证信息并分发提供给 EDI 应用层中的系统,协调各系统 EDI 单证的传递;集中管理发送或接收的 EDI 单证,用于日后查证。

(3) EDI 交换层

EDI 交换层包含计算机通信网络和 EDI 交换系统两部分。

EDI 通信网络是 EDI 单证传输的公共平台,通信网络可以是公共交换电话网 PSTN、数字数据网 DDN、分组交换网 X.25、Internet 等。当两个团体决定采用 EDI 来传送信息时,除了软件、硬件和标准之外,还要决定采用什么方式连接,连接方式可分成直接和间接两种。

直接方式是 EDI 的双方通过数据专线或电话拨号线连接,直接互相传递 EDI 信息。这种方式又称为点对点(Point To Point,PTP)方式。双方除了通信协议、传输速率等必须相同外,所采用的信息传输标准也必须一致,同时要求对方开机才能建立连接。

间接方式指利用增值网络(VAN)的电子信箱、公告板系统、远程登录、文件传送等方式,相互传递 EDI 信息。

EDI 交换系统的主要功能是收发 EDI 报文,并通过存储转发的方式传输各 EDI 应用系统的 EDI 报文。收发 EDI 报文采用电子信箱的方式最为普遍。

电子信箱的功能就如同邮局,当收到来自发件人的信件后,可分发至不同收件人的信箱中存储,直到收件人收取。使用电子信箱有如下好处。

- 解决通信的问题,可突破通信协议和传输的时间限制。
- 同一个信件信息可转发至多人。
- 具有公证功能,电子邮箱可以记录收发件内容、时间、收发件人等信息。
- 形成一个缓冲区,避免通信对方直接进入对方的系统中。

第一层、第二层构成 EDI 应用系统,第三层也称为 EDI 传输系统。EDI 应用系统从技术上讲就是将公司单证转换成 EDI 标准报文的计算机信息系统。

2. EDI 翻译系统

EDI 翻译系统的输入为用户文件,它从用户应用系统输入数据。系统的输出为 EDI 报文,它通过通信网络发送给贸易伙伴。反过来,EDI 翻译系统也可以把从通信网络上接收的 EDI 报文作为输入,经过处理生成用户文件,输出到用户应用系统中。

各公司的单证格式经转换程序和翻译程序生成 EDI 报文,经过通信系统发送到 EDI 交换系统的 EDI 信箱中,接收方在 EDI 交换系统的信箱中取走 EDI 报文,经翻译及转换程序,转换成接收方能看懂的单证格式。转换程序和翻译程序及相关的设备被称为 EDI 翻译系统,EDI 翻译系统各模块功能如图 4-25 所示。

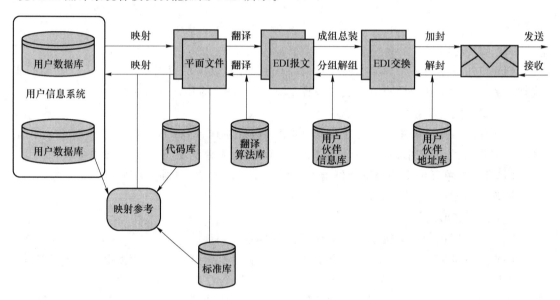

图 4-25 EDI 翻译系统内部结构

系统输入通过用户接口来实现,这个过程被称为映射。通过映射过程可以实现翻译系统和用户应用系统的集成。翻译系统将用户产生的数据自动进行翻译,或将外来的数据经翻译后自动写入用户应用系统。

系统输出通过通信接口来实现。将系统生成的 EDI 报文发到通信网络,或将贸易伙伴发来的 EDI 报文输入翻译系统。

通过用户接口和通信接口,实现了数据处理、数据翻译、数据通信的集成。这一集成的意义在于实现了贸易链中各用户事务数据传输和处理的自动化。

EDI 翻译系统的功能模块主要有标准库维护、映射参考建立、代码库维护、翻译算法库维护、用户和伙伴信息维护、用户和伙伴地址维护、映射模块、翻译模块、成组总装和分组解组模块、通信模块。

(1) 标准库维护

标准库维护是指报文标准库、数据段目录和数据元目录的维护。UN/ECE 制定了数百种报文的标准格式,对数百种数据段和数千种数据元(其中包括复合数据元)作了定义。在 ANSI X.12 系列标准中也对多种报文、数据段和数据元作了定义。另外,在美国和欧洲各国还存在许多行业标准,对报文、数据段和数据元都有不同的定义。

用户所在的地域不同,行业不同,采用的标准可能也会多种多样,所以该模块为用户提供了多种标准的报文格式、数据段和数据元目录,供用户选择。除此之外,还为用户提供了自定义报文格式的功能。

(2) 映射参考建立

平面文件是符合 EDI 翻译模块输入要求的中间文件。映射参考则定义了用户文件和 EDI 平面文件数据之间建立的一一对应的关系。映射参考可以以文件格式或数据库格式存储。用户定义好报文格式、数据段和数据元之后,映射参考建立模块自动生成对应的映射参考,其数据字段名和数据字段次序与平面文件的数据字段名和数据字段次序一致。用户将应用文件的字段名或字段序号填入映射参考文件,使之与平面文件的字段对应起来。该模块还为用户提供在映射参考中建立代码转换信息、相关属性信息以及其他信息的功能。

(3) 代码库维护

该模块的功能是提供多种标准的代码。用户的贸易伙伴很多,不同的用户可能采用不同的代码,为了使报文中的数据采用贸易伙伴能解释的代码,就需要进行代码转换。代码库的建立正是为了实现这一目标。

(4) 翻译算法库维护

该模块的功能是为用户翻译提供不同的翻译程序。不同标准的报文,其句法往往不同,如 EDIFACT 报文和 ANSIX.12 报文的句法。另外,对同一标准,用户的要求也不一定相同,如对数据段的层次和嵌套情况是采用隐式描述还是显式描述。该模块给出了多种翻译算法,用以满足用户的不同需要。

(5) 用户和伙伴信息维护

该模块的功能是建立用户和贸易伙伴的有关信息,如用户和贸易伙伴的公司名称和代码,用户和贸易伙伴采用的报文标准、报文版本和发行号、管制机构和相关机构,对各种报文的具体要求,用户和贸易伙伴的下属部门名称和代码,相关人员的姓名和代码,公司及各部门的口令等。该模块为用户提供信息,确定为哪一个伙伴生成哪一种格式的报文,并为生成交换头和功能组头提供信息。

(6) 用户和伙伴地址维护

该模块的功能是建立用户和贸易伙伴及其下属所有部门的电子地址。在通信过程中需要为信息体加入发方和收方的电子地址,生成邮件。

(7) 映射模块

映射模块的功能是根据映射参考将用户文件的数据映射到平面文件上,或反过来将平面文件数据映射到用户文件中。EDI 报文标准不同,其平面文件模式也不同,相应的映射参考也不同。在映射之前,用户要先确定生成的或接收的 EDI 报文的格式标准。该模块提供数据代码转换、相关属性处理和单位换算等功能。该模块功能的实现需要映射参考和代码库的支持,映射功能是翻译系统的最主要功能之一。

(8) 翻译模块

翻译模块的功能是根据翻译算法将平面文件翻译为 EDI 报文,或反过来将 EDI 报文翻译为平面文件。翻译过程由翻译程序来完成。由平面文件翻译成 EDI 报文和由 EDI 报文翻译成平面文件通过不同的翻译程序完成,并且不同句法的报文也由不同的翻译程序来完成。为了能够翻译多种句法的报文,应提供多种翻译程序。

(9) 成组总装和分组解组模块

该模块的功能是将报文根据报文类型组成为功能组,并将不同的功能组(也可能是报文,但报文和功能组不能同在一个交换中出现)组成 EDI 交换。与之相反,该模块还负责将接收到的 EDI 交换分成功能组(也可能是报文)分解为报文。

成组过程的主要任务是为功能组加头和尾。功能组头中包含用户和贸易伙伴、下属部门及当事人的姓名代码和部门口令等信息。这些信息可由用户和伙伴信息表提供。总装过程的任务是为整个交换加头和尾。交换头中也有部分信息来自用户和伙伴信息表,其他的信息有的由程序自动生成,有的由用户输入。功能组尾和交换尾由程序自动生成。

(10) 通信模块

通信模块的功能是发送和接收交换。电子邮件要求文体由信息头和信息体组成。这里 EDI 交换作为信息体,信息头由接收方地址、发送方地址等构成。这些地址可由用户和伙伴地址目录提供。

3. EDI 中心

贸易伙伴之间进行数据交换必须采用相同的通信协议、相同的翻译软件、相同的计算机等,在时间上通信双方的计算机必须都处于打开的状态。这样苛刻的条件很难达到,严重阻碍了 EDI 的发展。

EDI 中心就是为了解决这些矛盾而成立的。贸易双方与 EDI 中心连接,双方的信息传输到 EDI 中心,然后由 EDI 中心对信息进行处理,再传输到对方。贸易双方可以处在同一个 EDI 中心,也可以处于不同的 EDI 中心。

(1) EDI 服务中心的组成

服务中心的硬件包括主机硬件平台、存储设备、备份存储设备、通信接口、外部设备等。软件包括系统软件、MHS、服务应用软件。服务应用软件包括 EDI 报文的检查、报文匹配、翻译器、计费/会计软件、用户资料数据库、报表工具、测试工具、系统的管理维护等。

EDI 交换服务属于增值服务的范畴,提供的服务因系统的规模与内容不同而千差万别。一般而言,中心应由以下四部分组成。

① 公用 EDI 服务手段。提供基于 MHS 的邮箱服务,基于 UN/EDIFACT 报文的成组交换,支持 EDIFACT 报文的翻译、验证、核查跟踪等功能,允许用户在不同阶段进行报文的翻译。

② 通信接口。用户可通过点对点或增值网络的方式连接到中心,中心提供多种存取方式的接口。

③ 公共业务服务。提供公共业务服务,代办用户委托的 EDI 业务,用户可以通过 FAX、柜台服务,进行现有纸面单证的 EDI 处理,协助用户向 EDI 化平稳过渡。

④ EDI 最终用户系统。提供最终用户系统的 EDI 应用系统解决方案,供用户选择使用。

(2) EDI 服务中心的主要功能

EDI 服务中心的主要功能如下。

① 邮箱管理。如信件的收发管理、信件的分送管理等功能。

② 回执响应功能。返回信件被收件人收取或未在预定时间内取走等回应通知。

③ 分类取件。由使用者选择,可依照信件的种类及送件人的 ID 等分类方式取件。

④ 断点重发功能(Checkpoint and Restart)。用户可以具有重复操作能力。

⑤ 编制管理报表。如送件人清单、收件清单及回执清单等,进行客户的基本信息管理及客户关系管理。

⑥ 检查信件的正确性。如检查 EDI 交换、EDI Mail 的格式的正确性等。

⑦ 安全控制能力。如对多重密码的修改,使用者存取记录,防止多次不正确的系统登录及跟踪核查对系统的安全造成的威胁。

⑧ 灾害恢复功能。在灾害发生时,自动保存现行系统数据,启动备份系统,使系统的损失最小。

⑨ 可支持中文传输功能。可支持包括 S010646 通用多八位编码字符集的信息传输。

4.2.6 EDI 标准

所谓 EDI 标准,就是指贸易各方在进行数据交换时必须遵循的格式和要求。EDI 标准体系是指具有内在联系的一系列 EDI 标准所组成的一个有机整体。EDI 标准体系又可以划分为若干个子体系,各子体系之间存在一种相互制约、相互依赖、相互补充的内在关系。EDI 标准一般由国际、国家(或地区)和行业的权威机构负责制定和颁布。在现行 EDI 标准的制定中发挥重要作用的国际机构是联合国 EDIFACT 标准化组织。其制定的 UN/EDIFACT 已经成为全世界通用的 EDI 标准。其中 UN/ECE/CEFACT 即联合国欧洲经济委员会(UN/ECE)设立的行政、商业、运输业程序和惯例简化中心(CEFACT),下设了两个专家组和若干个工作组,分别负责管理 UN/EDIFACT 报文标准的制定和发展,以及工作流程、规章、文件的管理和推进与各国(地区)的应用。

在我国,国家技术监督局于 1990 年初最先提出了开展 EDI 工作的规划和建议。随后,有关部门召开了多次会议,专题研究 EDI 标准化问题,并制定了"中国 EDI 发展总体战略"建议草案,标准化体系逐渐形成和完善,开辟了我国发展和应用 EDI 技术的新局面。

1. EDI 标准体系的基本内容

如前所述,EDI 标准体系是在 EDI 应用领域中具有内在联系的一系列标准组成的有机整体。我国的 EDI 标准体系是在引进 UN/EDIFACT 和 ISO/IEC 等标准的基础上,结合我国的实际而制定的。

EDI 总体标准体系是我国 EDI 标准化的总体规范,它规划了 EDI 标准化工作的技术发展方向,给出了 EDI 标准体系的总体框架、基本内容和相互联系,在 EDI 标准化中处于指导和支配的地位。

如图 4-26 所示,EDI 标准体系包括 EDI 专用标准和 EDI 相关标准两大部分,共分为 7 个子体系:EDI 基础标准、EDI 管理标准、EDI 报文标准、EDI 通信标准、EDI 代码标准、EDI 单证标准以及 EDI 其他标准。

(1) EDI 基础标准

EDI 基础标准主要来源于 UN/EDIFACT,并结合我国的国情作了一些补充和选择。EDI 基础标准是 EDI 标准的核心,是其他 EDI 标准和建立 EDI 应用系统的基础。

EDI 基础标准由 EDIFACT 基础标准和 EDI 其他基础标准两部分组成。EDIFACT 基础标准主要包括电子数据交换术语、EDIFACT 的应用级语法规则、EDIFACT 的应用级语法实施指南、EDIFACT 应用级报文设计指南与规则、EDIFACT 应用级公用语法规则和语法服务目录、段目录、数据元目录和代码表等。EDI 其他基础标准主要包括 EDI 标准化应用指南、EDIFACT 标准报文及目录文件编写规则、EDIFACT 的业务与信息建模框架、EDI 的国际商用交换协议样本等。

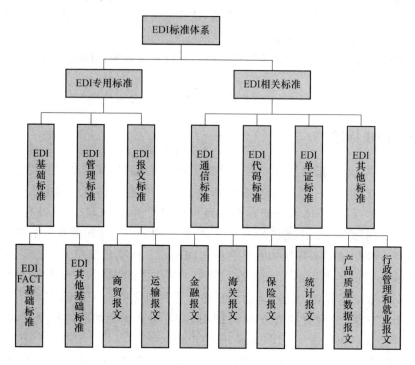

图 4-26　EDI 标准体系

（2）EDI 管理标准

EDI 管理标准主要是对 EDIFACT 标准进行管理和维护的评审指南和规则。这些标准和规范主要来自 UN/EDIFACT，我国根据实际情况作了适当的补充和选择。EDI 管理标准的主要内容是 EDI 技术评审指南，包括批式 EDI 技术评审审核表、交互式 EDI 技术评审审核表、EDI 技术评审组织与程序等。

（3）EDI 报文标准

EDI 报文标准体系涉及商贸、运输、金融、税收、保险、海关、交通、旅游以及行政管理与就业等许多领域，在 UN/EDIFACT 中给出近 200 种报文标准，其中规定了各类报文的格式和结构。在图 4-26 中仅列出部分主要的 EDI 报文标准。

（4）EDI 通信标准

EDI 通信标准包括 EDI 处理系统标准和 EDI 消息处理业务标准。前者规定了与 EDI 消息处理系统相关的信息客体、客体类型、抽象操作、端口类型、消息内容、用户代理、消息存储器的操作和一致性要求等标准；后者规定了 EDI 消息处理的业务要求、服务要素、业务质量指标、通信安全、EDI 命名与编址等标准。

（5）EDI 代码标准

在 EDI 传输的信息中，有一些是自由文本（如公司名称、姓名、地址等），有一些则相对固定，可以给这些信息赋予规定的代码。EDI 代码标准包括通用代码标准（又称为外部代码表)和系统内部代码标准。其中,通用代码标准为代码型数据元(如信息分类编码等)提供代码值,可应用于 EDI 报文设计和 EDI 应用系统的开发;系统内部代码是指目前在通用代码标准中尚未定义,而在 EDI 应用系统内部需要使用的代码,系统内部代码标准给出了定义这类代码的原则和方法。

(6) EDI 单证标准

在交易过程中单证是必不可少的凭据。在 EDI 中,所有单证和信息都需要以报文形式来传输和接收,只有确定了单证的标准,才能进一步制定相应的报文标准。EDI 单证标准包括单证的格式、单证数据元简化规则和单证数据元的统一等。主要的单证标准包括单证标准编制原则、贸易单证样式、进口许可证标准、出口许可证标准、外贸出口商业发票标准、外贸出口装箱单标准、外贸出口装运声明标准、集装箱设备交接单标准以及中华人民共和国原产地证明书标准等。

(7) EDI 的其他标准

EDI 的其他标准体系包括安全保密规范、EDI 应用标准、字符集标准等。

2. EDI 基础标准

目前国际上流行的 EDI 标准是由联合国欧洲经济委员会(UN/ECE)制定颁布的《行政、商业和运输用电子数据交换规则》(EDIFACT),以及美国国家标准学会特命标准化委员会第十二工作组制定的 ANSIX.12。从内容上看,这两个标准都包括 EDI 标准的三要素:数据元、数据段和标准报文格式。

EDIFACT 基础标准主要包括 EDIFACT 应用语法规则、EDIFACT 报文设计指南、EDIFACT 语法应用指南、EDIFACT 数据元目录(EDED)、EDIFACT 代码表(EDCL)、EDIFACT 复合数据元目录(EDCD)、EDIFACT 段目录(EDSD)、EDIFACT 标准报文格式(EDMD)、EDIFACT 贸易数据交换格式构成总览(UNCID)。

下面分别对 EDIFACT 基础标准中所包含的九个方面的内容作一简单介绍。

(1) EDIFACT 应用语法规则

EDIFACT 语法规则于 1987 年 3 月制定完成,并于当年 9 月被 ISO 接受成为国际标准,标准代号为 9735,此语法规则又称作 ISO9735。

ISO9735 包括 10 个部分和 3 个附录,它以简略形式表述"用户格式化的数据交换的应用实施"的语法规则。其中,第一部分说明了标准的适用范围;第二部分罗列了该标准的相关标准;第三部分说明在此标准中用到的名词的定义;第四部分说明了 EDIFACT 标准报文中用到字符的集合的级别划分;第五部分分级列出 EDIFACT 标准的字符集;第六部分定义了 EDIFACT 标准报文的结构;第七部分涉及把单证转换成 EDIFACT 标准报文过程中对 EDIFACT 标准报文数据元的压缩;第八部分说明了设计 EDIFACT 报文时段重复的可能性;第九部分是关于设计 EDIFACT 报文时段的嵌套;第十部分是数字型数据元使用的规定。附录 A 载录了标准中特有名词术语的定义;附录 B 是 EDIFACT 报文中服务段的描述;附录 C 是段的先后顺序的说明。附录同正文构成了 ISO9735,其中附录 A、附录 B 与正文一样,都具有标准的约束力。

(2) EDIFACT 报文设计指南

"EDIFACT 报文设计指南"是在 1989 年 12 月被 UN/ECE 接受并认可的。该指南的使用对象是联合国标准报文(UNSM)草案的设计者、"联合国标准报文"的修改者、区域性国际标准报文的设计者。

"EDIFACT报文设计指南"的制定是为了达到以下四个目的。
- 介绍EDIFACT语法规则。
- 为开发不同类型的报文提供一种统一的方法。
- 为开发新报文,修订已有的报文提供一种持续性的方法。
- 推荐使用一种EDI报文格式的标准层次结构和表示法。

这一指南分为8个部分,其中前三部分是对指南的说明介绍;第四部分是报文设计的总体规则,并按照报文的使用范围对报文类型进行划分;第五~七部分从数据元选择入手分层次地阐述了报文设计步骤——数据元分析、段结构设计、报文结构设计;第八部分规定了报文格式的修改步骤,以及得到最新国际报文格式的办法。

(3) EDIFACT语法应用指南

这一指南的目的是帮助EDI用户使用EDIFACT语法规则。指南分为11个部分,前两部分是对指南的总体介绍;第三~七部分的内容是交换协议、EDI专用名词术语、交换字符集的定义,对电子数据交换的元素——数据元、段和报文的要求,以及对UN/EDIFACT报文标准版本的规定;第八、九部分是指南的主体部分,第八部分介绍了EDIFACT基本语法规则,规定了EDIFACT报文的结构、功能段组的结构和功能段组的功能;第九部分介绍了段的构成、段的结构,并阐明了段压缩和嵌套的规则;第十、十一部分介绍了其他标准与EDIFACT标准相互转换的必要程序,以及EDIFACT标准的支持与维护的手段。

(4) EDIFACT数据元目录(EDED)

EDIFACT数据元目录是联合国贸易数据元目录(UNTDED)的一个子集,收录了近640个与设计EDIFACT报文相关的数据元,这些数据元通过数据元号与UNTDED相联系。这一目录对每个数据元的名称、定义、数据类型和长度都予以具体的描述。

(5) EDIFACT代码表(EDCL)

该代码表收录了103个数据元的代码,这些数据元选自EDIFACT数据元目录,并通过数据元号与数据元目录联系起来。

(6) EDIFACT复合数据元目录(EDCD)

该目录收录了在设计EDIFACT报文时涉及的293个复合数据元。目录中对每个复合数据元的用途进行了描述,罗列出组成复合数据元的数据元,并在数据元后面注明其类型。注有字母"M"表示该数据元在此复合数据元中是必写的;注有字母"C"表示该数据元在此复合数据元中的出现与否是根据具体条件而定的。复合数据元通过复合数据元号与段目录相联系,组成复合数据元的数据元通过数据元号与数据元目录、代码表相联系。

(7) EDIFACT段目录(EDSD)

该段目录定义了229个EDIFACT报文中用到的段。目录中注明了组成段的简单数据元和复合数据元,并在数据元后面标明此数据元是"必写的"或是"条件的"。段目录中除有段名外,每个段前均标有段的"标识","段标识"一般由3个英文字母组成,它们是段名称的英文字母缩写。每个段通过"段标识"与EDIFACT标准报文相联系。简单数据元和复合数据元通过数据元号和复合数据元号与EDIFACT数据元目录和复合数据元目录相联系。

(8) EDIFACT标准报文格式(EDMD)

EDIFACT标准报文格式分成三级:0级、1级和2级。0级是草案级,1级是推荐草案级,2级是推荐报文标准级。UN/ECE/WP.4每年都对标准报文进行增订,并通过各大洲的报告人向世界各国散发。每个国家都有权向本地区的报告人索取有关EDIFACT标准的材料。最初制定的标准报文是发票的报文格式,目前发票报文格式是2级报文,该标准分成4个部分。前三部分是对发票报文格式的总体描述,规定了报文使用范围和报文中用到的专有名词的定义;第四部分是报文定义部分,规定了报文的结构、报文包含段的功能、段表和分支表。

(9) EDIFACT贸易数据交换格式构成总览(UNCID)

该总览介绍了EDIFACT国际标准产生的背景、欲达到的目标和对用户的要求。

从以上EDIFACT基础标准可以看出,EDIFACT基础标准的产生是国际上EDI应用对EDI国际标准迫切需求的结果。在世界变得越来越小的今天,企业实施EDI不得不考虑EDI的标准化和国际化,因此掌握EDI的国际标准——EDIFACT对实施EDI至关重要。

4.2.7 在Internet上构建EDI系统的方法

传统EDI是基于专用的增值网VAN之上的。但是专业的VAN投入较大,对于一般的小型企业来说是不现实的。好在随着Internet的迅速发展,EDI通信网络已经从使用VAN向使用Internet方向发展,在Internet上实现EDI,由于其容易实现、成本低、覆盖面广,因而具有强大的生命力和广阔的发展空间。

总体来说,EDI与Internet的结合有多种方案,我们主要介绍以下两种。

1. 使用电子邮件接收和发送EDI信息

使用Internet电子邮件接收与发送EDI信息数据,就是利用Internet的ISP来代替增值网,实现商业信息的电子数据交换。在Internet上使用电子邮件接收与发送信息,可以为中小企业开展电子商务提供诸多方便。但由于使用E-mail在安全性、保密性方面还存在一定的问题,所以在将Internet电子邮件与EDI结合使用时还必须采用加密和电子认证等技术,以确保信息的真实性和不可否认性。目前主要采用私有增强邮件技术(Privacy Enhancement Mail,PEM)和隐私保护技术(Pretty Good Privacy,PGP)两种方法来实现。

2. 利用Web技术实现EDI数据交换

Web的主要功能就是实现企业信息的共享,而将EDI技术与Web技术相结合,构成Web-EDI,就可以使系统同时具有电子数据安全传输和资源信息共享的双重功能,这更加符合电子商务的实际需求与发展趋势。在EDI中扩充Web功能通常是用HTML语言建立企业自己的网站和网页,同时包含EDI服务与传送的功能,并通过Web服务器进行合法性检查,而信息的传输则与EDI完全相同。这种方法是目前常用的一种方法,它具有投资少、见效快的特点。前提是必须要有公用的"EDI网络服务中心"。

最简单的应用就是中小企业可以在本地计算机上通过浏览器和Internet连接,并登录到"EDI网络服务中心"站点,填写Web单证后提交给Web服务器,由EDI服务器把通常的Web信息转换成EDI信息,通过Web服务器的合法性检查,则可执行EDI交换。后面的处理就与传统的EDI处理一样了。

4.2.8 EDI 应用案例

EDI 的应用领域很广泛,涵盖了制造业、商业、外贸、金融、医疗保险、运输、政府机关等。这些领域的应用一般是相互联系、互相交叉的,理想的状况是各行各业均通过互通的 EDI 网络联系在一起。目前,EDI 在欧美等发达国家的电子商务中已得到了普遍应用。据统计,在全球前 1 000 家大型跨国企业中,有 95%的企业应用 EDI 与客户和供应商联系。

下面是国内应用 EDI 的几个实例。

1. EDI 在金融行业的应用

金融行业应用 EDI(如图 4-27 所示)能够实现银行和银行、银行和客户之间各种金融交易单证安全有效的交换(如付款通知、信用证等),也是银行为企业提供金融电子商务服务的基础,同时又能够提高银行在资金流动管理、电子支付、电子对账、结算等业务方面的工作效率。

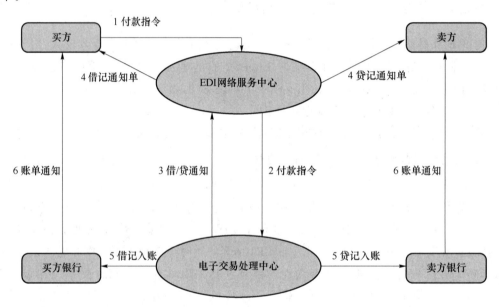

图 4-27 金融业 EDI 应用实例

如 1997 年,广州市电信局与广东发展银行合作,开始应用 EDI 技术处理话费托收业务。应用 EDI 技术进行话费托收,能够实现计算机自动进行托收单证的处理、传输,避开了人工干预,减少了人为差错,节省了人力和纸张费用。实现托收单证处理自动化,可以大大提高工作效率,整个业务处理时间由原来的一个星期减少到几个小时,加快了企业资金的周转速度,增加了经济效益。

2. 海关商检系统 EDI 的应用

下面以广东省商检系统所使用的 EDI 审签系统来说明 EDI 在该系统的应用。如图 4-28 所示,外贸公司可在本公司将某一单证(如产地证)内容输入 EDI 应用系统,EDI 应用系统将其翻译成标准版式后通过网络和 EDI 服务中心,将其传输至商检部门;商检部门接收到该电子单证后,首先进行翻译,然后传送至商检系统内部的 EDI 单证审批系统。同样,商检系统内部的 EDI 单证审批系统会自动地将审批情况、签批结论等传递给外贸公司。

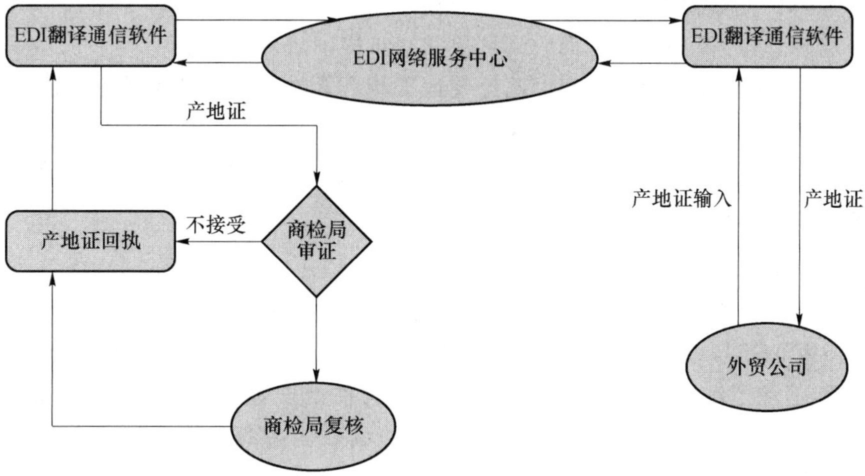

图 4-28　海关商检系统 EDI 应用实例

3. 制造业——汽车工业的 EDI 应用

EDI 在全球汽车工业中得到了普遍应用,其中美国汽车工业是一个积极的参与者,它利用 EDI 对其生产制造过程进行了重构,以便在汽车制造商和其主要的供应商之间充分利用电子通信的优势。美国汽车工业行动组(AIAG)在这个努力中起了驱动作用,它在实施 EDI 的过程中承担的一项主要工作是开发"生产用品/原材料管理模型",以定义客商和生产用品供应商之间的信息和生产流(如图 4-29 所示)。AIAG 使用 ANSI ASC X12 标准单证定义这一模型,与 UN/EDIFACT 标准中存在的单证类似,并且这一模型适合世界范围内的生产制造过程。

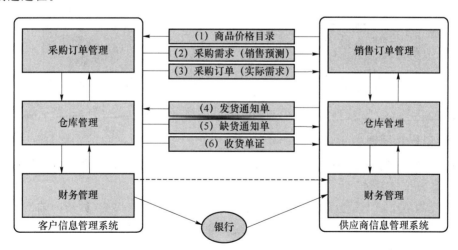

图 4-29　汽车工业 EDI 应用实例

对于客商,这个模型涉及原材料管理过程中的三个主要步骤。
- 发布:客商如何准确地通知供应商需要什么产品和何时需要。
- 接收:客商怎样认可供应商的回复并报告货物缺损。

- 支付：客商如何决定应付的金额并支付给供应商。

对于供应商，AIAG 模型定义了三个补充过程。

- 订单管理：供应商如何从客商收到订单和初步的细目表信息。
- 生产制造：供应商如何通知客商已经装运了什么货物和何时应当送达。这包括条形码处理的定义，以用于对部件和集装箱的自动识别。
- 货款紧张：供应商如何通知客商一笔货款已到期，并使客商支付到可接收的账号上。

4. 商业 EDI 应用

某国际知名的日用品供应商目前正采用广州电信 EDI 中心提供的 EDI 服务。该公司和运输商之间的货运订单处理以及和全国各地的分销商之间的订单处理均采用 EDI 电子方式。通过采用 EDI 技术来进行货运订单的自动处理，实现了订单数据标准化及计算机自动识别和处理，消除了纸面作业和重复劳动，提高了文件处理效率，加快了其公司把货物运输到销售地的速度，大大降低了成本。该日用品供应商和运输商之间的 EDI 电子货运订单自动处理系统如图 4-30 所示。

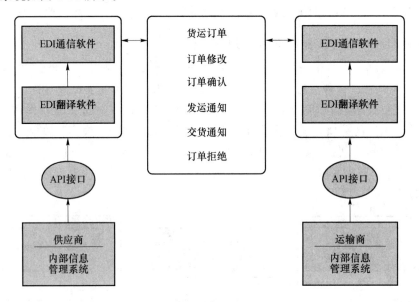

图 4-30　商业 EDI 应用

5. 港口信息管理

MCP（海运货物处理）公司建立开发了 FCP80（弗立克斯维托港货物处理）系统，它是一个完整的港口信息系统。

该系统的主要功能是舱单维护、海关放行通知、保税文件的移交（如给内陆结关仓库）、卸船报告维护、转运文件、商务放行、给公路或铁路承运人的交货单、出口交付通知、海关检查和签封要求。

MCP 公司在弗立克斯维托港设立了大型机，其他用户通过专用的通信线路与 FCP80 连接，较小的用户可拨号访问这个系统。

FCP80 是一个采用中枢数据库的实时交互式系统，港口的所有部门、空港或内陆结关仓库都可与系统交换数据。与各部门有关的数据（如舱单、卸船报告、结关、货运承运人通知等)存放在中枢系统,FCP80处理接收到的信息(例如,将卸船报告与原始舱单相比较,如有差异则生成报告)。每个用户都有查询的范围限制,可在限定范围内访问中央数据库。

报关代理可通过FCP80终端办理结关和清算手续,FCP80则将有关信息传送给海关内部系统。从海关收到反馈信息后,FCP80发送给有关方,并更新中枢数据库。从1993年10月1日起,正式使用CUSDEC报文和CUSRES报文。

FCP80用户还可访问一个专门的危险品装箱和堆存系统。该系统自1984年1月建立后,有效地加快了进口和出口的物流。它在10个港口、两个内陆结关仓库和一个机场都获得了极大的成功。

4.3 移动电子商务

4.3.1 移动电子商务的概念

移动电子商务是指基于移动通信网络,通过手机、PDA及笔记本计算机等移动通信终端和设备所进行的各种商业信息交互和各类商务活动。移动电子商务将因特网、移动通信技术、短距离通信技术及其他信息处理技术完美结合,使人们能在任何时间、任何地点进行各种商贸活动,实现随时随地线上线下的购物与交易、在线电子支付以及各种交易活动、商务活动、金融活动和相关的综合服务活动等。

根据对移动电子商务关键环节的分析,可以分别按照终端类型、交易平台、应用网络和购买商品或服务将其细分。

- 终端类型:按照连接网络所使用的终端,可以分为通过手机、上网本和其他移动设备连接。
- 交易平台:商务交易通过的网站或服务平台,根据交易对象不同可分成B2B、B2C和C2C三种类型。
- 应用网络:根据商务交易所借助的通信网络类型,可以分为5G网络、4G网络、3G网络和Wi-Fi网络等。
- 购买商品或服务:可分为实物购买、虚拟物品购买、市政缴费、金融交易和银行转账等多种业务类型。

从互联网的角度看,移动电子商务与电子商务有很多共通之处,但是两者的服务对象和服务方式又有很大不同。正如电子商务不能照搬传统商务的经营模式一样,移动电子商务也不能完全照搬电子商务的经营模式。

从技术角度看,移动电子商务是电子商务的扩展,为电子商务的应用提供了新的应用领域;从应用角度看,它的发展是对有线商务的整合与发展,是电子商务发展的新形态。这种"整合"就是将传统的商务与已经发展起来的电子商务整合起来,将各种业务流程从有线网络向无线网络转移,不仅可以保证商务活动的无缝连接,而且还可以有效地利用消费者的时间碎片。

国际数据公司(International Data Corporation,IDC)认为,移动电子商务市场的发展不会是简单的由PC端向移动端迁移的过程,而是一场以个人消费者为中心的产业模式重构。

不论是淘宝、京东等PC互联网时代的电子商务强者,还是跃跃欲试借助O2O转型的银泰、万达等传统零售巨头,甚至是海尔、联想、宝洁等品牌厂商,都将成为未来这一市场竞争中的重要参与者。对个人消费者本身的争夺将逐步替代流量入口之争,成为产业各方获得竞争优势的关键。

4.3.2 移动电子商务的特点

移动电子商务是移动信息服务和电子商务融合的产物,与传统电子商务相比,主要具有以下特点。

(1) 商务广泛性。相对于传统的电子商务而言,移动电子商务可以真正实现任何人在任何时间、任何地点得到整个网络的信息和服务。

(2) 服务个性化。用户可根据自己的需求和喜好来定制移动电子商务的子类服务和信息,并可根据需要灵活选择访问和支付方法,设置个性化的信息格式。

(3) 定位精准性。能获取和提供手机终端的位置信息,与位置相关的商务应用成为移动电子商务的一大亮点。

(4) 支付便捷性。用户可以根据不同情况通过多种方式进行付费,如可使用通信账户支付、手机银行支付或者第三方支付工具支付等。

(5) 支付安全性。手机作为个人移动通信工具,可以通过身份认证等制度避免虚假信息,在最大限度上提高交易的安全性,这也使得移动电子商务交易能够更加安全、可靠。

(6) 营销精准性。对于移动电子商务企业,用户对于手机的随身携带性和较高的使用黏性使得企业可以更加精准地对目标客户进行营销推广和服务关怀。

4.3.3 移动网络带来的商业模式

传统互联网商业模式在移动互联网时代面临挑战。移动互联网时代最核心的就是商业模式的互联网化,即利用平等、开放、协作、分享的互联网精神来颠覆和重构整个商业价值链。以下是移动互联网时代的一些主要商业模式。

(1) "工具+社群+商业"模式。互联网的发展使信息交流越来越便捷,志同道合的人更容易聚在一起,形成社群。同时互联网将散落在各地的星星点点的分散需求聚拢在一个平台上,形成新的共同的需求,并形成了规模,解决了重聚的价值。如今互联网正在催熟新的商业模式,即"工具+社群+电商/微商"的混合模式。比如微信最开始就是一个社交工具,先是通过各自工具属性、社交属性、价值内容的核心功能过滤到海量的目标用户,加入了朋友圈点赞与评论等社区功能,继而添加了微信支付、精选商品、电影票、手机话费充值等商业功能。这些工具能够满足用户的痛点需求,可以用来做流量的入口,但它无法有效沉淀粉丝用户。社群则具有关系属性,可以用来沉淀流量。商业具有交易属性,用来变现流量价值。三者看似不相关,但内在逻辑是互相融合、一体化的。

(2) 长尾型商业模式。长尾概念由克里斯·安德森提出,这个概念描述了媒体行业从面向大量用户销售少数拳头产品到销售庞大数量的利基产品的转变,虽然每种利基产品相对而言只产生小额销售量。但利基产品销售总额可以与传统面向大量用户销售少数拳头产品的销售模式媲美。通过C2B实现大规模个性化定制,核心是"多款少量"。所以长尾模式需要低库存成本和强大的平台,并使得利基产品对于兴趣买家来说容易获得。

(3) 跨界商业模式。不管是做哪个行业的,真正构成最大威胁的对手一定不是现在行业内的对手,而是那些行业之外你看不到的竞争对手。雕爷不仅做了牛腩,还进军了美甲。小米做了手机,做了电视,做了智能家居。互联网颠覆传统行业实质上就是利用高效率来整合低效率,对传统产业核心要素的再分配,也是生产关系的重构,并以此来提升整体系统效率。互联网企业通过减少中间环节,减少所有渠道不必要的损耗,减少产品从生产到进入用户手中所需要经历的环节来提高效率,降低成本。因此,对于互联网企业来说,只要抓住传统行业价值链条当中的低效率或高利润环节,利用互联网工具和互联网思维,重新构建商业价值链就有机会获得成功。

(4) 免费商业模式。互联网行业从来不打价格战,而是一上来就免费。传统企业向互联网转型,必须要深刻理解"免费"背后商业逻辑的精髓到底是什么。互联网时代是一个信息过剩的时代,也是一个注意力稀缺的时代,怎样在无限的信息中获取有限的注意力,便成为互联网时代的核心命题。很多互联网企业都是先以免费的好产品吸引海量用户,然后将新的产品或服务提供给不同的用户,在此基础上再构建商业模式,如 360 安全卫士、QQ 等。互联网颠覆传统企业的常用打法就是在传统企业用来赚钱的领域免费,从而彻底把传统企业的客户群带走,继而转化成流量,然后再利用延伸价值链或增值服务来实现盈利。

(5) O2O 商业模式。腾讯 CEO 马化腾在互联网大会上的演讲中提到,移动互联网的地理位置信息带来了一个崭新的机遇,这个机遇就是 O2O,二维码是线上和线下的关键入口,将后端蕴藏的丰富资源带到前端,O2O 和二维码是移动开发者应该具备的基础能力。O2O 是 Online to Offline 的英文简称。O2O 从狭义上来理解就是线上交易、线下体验消费的商务模式,主要包括两种场景:一是线上到线下,用户在线上购买或预订服务,再到线下商户实地享受服务,目前这种类型比较多;二是线下到线上,用户通过线下实体店体验并选好商品,然后通过线上下单来购买商品。广义的 O2O 就是将互联网思维与传统产业相融合,未来 O2O 的发展将突破线上和线下的界限,实现线上线下、虚实之间的深度融合,其模式的核心是基于平等、开放、互动、迭代、共享等互联网思维,利用高效率、低成本的互联网信息技术,改造传统产业链中的低效率环节。O2O 的核心价值是充分利用线上与线下渠道各自优势,让顾客实现全渠道购物。线上的价值就是方便、随时随地,并且品类丰富,不受时间、空间和货架的限制。线下的价值在于商品看得见摸得着,且即时可得。从这个角度看,O2O 应该把两个渠道的价值和优势无缝对接起来,让顾客觉得每个渠道都有价值。

(6) 平台商业模式。互联网的世界是无边界的,市场是全国乃至全球。平台型商业模式的核心是打造足够大的平台,产品更为多元化和多样化,更加重视用户体验和产品的闭环设计。在互联网时代,用户的需求变化越来越快,越来越难以捉摸,单靠企业自身所拥有的资源、人才和能力很难快速满足用户的个性化需求,这就要求打开企业的边界,建立一个更大的商业生态网络来满足用户的个性化需求。通过平台以最快的速度汇聚资源,满足用户多元化的个性化需求。所以平台模式的精髓在于打造一个多方共赢互利的生态圈。但是对于传统企业而言,不要轻易尝试做平台,尤其是中小企业不应该一味地追求大而全、做大平台,而是应该集中自己的优势资源,发现自身产品或服务的独特性,抓住精准的目标用户,发掘出用户的痛点,设计好针对用户痛点的极致产品,围绕产品打造核心用户群,并以此为据点快速地打造一个品牌。

4.3.4 实现移动电子商务的技术

1. 早期的移动电子商务技术

（1）无线应用协议（WAP）

WAP 是早期开展移动电子商务的经典技术之一。通过 WAP，手机可以随时随地、方便快捷地接入互联网，真正实现不受时间和地域约束的移动电子商务。WAP 是一种通信协议，它的提出和发展是基于在移动中接入 Internet 的需要。WAP 提供了一套开放、统一的技术平台，用户使用移动设备很容易访问和获取以统一的内容格式表示的 Internet 或企业内部网信息和各种服务。它定义了一套软硬件的接口，可以使人们像使用 PC 一样使用移动电话收发电子邮件以及浏览 Internet。同时，WAP 提供了一种应用开发和运行环境，能够支持嵌入式操作系统。

在 WAP 的蓬勃发展阶段，其可以支持绝大多数无线设备，包括移动电话、FLEX 寻呼机、双向无线电通信设备等。在传输网络上，WAP 也可以支持早期的各种移动网络，如GSM、CDMA 等，它也可以支持第三代移动通信系统。许多电信公司当时都推出了多种WAP 产品，包括 WAP 网关、应用开发工具和 WAP 手机，向用户提供网上资讯、机票预订、流动银行、游戏、购物等服务。但是，随着移动终端智能性的提升以及移动通信技术的快速发展，基于 WAP 技术的移动网站的单一性、不宜维护等缺点越来越明显，已经无法满足用户的大量需求，最终被淘汰出历史舞台。

（2）移动 IP

移动 IP 通过在网络层改变 IP 协议，从而实现移动计算机在 Internet 中的无缝漫游。移动 IP 技术使得节点在从一条链路切换到另一条链路上时无须改变它的 IP 地址，也不必中断正在进行的通信。移动 IP 技术在一定程度上能够很好地支持移动电子商务的应用，但是它也面临一些问题，比如移动 IP 协议运行时的三角形路径问题、移动主机的安全性和功耗问题等。

（3）"蓝牙"（Bluetooth）

Bluetooth 是由爱立信、IBM、诺基亚、英特尔和东芝共同推出的一项短程无线连接标准，旨在取代有线连接，实现数字设备间的无线互联，以便确保大多数常见的计算机和通信设备之间可方便地进行通信。"蓝牙"作为一种低成本、低功率、小范围的无线通信技术，可以使移动电话、个人计算机、个人数字助理（PDA）、便携式计算机、打印机及其他计算机设备在短距离内无须线缆即可进行通信。例如，使用移动电话在自动售货机处进行支付，这是实现无线电子钱包的一项关键技术。"蓝牙"支持 64 kbit/s 实时话音传输和数据传输，传输距离为 10～100 m，其组网原则采用主从网络。

（4）通用分组无线业务（GPRS）

传统的 GSM 网中，用户除通话以外最高只能以 9.6 kbit/s 的传输速率进行数据通信，如 Fax、E-mail、FTP 等，这种速率只能用于传送文本和静态图像，无法满足传送活动图像的需求。GPRS 突破了 GSM 只能提供电路交换的思维定式，将分组交换模式引入 GSM 网络中。它通过仅仅增加相应的功能实体和对现有的基站系统进行部分改造来实现分组交换，从而提高资源的利用率。GPRS 能快速建立连接，适用于频繁传送小数据量业务或非频繁传送大数据量业务。GPRS是2.5代移动通信系统。由于GPRS是基于分组交换的,用户可以保持永远在线。

(5) 移动定位系统

移动电子商务的主要应用领域之一就是基于位置的业务,如它能够向旅游者和外出办公的公司员工提供当地新闻、天气及住宿等信息。这项技术为本地旅游业、零售业和餐馆业的发展带来巨大商机。

(6) 3G移动通信系统

经过2.5G发展到3G之后,无线通信产品为人们提供速率高达2 Mbit/s的宽带多媒体业务,支持高质量的话音、分组数据、多媒体业务和多用户速率通信,在当时,这彻底改变了人们的通信和生活方式。3G作为宽带移动通信,将手机变为集语音、图像、数据传输等诸多应用于一体的未来通信终端。这将进一步促进全方位的移动电子商务得以实现和广泛开展,如实时视频播放。

2. 4G移动电子商务技术

4G移动通信技术是指建立在无线通信网络之上,实现高速数据传输,更高抗干扰性能和更强的兼容速率的信息移动通信技术。4G移动通信技术是我国通信行业科技进步的突破口,是持续化商业化高端运行的通信技术。4G移动通信技术是在前三代移动通信技术基础上发展起来,其传输速度更快、抗干扰能力、兼容性更强。4G技术的普及应用大力推进了移动通信技术的发展。

目前,移动通信已经基本达到了人与人的互联,人与互联网的互联正在逐步实现。3G移动通信技术使应用智能手机上网的用户数量产生了质的飞跃,随着智能手机价格的下降以及通信资费的下调,应用移动手机取代计算机上网已成为普遍趋势。4G移动通信技术抓住了这一有利时机,依靠3G移动通信技术打下的网络基础和行为习惯,加强自身的结构优化,用高速、安全和智能化的技术推进移动商务的发展。

4G技术的主要优势如下。

第一,4G移动通信技术的数据传输速率更快而且更稳定,能保证用户畅通的网络下载和上传体验,基本满足了所有用户对无线网络传输速度和服务的要求,给用户带来更多的信息和直观的通信体验。

第二,4G移动通信技术数据传输的抗干扰能力较强。4G移动网络是将SDMA技术(空时多址技术)作为其智能天线技术,在区分具有相同的频率、时隙和码道的传输信号时,主要利用不同信号在传输信道上传输方向的不同这一差异。利用这一点,还可以改变传输信号的覆盖范围,将主波束与用户、零陷与干扰信号方向相对,实现环境变化的自动化监测,为终端用户提供高质量的传输信号,达到真正抑制和清除干扰噪声信号的目的。

第三,4G移动通信技术的网络结构更为合理。目前,在4G移动通信无线接入网技术发展过程中,电路交换开始向基于IP分组交换的方向发展,设备分集也开始不断向网络分集方向发展。在这种网络构架下,4G移动通信技术进行了多网络融合,不但整合移动通信网络,还能对互联网络和局域网络进行融合,实现真正的大网络。其确保了3G、4G、WLAN与固定网间漫游的实现,可以保证用户在网络环境下切换业务操作,对下一代因特网建设起到了积极的作用。

第四,4G移动通信技术能够进行高质量的多媒体通信。虽然3G移动网络技术能够使不同类型的多媒体通信,但仍面临普及率低、通信质量差、建设成本高等问题。而4G移动网络技术正好可以弥补3G网络技术的这些缺点,使得语音、文本、图片和视频等信息能够通过无线网络的宽带信道传输,以提供多媒体通信服务。它可以通过提供的无线网络多媒体通信服务实现对声音、文字、图片以及视频等信息的宽频信道传输。由于众多用户的实际需求和大量的多媒体数据激增,4G移动网络应运而生。4G移动网络技术能够适应大量的移动用户,提高网络通信质量和数据传输速率,对多媒体通信的发展起到了至关重要的作用。

第五,4G移动通信技术具有较强的智能性,它的智能化应用不仅体现在操作和外观设计上,更体现在功能应用上。例如,4G移动通信手机能够根据用户定位的信息来提醒其去处理相关事务,或者在这个位置避免发生某些行为等,同时,4G移动通信手机可以作为一台PDA,观看节目和比赛、进行视频聊天、运行高品质的网络游戏等。我们可以看到,随着移动通信技术和移动业务模式的发展,更加智能化的应用功能将会为人们源源不断地提供着优质的服务。

3. 5G移动电子商务技术

5G移动通信技术即第五代移动通信技术,它的诞生以4G移动通信技术为基础。相较于4G移动通信技术,5G移动通信技术在传输速率等多个方面拥有更为明显的优势:环境适应能力更强,功能更为强大,性能更为稳定,更能满足现阶段以及未来的发展需要。目前,5G移动通信技术已经成为国家发展战略,随着5G技术的进一步商业化,将会给生活服务模式和商业模式带来变革,对各个行业产生深远影响。

5G移动通信技术是新型的通信技术,其对于网络传输速度的提升有重要的意义。多天线传输技术提升了频谱的利用率,甚至达到以往频谱利用率的10倍。5G移动通信技术与以往的移动通信技术相比,更注重点对点的物理层的信息传输和编解码技术。而5G移动通信技术的覆盖面更大,特别是城市通信技术也得到了快速发展。在5G移动通信转型的过程中,5G移动通信技术的频带通常不低于3 GHz。但随着用户数量的增加,这种通信技术的发展欠缺频域资源。为了克服这一问题,5G移动通信技术未来的发展趋势是高频段的传输,使大量的天线和通信设备能包括在整个通信过程之中,从而解决目前通信技术中存在的问题。而随着5G移动通信技术的发展,通过采用多天线传输技术,可解决通信技术对其他用户的干扰,提升无线信号的整体覆盖率。

5G引领互联网技术创新,加速互联网行业的变革,5G时代之重点在于万物互联,5G构建起万物互联的核心基础能力,不仅带来了更快更好的网络通信,还肩负起赋能各行各业的历史使命,因此5G对互联网的影响是非常巨大的。从互联网行业整体来看,5G时代,互联网行业将会从消费互联网向产业互联网发展。5G是连接互联网变革的"彩虹桥",推动数字经济转型升级。过去20年,我国互联网的繁荣发展主要是消费互联网的发展,但消费互联网红利正在逐渐减退,以5G、云计算、人工智能等为代表的信息技术的不断发展,促使未来产业互联网、工业互联网发挥更为重要的作用,从而促进经济转型升级。5G的商用正好使互联网进入了下半场,消费互联网深化和工业互联网起步的时期,也是大数据和人工智能方兴未艾的时期。5G生逢其时,将开拓消费领域、产业领域的新应用,5G的再出发还会出现人们现在还想象不到的新业态。5G开始了互联网发展的新篇章,创新互联网的未来。5G作为"新基建"的领头羊,是人工智能、大数据中心等其他"新基建"领域的基础设施。

总之,在新一代 5G 网络基础上,人工智能、大数据、云计算、物联网等新技术的不断发展将会给经济社会、方方面面带来巨大的改变,也将会给各行各业的数字化、智能化转型提供强劲的动力。在这个历史进程中,将会涌现出大量的新技术、新应用、新业态、新模式,这些都将带给互联网行业巨大的发展空间。

4. 二维码技术

二维码是用某种特定的几何图形按一定规律在平面上分布的、黑白相间的、记录数据符号信息的图形,二维码的码制是对具有明确标准的二维条码符号的统称。二维码巧妙地利用了计算机内部逻辑基础的"0""1"比特流概念,使用若干个与二进制相对应的几何形体来表示文字数值信息,通过图像输入设备或光电扫描设备自动识读以实现信息自动处理。

相比一维条码,二维码具有以下特点和优势。

第一,二维码存储的信息容量大,密度高,编码能力强。可以对包括照片、文字、指纹、掌纹、声音等小型数据文件进行编码,在有限的面积上可以表示比普通条码信息容量高几十倍以上的信息,还可以表示多种语言文字和图像数据。

第二,二维码可以对物品进行精确描述、定位,具有超强容错能力和纠错功能,译码可靠性高,哪怕因污损等引起局部损坏时,照样可以正确识读,甚至当损毁面积达 50% 时信息仍可以得到恢复。

第三,二维码制作容易,印制方便,成本低,其符号形状、尺寸大小比例等可变化,还可引入加密措施,保密性、防伪性都很好。

第四,二维码读取方便,可使用激光阅读器、手机等进行读取。手机与二维码相结合进一步拓展了二维码的应用价值,促进了行业的融合,为通信、媒体以及其他传统行业带来更多的机会。

基于二维码的优势,可以看到其广阔的发展空间。移动终端也在不断地与二维码技术结合,形成现在广泛应用的手机二维码技术。手机将需要访问、使用的信息编码到二维码中,利用手机的摄像头识读,获取相关信息或功能应用。这就是手机二维码技术。

该技术以二维码标准为核心,以手机为载体实现码制编码、译码、识别、被识别。其中二维码标准是整个手机二维码技术的灵魂。目前,全球有多种手机,各种标准有些不兼容。手机二维码被广泛应用的同时必将促使各种标准的兼容以至统一。

手机二维码可以印刷在报纸、杂志、广告、图书、包装以及个人名片等多种载体上,用户通过手机摄像头扫描二维码或输入二维码下面的号码、关键字即可实现手机快速上网,快速便捷地浏览网页、下载图文、音乐、视频、获取优惠券、参与抽奖、了解企业产品信息,而省去了在手机上输入 URL 的烦琐过程,实现一键上网。同时,还可以方便地用手机识别和存储名片、获取公共服务、实现电子地图查询定位、手机阅读等。随着 4G 的普及和 5G 的布局,二维码已经可以为网上购物、网上支付等提供方便的入口。

根据国内外的研究成果,手机二维码入口可以分为信息传播、互动入口和销售购买三类。信息传播主要是指通过二维码来传播信息,用户通过手机扫描二维码,获得对应的网址链接,获得较为完整的数据;互动入口主要是指企业通过利用用户扫描二维码而回传的用户信息,来获取宝贵的用户互动数据,这些数据有助于优化广告投入,将广告投放效应最大化;销售购买主要是指可以利用二维码把用户带到某个商品的电子商务平台,进而产生直接交易。

4.3.5 移动电子商务的应用

目前,移动电子商务应用非常广泛,其主要提供以下服务。

(1) 银行业务。移动电子商务使用户能随时随地在网上安全地进行个人财务管理,进一步完善因特网银行体系。用户可以使用移动终端核查其账户、支付账单、进行转账以及接收付款通知等。

(2) 交易。移动电子商务具有即时性,因此非常适用于股票等交易应用。移动设备可用于接收实时财务新闻和信息,也可确认订单并安全地在线管理股票交易。

(3) 订票。通过移动终端预订机票、车票或入场券已经发展成为一项主要业务,其规模还在继续扩大。因特网有助于方便核查票证的有无,并进行购票和确认。移动电子商务使用户能在票价优惠或航班取消时立即得到通知,也可支付票费或在旅行途中临时更改航班或车次。借助移动设备,用户可以浏览电影剪辑、阅读评论,然后订购邻近电影院的电影票。

(4) 购物。借助移动电子商务,用户能够通过移动通信设备进行网上购物。即兴购物会是一大增长点,如订购鲜花、礼物、食品或快餐等。传统购物也可通过移动电子商务得到改进。例如,用户可以使用"无线电子钱包"等具有安全支付功能的移动设备,在商店里或自动售货机上购物。

(5) 娱乐。移动电子商务将带来一系列娱乐服务。用户不仅可以从他们的移动设备上收听音乐,还可以订购、下载或支付特定的曲目,并且可以在网上与朋友们玩交互式游戏,还可以游戏付费,并进行快速、安全的博彩和游戏。

(6) 无线医疗。医疗产业的显著特点是每一秒钟对病人都非常关键,这一行业十分适合移动电子商务的开展。在紧急情况下,救护车可以作为治疗的场所,而借助无线技术,救护车可以在移动的情况下同医疗中心和病人家属建立快速、动态、实时的数据交换,这对每一秒钟都很宝贵的紧急情况来说至关重要。在无线医疗的商业模式中,病人、医生、保险公司都可以获益,也会愿意为这项服务付费。这种服务是在时间紧迫的情形下,向专业医疗人员提供关键的医疗信息。由于医疗市场的空间非常巨大,并且提供这种服务的公司为社会创造了价值,因此存在着巨大的商机。

(7) 移动应用服务提供商。一些行业需要经常派遣工程师或工人到现场作业。在这些行业中,移动应用服务提供商将会有巨大的应用空间。移动应用服务提供商结合定位服务技术、短信息服务、Web 通信技术,以及 Call Center 技术,为用户提供及时的服务,提高用户的工作效率。

4.3.6 移动电子商务的营销

移动营销定义为面向移动终端(手机或平板计算机)用户,在移动终端上直接向受众群体定向和精准地传递个性化即时信息,通过与消费者的信息互动达到市场营销目标的行为。简单来说,移动营销就是依托移动互联网,在移动终端呈现给用户,以各种移动媒体形式发布产品、活动或服务的相关信息的行为。其中,营销的主体是营销行为的执行关键,营销的策略是贯穿投放行为的灵魂,营销的技术则是核心支撑,三个关键要素互相配合,协同打造优质营销效果。

虽然移动营销最早起源于短信业务，但移动营销和群发短信最大的区别在于对目标受众的把控。移动营销优先发送信息的对象是企业的潜在或意向客户、老客户，这样营销才能有比较正常的反馈效果。而大家理解的短信群发，基本属于盲目发送，这会导致信息对绝大多数用户来说变成垃圾短信，甚至对用户造成骚扰。因此，移动营销是在强大的云端服务支持下，利用移动终端获取云端营销内容，实现把个性化即时信息精确有效地传递给消费者个人，达到"一对一"的互动营销目的。移动营销是互联网营销的一部分，它融合了现代网络经济中的"网络营销"（Online Marketing）和"数据库营销"（Database Marketing）理论，亦为经典市场营销的派生，为各种营销方法中最具潜力的部分。

移动营销是一种全新的营销模式，其特点如下。

(1) 全球性。网络的互联网共享性和开放性决定了互联网信息无区域、无时间限制，可在全球传播开来。因此移动营销具有全球性。

(2) 互动性。利用即时通信软件如QQ、阿里旺旺等，双方在交易的时候，可以充分沟通迅速达成一致。在交易完以后，买方也可以咨询客服，也可以在论坛、博客产生互动，打破空间限制就一些问题进行交流。

(3) 低廉性。在经济全球化背景下，移动营销的价格成本相对较低，是企业用来扩展销售渠道和增加客户的一种手段。通过移动营销进行信息的交流和传递，也减少了在传统营销中实物的费用。

(4) 精准性。通过可量化的精确的市场定位技术突破传统营销定位只能定性的局限，借助先进的数据库技术、网络通信技术及现代高度分散物流等手段保障和顾客的长期个性化沟通，使营销达到可度量、可调控等精准要求。摆脱了传统广告沟通的高成本束缚，使企业低成本快速增长成为可能，保持了企业和客户的密切互动沟通，从而不断满足客户个性需求，建立稳定的企业忠实顾客群，实现客户链式反应增殖，从而达到企业长期稳定高速发展的需求。此外，移动营销中的互联网广告受众明确，广告是根据受众定的。对受众进行明确的分类，对不同的受众推出不同的内容，使他们感兴趣。

(5) 整合性。主要体现为网络资源的开放性和共享性。由于从业者不同，移动营销可以对多种营销方式进行资源的整合。

(6) 随时性。通过移动应用对产品信息的了解，可以及时地在移动应用上下单或者是链接移动网站进行下单。利用手机和网络，易于开展制造商与个别客人之间的交流。客人喜爱与厌恶的样式、格调和品位也容易被商家一一掌握。

移动电子商务越来越普及，用户可以不受时间和空间的限制随时进行移动购买和支付，具有灵活、高效的特点。根据无线技术的发展，现在我国已经开通了北京到成都部分航班的4G无线网络覆盖，让用户真正能够随时随地、高速地接入互联网。

移动营销的类型可以按产业链、技术、模型等角度进行划分。

1. 产业链角度的移动营销划分

移动营销模式按产业链的主导方式划分主要可分为如下四种类型。

(1) 以传统电子商务企业为核心的参与模式

在4G网络飞速发展的背景下，移动互联网在人们生活中的使用场景逐渐取代互联网，传统电子商务企业紧紧抓住这一发展契机，不断布局移动电子商务市场，在原有业务基础上纷纷开发App版本。这些App一方面通过原有网站、论坛等传统网络营销手段进行推广，另一方面与手机制造商合作,在手机出厂时设置为内置软件,多种方式提升App的下载量和使用频率。

(2) 以移动电信运营商为核心的参与模式

移动电信运营商以自身运营的移动接入网为依托同商业服务提供商合作,通过平台集成商的系统开发,一方面使用户使用自己的移动网络,另一方面搭建移动支付运营平台,同时完成支付市场布局。2013年成立的翼集分电子商务(上海)是中国电信集团有限公司旗下A股上市公司号百控股的独资子公司,前身来自中国电信集团的积分运营公司,致力于跨行业通用积分运营、客户忠诚度计划管理,公司业务范畴涵盖利用移动电话、固定电话、POS机等不同媒介的电子支付服务,为政企和个人用户提供安全、便捷、时尚的"通信与支付融合""支付与理财融合"等的金融信息业务,并具备电信账单支付、电信积分等差异化资金来源。翼支付是其产品品牌。现有天翼积分商城涵盖家具百货、家用电器、手机数码、钟表配饰、车载户外、个护美妆、母婴玩具七个品类、几千种商品,合作商家有京东、网易严选、腾讯、中国社会扶贫网、搜狐视频等知名企业。

(3) 以平台集成商为核心的参与模式

由平台集成商建设与维护业务平台,在网络上建设虚拟商业中心,提供软件开发手段,供各类厂家入驻,供各类消费者选购商品,运营平台可以同时向多个运营商提供业务接入服务。例如,用友公司旗下的北京伟库电子商务科技有限公司推出的移动商街是基于移动互联网、聚集消费者与商家的虚拟商业中心,定位为线下生活服务类平台,会员可通过手机获得及时有用的消费和生活服务信息,比较、选择和消费,了解商家并参与互动,享受折扣、奖品和积分回报等实惠。入驻的商家则可通过移动商街进行市场营销、产品推广和形象展示。移动商街为会员提供商业服务,促进销售并可实现移动交易和支付,节省成本。

(4) 以银行为核心的参与模式

由银行开发业务的平台支撑自身业务发展为其他各类商业活动提供金融服务,用户通过短信、移动通信网络等接入手段与银行直接发生联系,该模式主要适用于手机银行业务。例如,善融商务是中国建设银行推出的以专业化金融服务为依托的电子商务金融服务平台,融资金流、信息流和物流为一体,为客户提供信息发布、在线交易、支付结算、分期付款、融资贷款、资金托管、房地产交易等全方位的专业服务。"邮储食堂"是邮储银行创新推出的便民、利民、惠民客户权益平台,融入"衣、食、住、行、医、教、文、体"等各类生活场景,提供20余万种精选权益商品,包含食品饮料、日用百货、个人护理、婴幼用品、手机数码、家用电器、运动户外等多个品类,打造金融和非金融泛生活服务生态圈,努力贴近金融消费者的生活需求。此类业务模式今后应该多从技术接口的标准化上进行发展,依托自己雄厚的财力、安全保障能力和服务能力,提升各类平台的接入能力,扩展自己的商务空间。

(5) 以物流为核心的参与模式

在各个电商企业建设物流的同时,物流企业也在自身优势资源基础上开始涉足电子商务领域。目前看来,物流企业涉足电商平台并不奢望一开始就能靠电商盈利,而是利用电子商务的形式来进一步完善管理其物流资源,延伸物流服务的终端,完善整体供应链服务水平,从而获取额外的收益。其实早在2008年中国邮政就与TOM集团合资创办了"邮乐网",宅急送也在2010年推出了自己的电商平台"E购宅急送",铁道部直属的大型国有专业运输企业中铁快运股份有限公司建立了"中铁快运商城",顺丰速运也于2012年5月在北京部分地区开始了"顺丰优选"的相关业务。

2. 技术角度的移动营销划分

如果从技术角度来看,我国当前移动电子商务营销模式主要包括基于 LBS 的 O2O 模式、App 商用模式、微信营销模式及手机支付模式。

(1) 基于 LBS 的 O2O 模式

O2O 模式是移动电子商务模式的典型代表。随着移动终端和各类定位工具以及技术手段的普及,业务提供商通过获取移动终端用户的位置信息,从而随时为移动终端用户实现所需要的服务。与传统的电商模式相比,"闭环"是 O2O 模式最大的特色,"闭环"可以跟踪用户交易和评价,随时发现问题从而调整营销策略。随着 O2O 模式的日益成熟和完善,人们将在移动商务消费过程中获得更好的体验和服务,从而促进移动电子商务更好地发展。

(2) App 商用模式

移动购物商城蕴含着巨大的商业潜力,因而为了在市场上获得更大利益,越来越多的电商加大人力、财力、技术等各方面的投入开发 App,以期望在巨大的 App 大军中拥有自己的特色,据统计,截止到 2019 年 12 月底,电子商务类 App 约有 38.8 万个。一个手机客户端的盈利主要是由留存率和转化率体现。当前我国手机用户的规模正在急剧增加和扩大。中国互联网络信息中心统计数据显示,截至 2020 年 3 月我国手机网民规模达 8.97 亿,因此未来的手机购物发展将成为移动电商下一个市场爆发点。随着移动电子商务的发展,作为较低层次的聊天需求逐渐被购物需求占领,截至 2020 年 3 月我国手机网络购物用户规模达 7.07 亿。为了满足手机网购用户的需求,现代的电商 App 应该以完善的技术为基础,以为移动用户带来更愉悦的体验为目标,所以 App 的支付功能、互动性、人性化后台管理,都是企业重点优化和关注的方面。

(3) 微信营销模式

随着移动电子商务的发展,在 App 之后移动电子商务又将发力点转向了微信平台。微信用户数量已经超过了 12 亿,成为国内最受用户欢迎的社交应用。在微信上开展移动电子商务主要依托个人微信号和微信公众号两个载体。

(4) 手机支付模式

据中国互联网络信息中心发布的数据显示,截止到 2020 年 3 月,我国网络支付用户规模达 7.68 亿,较 2018 年年底增长 1.68 亿;手机网络支付用户规模达 7.65 亿,较 2018 年年底增长 1.82 亿,占手机网民的 85.3%。手机支付作为一种新兴支付方式的出现,打破了传统支付对于时空的限制,且因为其方便快捷、使用场景丰富等优点,在人们生活中发挥越来越重要的作用。手机支付主要有短信验证支付、快捷支付、移动 POS 机刷卡支付、二维码支付、扫脸支付、当面付和 NFC 支付等方式。在安全保障方面的问题,一方面银行需加大移动支付的技术研发,通过技术保障,提升信息安全系数;另一方面用户需加强信息安全意识,注意保护验证码等重要信息。

3. 模型角度的移动营销划分

移动营销的模式可以用"4I 模型"来概括,即 Individual Identification(分众识别)、Instant Message(即时信息)、Interactive Communication(互动沟通)和 I(我的个性化)。

(1) 分众识别。移动营销基于手机进行一对一的沟通。由于每一部手机及其使用者的身份都具有唯一对应的关系,并且可以利用技术手段进行识别,所以能与消费者建立确切的互动关系,能够确认消费者是谁、在哪里等问题。

(2) 即时信息。移动营销传递信息的即时性为企业获得动态反馈和互动跟踪提供了可能。当企业对消费者的消费习惯有所觉察时,可以在消费者最有可能产生购买行为的时间发布产品信息。

(3) 互动沟通。移动营销"一对一"的互动特性可以使企业与消费者形成一种互动、互求、互需的关系。这种互动特性可以甄别关系营销的深度和层次,针对不同需求识别出不同的分众,使企业的营销资源有的放矢。

(4) 我的个性化。手机的属性是个性化、私人化、功能复合化和时尚化,人们对于个性化的需求比以往任何时候都更加强烈。利用手机进行移动营销也具有强烈的个性化色彩,所传递的信息也具有鲜明的个性化。

移动电子商务营销模式的丰富和发展为营销世界的发展和变化注入了无尽的充沛活力,在可预知的未来将有更多的电商公司和企业、个人参与到这个生机勃勃的产业中来,从而催生更多的新兴商业模式。

4.4 实 训

(1) 实训名称:Internet 电子商务模拟训练。

实训目的:理解 B2B、B2C、C2C 电子商务模式和内容。

实训内容:网上银行、第三方支付、采购商、供应商、物流商、网上商店、消费者、C2C 平台的卖方和买方等各角色的模拟训练,从而掌握 Internet 电子商务运作模式。

(2) 实训名称:二维码营销策划。

实训目的:提升基于移动端的营销策划能力。

实训内容:设计二维码营销方案,对产品进行二维码整合式营销。

思 考 题

1. 简述 Internet 商务发展趋势。
2. B2B、B2C、C2C、B2G 的含义分别是什么?
3. 简述 B2B 的竞争优势。
4. 简述 B2B 电子商务模式。
5. 简述 B2C 电子商务的主要经营模式。
6. B2C 顾客类型有哪几种?
7. C2C 电子商务的特点是什么?
8. 论述中小企业发展 B2B 电子商务的意义。
9. 论述制约 B2C 电子商务的因素。
10. 简述 EDI 的交易过程。

11. 简述 EDI 标准及其重要性。
12. 简述 EDI 如何利用 Internet 以获得发展。
13. 简述 EDI 系统的三层结构模型中每一层的作用。
14. 移动电子商务有哪些特点？
15. 二维码技术的优势是什么？
16. 移动营销的模式有哪些？

第 5 章 电子商务应用

5.1 面向个人的电子商务应用

电子商务在面向个人的应用上主要集中在网上销售、网上银行和金融服务、网上证券交易、旅游和娱乐服务等业务,下面对上述各电子商务应用形式进行逐一介绍。

5.1.1 网上销售

面向个人的网上销售是目前电子商务在我国最广泛的应用形式,主要是指通过 Internet 向个人提供商品和服务的发布与销售过程。网络购物在我国互联网经济中占有较重的分量。

1. 网上销售的优势

(1) 交互性

用户可以方便地通过互联网查询产品、价格、品牌等,以满足用户的需求。

(2) 详尽的产品信息

Internet 可以提供产品详尽的规格、技术指标、保修信息、使用方法,甚至对常见的问题提供解答。

(3) 无限的产品选择

在线的零售商不受货架和库存的限制,可以向客户提供几乎无限的选择。

(4) 个性化服务

在线的零售商可以跟踪每个客户的购买习惯和爱好,提供个性化的服务,如推荐产品(组合)和相关促销等。

(5) 更灵活的市场营销

产品的种类、价格和营销手段等可根据客户的需求、竞争环境或库存情况得到及时的调整。

(6) 产品多媒体技术的生动展示

多媒体技术使得在线零售商能容易地吸引客户对某个产品感兴趣,在线客户亦通过计算机动画、声音和三维造型等手段方便地观察所要选购的产品。产品具体应用也可以清晰地用动画展示出来。

(7) 方便快捷

容易访问,无论何时何地,只要客户愿意、只要可以连接上互联网,就可以到网上商场逛一逛。

2. 网上销售的实现

一般情况下网上销售从销售者看主要有三种形式,即企业店面、网上商城以及网络用户交易。

(1) 企业店面

企业店面的形式是出现比较早的网上销售形式,一般情况下都是实体市场环境下企业已经具有一定的生产规模和市场占有率,为了方便客户、开拓市场,这些企业又在网上开办面向个人的电子商务,主要销售自己的产品。这样的企业很多,比较典型的是戴尔。1984年1月2日,戴尔公司成立,并成为第一家根据顾客个人需求组装计算机的公司。1986年,戴尔年收入已达6 000万美元。1988年戴尔的名字受到华尔街关注,DELL公司在纳斯达克公开上市。1996年7月,戴尔公司的网上个人计算机销售商店开业,为全球用户办理网上销售业务。直到B2C平台盛行的今天,戴尔的互联网直销模式仍然是其重要的分销模式。

(2) 网上商城

网上商城是建立在网络世界中的虚拟商城,与传统超市及百货公司不同的是,消费者不必出门,在家就可以联网选购。通常网上商城是以一个独立站点的形式出现的。此外商家必须具备相当的基于Internet的工具来独立维护自己的商品(包括增加、删除、修改商品),或者其他一些活动(如打折优惠、广告发布等)。网上商城分多家店面商城和单独店面商城两种。多家店面的网上商城必须有管理各个商店、维护商城的工具(如增加、删除商店等)。单独店面的网上商城很多,基本上较有名的零售商以及各地知名的商场都开办了网上商城,例如苏宁电器、国美电器、河北省的北国网上超市等,比较知名的是当当、卓越、京东等几家老牌的全国性网上商城。多家店面的网上商城最成功的形式是以电子商务平台的形式出现,最知名的是阿里巴巴旗下淘宝的B2C板块,是为各个商家提供统一的网上商店的平台。

(3) 网络用户交易

网络用户交易的形式就是我们经常说的C2C形式,该形式是目前我国网络用户关注度最高、交易完成笔数最多的一种交易形式。该类型的网络交易平台有拍拍网、淘宝网等,其中以淘宝最为成功,其运作模式也比较成熟。但这种交易形式也存在一些问题,如以盈利为目的从事C2C交易的用户的税收问题、对于非法物品交易的主体认证问题等。

网上销售从销售内容来看可分为实物商品、数字化商品、网上服务等三种形式。

(1) 实物商品

网上销售的实物商品与传统普通商店出售的实物商品没什么两样,理论上来说,凡是在传统商店出售的物品都可以在网上商店出售,所谓在网上商店出售,指将商品的有关信息放在网络上,让消费者来选择是否购买,然后通过送货公司将在网上销售的实物商品送到消费者手上。消费者的支付一般有在线支付、货到付款、银行汇款等几种方式。目前网上销售的实物商品主要有计算机硬件、消费性电子产品、各种日用品、书籍、服装等。

(2) 数字化商品

数字化商品是网络销售中独有的商品,在普通的商店是不可能销售的。所谓数字化商品就是由"比特"组成的商品。例如网络上的电子书刊,它是直接在网络上流通的。一些电子产品在一定程度上也能转化为实物商品,如光盘、磁盘等。随着网络技术和数字化技术的发展,各种影视、音像、书籍等出版物都将大量数字化,所以未来网上销售的数字化商品会越来越多,无论是商品的种类还是交易量都将会占越来越大的比例。

(3) 网上服务

网上服务是指在计算机网络上提供的各种服务,这类服务包括信息服务和中介服务等。

5.1.2 网上银行和金融服务

目前我国四大商业银行都开办了网上银行业务,为客户提供网上金融服务。网上银行的金融服务有着明显的优势:可以减少固定网点数量,降低经营成本;而用户可以不受空间、时间的限制,只要一台 PC,连接到互联网,无论在家里,还是在旅途中都可以登录网上银行,享受每周 7 天、每天 24 小时的不间断服务;用户可以直接下载交易数据到最喜欢的理财软件,进行自己的理财操作;网上转账;支付电子账单;网上直接申请信用卡;通过安全的电子邮件向银行直接提出问题或服务要求。

与传统银行业务相比,网上银行的优势效应正日益显现。

(1) 低成本和价格优势。

① 组建成本低。一般而言,网上银行的创建费用只相当于传统银行开办一个小分支机构的费用。

② 业务成本低。就银行一笔业务的成本来看,手工交易约为 1 美元,ATM 和电话交易约为 25 美分,而互联网交易仅需 1 美分,只有手工交易单位成本的 1%。

③ 价格优势。由于网上银行运营成本比较低,可将节省的成本与客户共享,通过提供较传统银行高的存款利率、低收费、部分服务免费等方法争夺客户和业务市场。不仅如此,通过网络电子确认系统,还可避免诈骗和损失。目前在美国,支票占支付市场的 60%,传统纸制支票诈骗曾使零售商每年损失 120 亿美元,而电子支票不仅消除了支票诈骗的可能性,而且节省了处理大量纸制支票的费用和时间。

(2) 互动性与持续性服务。网上银行系统与客户之间可以通过电子邮件、账户查询、贷款申请或档案的更新等途径,实现网络在线实时沟通,客户可以在任何时间、任何地方通过因特网得到银行的金融服务。银行业务不受时空限制,每天可向客户提供 24 小时不间断服务。

(3) 私密性与标准化服务。网上银行通过非对称密钥加密系统对客户进行隐私保护。网上银行提供的服务比营业网点更标准、更规范,避免了因工作人员的业务素质高低及情绪好坏所带来的服务满意度的差异。

(4) 业务全球化。网上银行是一个开放的体系,是全球化的银行。网上银行利用因特网能够提供全球化的金融服务,可以快捷地进行不同语言文字之间的转换,为银行开拓国际市场创造了条件。传统银行是通过设立分支机构开拓国际市场的,而网上银行只需借助因特网,便可以将其金融业务和市场延伸到全球的每个角落,把世界上每个公民都当作自己的潜在客户去争取。网上银行无疑是金融运营方式的革命,它使得银行竞争突破国界变为全球性竞争。

随着互联网的发展,拥有良好网络技术和营销经验的国外大银行或其他金融机构完全可以不在国内设立分支机构而利用网上银行争揽金融业务,抢占金融市场。网上银行业务的竞争将是无形的、无国界的竞争。因此,网上银行将是未来中外银行竞争的主要领域。

5.1.3 网上证券交易

网上证券交易是指投资者利用因特网(Internet)资源,获取证券的即时报价,分析市场行情,并通过因特网委托下单,实现实时交易。如果纯粹从交易过程来看,网上交易与传统交易方法的不同仅仅是交易信息在客户与营业部之间的传递方式上,对证券营业部到交易所的交易方式不会产生任何影响。传统的交易方法包括投资者通过营业部柜台下单或通过电话委托等方式进行交易,其特点是:投资者的交易指令或是直接传递给证券营业部的营业员,或是通过封闭的电话专线,因此信息传递的安全性和可靠性都有所保证(如图5-1所示)。

网上证券交易与传统证券交易方法的最大区别就是:投资者发出的交易指令在到达证券营业部之前,是通过公共网络即因特网传输的(如图5-2所示)。

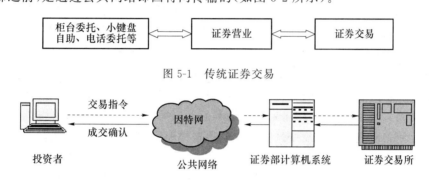

图 5-1 传统证券交易

图 5-2 网上证券交易

网上证券交易是在国内开展较早的金融电子商务,因为证券市场具备知识、资本相对集中的优势,加之投资群体大部分是容易接受网络新经济的年轻阶层,所以网民的数量和质量都是最高的,而交易标的物——股票、债券、基金等的流通基本都不存在实物交收、储运和保管的问题,所以也基本不受流通瓶颈的制约。所有这些因素与网上交易成本低廉的优势一起,决定了网上证券交易的发展方向和无穷潜力。目前,现有100家证券公司中将近半数(43家)建立了自己的网站,其中的多数可以开展网上证券交易,但据统计现在网上交易量还不足全部交易的1%。

据统计,在计算机普及率较高的韩国,每天有50%以上的证券交易是通过网上证券交易实现的;在美国,这一比例也超过了30%;而中国才仅仅1%。差距就是发展空间,相信随着技术的快速发展和政策的进一步支持,网上证券交易必将成为中国重要的电子商务模式。

网上证券交易的无限前景受到了广大证券经营机构的普遍重视,一些券商甚至收购网站为大规模开展网上证券交易做准备。此外,一些非证券经营机构也开始对网上证券交易跃跃欲试。

5.1.4 旅游和娱乐服务

电子商务在旅游业的应用是近几年才兴起的,人们常称其为"旅游电子商务",现在已经发展成为电子商务的一个分支。

旅游电子商务目前还没有一个确切的概念,可以将其简单地理解为电子商务技术和思想在旅游产业中的应用。通常人们对旅游电子商务是从以下两个方面来理解的:一是互联网在线销售模式,这是从狭义上理解的旅游电子商务,旅游网站通过即时的在线服务,为每一位旅游者提供专门的服务;二是以整个旅游市场为基础的电子商务,这是从广义上理解的旅游电子商务,泛指一切与数字化处理有关的商务活动。因此它不仅仅是通过网络进行旅游者所需的劳务服务买卖活动,还涉及传统市场的方方面面。除了在网络上寻求旅游者,企业还通过计算机网络与供应商、财会人员、结算服务机构、政府机构建立业务联系。

旅游电子商务按自身模式可以分为 B2B(即网站对交通、住宿、景点等企业的业务关系)、B2C(即网站对游客的业务关系)、C2B(即游客点报旅游路线,企业竞标接盘的方式)、C2C(即游客发起招募同好者自行组团的方式)等四种模式。

旅游产业涉及宾馆、休闲、服务、餐饮、娱乐、交通、保险等众多行业,产业内部的各行业间关联性较高,是由若干性质截然不同的行业组合起来的貌似松散的综合产业,旅游业的发展牵涉广泛的社会经济架构。旅游电子商务像一张大网,把众多的旅游供应商、旅游中介、旅游者联系在一起。景区、旅行社、旅游饭店及旅游相关行业,如银行、商店、娱乐、租车业,可借助同一网站招徕更多的顾客。新兴的"网络旅游公司"即将成为旅游行业的多面手,它们将原来市场分散的利润点集中起来,提高了资源的利用效率。这种建立在优势互补基础上的新运行机制,由于各方面的经营投入与利益获取有着不同的侧重点,很快将形成银行、旅游中介商、旅游产品生产者、旅游者四方得利的共赢局面。旅游电子商务能促进各行业间交叉联合,促使旅游业的发展改变过去仅仅依赖规模经济扩大的旧模式,走向系统经济的新水平。

面向个人的电子商务还在娱乐、信息检索等其他服务领域有广泛的应用,这里不做一一介绍。

5.2 电子商务与企业经营管理

5.2.1 电子商务与企业信息化

企业信息化是电子商务的基础和前提条件,如果没有企业信息化,那么就不能很好地实施电子商务,就像一个国家如果没有实现工业化,就不能实现现代化一样。

1. 企业信息化的概念

企业信息化是指企业利用网络、计算机、通信等现代化信息技术,通过对信息资源的深度开发和广泛利用,不断提高生产、经营、管理、决策效率和水平,从而提高企业经济效益和企业核心竞争力的过程。

2. 企业信息化的内涵

企业信息化是一个发展过程,它以现代化信息技术为基础条件,以信息为战略资源。其目标是推进企业管理现代化、提高核心竞争力。

3. 企业信息化的内容

(1) 生产过程信息化

在生产过程中采用先进的 IT 技术,运用最新的科技成果来提高生产的自动化水平,从而达到增强产品市场竞争力的目的,如产品设计与开发的信息化、生产环节的信息化、生产过程的综合信息化等。

(2) 流通过程信息化

企业在采购和销售过程中利用先进的现代信息技术代替人的体力和脑力劳动,重组企业物资流程,以信息流带动物资周转,减少流通费用。

(3) 组织结构信息化

使组织内不同部门的界限在信息化过程中逐渐模糊,并由静态的递阶结构向动态的网络结构过渡,建立扁平式立体管理组织结构。

(4) 生产要素信息化

包含两方面含义:一方面要突出信息管理职能,使信息成为创造力、生产力、利润力的源泉;另一方面指传统生产要素的信息化,促使劳动力、生产工具、劳动对象诸要素通过信息化的功能来释放最大价值。

(5) 管理系统信息化

利用现代的信息技术代替人的脑力和体力劳动,如建立管理信息系统(MIS)、办公自动化系统(OA)以及决策支持系统(DSS)等,从而发挥计划、组织、领导、协调和控制等各项管理职能和管理内容信息化,即将管理的重点放在以信息资源为核心的管理上。

4. 企业信息化的意义

(1) 企业信息化可以改变企业的价值观念

在信息经济时代,信息将成为企业不断增值的无形资产,企业的全面信息化将促进企业有形资产和无形资产的有效配置,"财富=信息+经营"的价值观正改变着世界的经济格局。

(2) 企业信息化将会改变企业的管理模式和组织模式

企业信息化可以利用企业网络进行信息传递和管理,通过网络,企业员工不一定要在本地及办公室时才能处理工作任务,各种资源可以从异地获取,使企业的组织外延和经营外延得以扩展;许多上传下达的信息和任务可通过网络完成,从而减少一些不必要的垂直管理层次,使组织结构更加扁平化。

(3) 企业信息化可以提高企业的竞争力和效益

企业制定生产经营目标,进行市场分析、方案比较、决策优化都可以从信息系统获得及时、准确、有价值的信息,提高决策的时效性和可靠性;信息化会提高企业的技术创新能力,改进生产工艺和开发更多的新产品,这些都会提高企业的竞争力和经济效益。

5. 企业信息化的功能和作用

企业信息化是发展电子商务的基础,电子商务是推动企业信息化的引擎,是对企业信息化基本理念、内容和功能等的综合运用。两者之间是相互促进、相互影响、相互制约的关系。

(1) 企业信息化是实施电子商务的基础

在信息经济中,企业是根据各种各样的信息来组织生产的。所以,企业必须要有获得信息的手段,才能够在信息技术的支撑下清楚地知道现实的市场需求。企业信息化不是在现有的流程中增设一套并行的信息流程,而是要按照现代企业制度的要求,适应市场竞争的外部环境,对企业流程进行重组和优化,并采用现代信息技术作为支撑手段。

电子商务的实质并不是通过网络购买东西,而是利用Internet技术来改变传统的商业运作模式。电子商务可以帮助企业极大地降低成本,提高效率,为客户提供满意的服务。对企业来说,电子商务是一种业务转型,真正的电子商务使企业得以从事在物理环境中所不能从事的业务。

(2) 企业电子商务是对企业信息化内容、功能的综合运用

电子商务活动的开展标志着企业有效利用企业信息化提供的信息环境,充分体现了IT技术运用于网络信息环境的高价值。企业开展电子商务的主要目标是在新型经济形势下努力营造出适合企业开拓市场的商业氛围,创造出竞争优势。在网络和信息化社会中,电子商务以其显著的信息优势为企业奠定了激烈竞争的生存之源和立足之本。电子商务的信息优势主要是指提高企业宣传产品、分析目标市场、决策支持及新产品开发等方面的能力,利用相关IT技术的信息网络平台全部或部分代替商务活动的程序,最大限度地消除人工干预,以数字化、电子化、网络化的形式集成企业资源,提高企业在虚拟环境中的经营管理水平。这些信息优势主要制约着企业的市场竞争力,从而决定了电子商务信息优势的发挥与创造。电子商务作为企业信息化内容和功能的综合运用,它的发展和进步有利于现代企业在知识经济下保持旺盛的生命力,也更有利于增强企业的竞争力。

5.2.2 企业实施电子商务的策略

1. 波特竞争理论

哈佛大学商学院波特教授曾提出企业竞争中面对的五种力量的影响,即企业面临着一系列的外部威胁和机会:新进入者的威胁、供应商的要价能力、现有竞争者之间的对抗、消费者的讨价还价能力、替代产品或服务的威胁(图5-3)。企业只有加强自身能力才能对付新的进入者、供应商、现有竞争者、消费者、替代产品或服务带来的问题,并改变企业与其他竞争者之间的竞争对比力量。

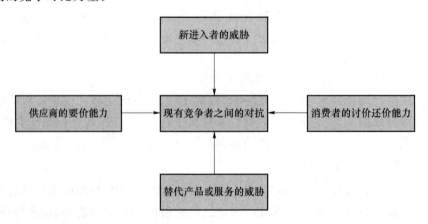

图5-3 波特五种竞争力量模型

2. 企业实施电子商务的战略转变

企业实施电子商务还将推动企业战略的转变,主要表现为由传统的 Win-Lost(一方打败另一方,或者两败俱伤)的战争型企业竞争战略,转变为追求 Win-Win(双赢)的协作型企业竞争战略。

网络技术的发展及其在商业中的应用改变了市场运作形态,改变了市场竞争游戏规则。互联网作为一种自由、开放、平等和近似免费的信息传输和双向沟通渠道,突破了信息沟通的时空障碍和技术障碍,使得全球任何一个地方的任何一个企业或者个人,都可以平等自由地利用 Internet 与世界上其他任何一个地方的人或者企业进行沟通。其竞争游戏规则表现为协作型竞争,这完全不同于传统工业经济时代的战争型竞争,它寻求的是双赢发展模式,强调通过协作和知识共享寻求更大的发展机遇,目标是拓展新的市场并共同承担风险。而传统的战争型竞争模式强调的是资源控制,目标是抢夺市场份额和控制市场。

无论是大企业还是小企业,通过企业电子商务,都可以将传统的业务伙伴,如供应商、顾客,通过企业间电子商务整合为共同发展的价值链,加强企业与供应商和顾客之间的协同关系,使得由供应商、企业和顾客组成的产业价值链的价值达到最大化,同时增强整个价值链的竞争优势。例如,美国的沃尔玛公司为满足顾客的需求,将全美的 3 000 家超市进行联网,然后采用统一的采购和配送网络,并将该网络与其供应商联网,其供应商可以根据超市的销售状况及时补充货架,使得沃尔玛和其供应商库存都可以降到最低限度,同时又最大限度地以优惠价格满足顾客需要。网络时代企业与供应商和顾客的合作主要是通过网络实现信息共享,通过优化价值链实现顾客需求传递畅通,同时最大限度地满足顾客需求,保证供应商、企业与顾客三方以最小费用获取最大收益,实现三方价值的最大化。

协作型竞争并不是说消除竞争,相反它要求企业更要加强自身的竞争力。协作型竞争是通过协作实现竞争双方的双赢发展,在共同扩大市场规模的基础上获取企业自己的市场份额,最大限度降低市场风险。一个企业要与其他企业进行协作发展,必须有自己独特的核心竞争能力,否则可能被排斥在合作阵营之外,因为企业之间进行协作寻求的是双赢发展和互惠互利。协作型竞争对参与协作的企业要求更高,只有那些拥有独特核心竞争能力的企业才可能进入协作竞争阵营,那些被排斥在协作竞争阵营之外的企业要寻求发展就更为困难。在协作型竞争时代,企业必须尽快培养和建立自己的核心竞争能力,企业的创新能力和人才是关键,企业的规模和产值大小不再是衡量企业强弱的标准。

3. 电子商务战略的制定与规划

电子商务战略的制定要经历三个阶段:首先确定目标优势,电子商务是否可以促使市场增长,是否可以通过改进实施策略的效率来增加市场收入,分析是否能通过改进目前的营销策略和措施,降低营销成本。其次是分析计算电子商务的成本和收益,必须注意的是计算收益时要考虑战略性需要和未来收益。最后是综合评价电子商务战略,主要考虑三个方面:成本效益问题,成本应小于预期收益;能带来多大新的市场机会;考虑公司的组织、文化和管理能否适应采取电子商务战略后的改变。

公司在确立采取电子商务战略后,要组织战略的规划和执行。战略规划分为下面几个阶段。

- 目标规划。在确定使用该战略的同时,识别与之相联系的营销渠道和组织,提出改进目标和方法。
- 技术规划。电子商务很重要的一点是要有强大的技术投入和支持,因此资金投入和系统购买安装以及人员培训都应统筹安排。
- 组织规划。实行数据库营销后,公司的组织需进行调整以配合该战略的实施,如增设技术支持部门和数据采集处理部门,同时调整原有的推销部门等。
- 管理规划。组织变化后必然要求管理的变化,公司的管理必须适应电子商务的需要,如销售人员在销售产品时还应记录顾客购买情况,个人推销应严格控制,以减少费用等。

5.2.3 电子商务与企业资源重组

电子商务不仅是一种技术变革,它还带来了一种通过技术的辅助、引导、支持来实现的前所未有的商务经济活动形式,是商务活动本身发生的根本性革命。对企业而言,电子商务不仅是一种贸易的新形式,从其本质上说,应该是一种业务转型,从而引起企业多方面的重大变革。

以网络为基础的电子商务给企业传统的组织形式带来很大的冲击。它打破了传统职能部门通过分工与协作完成整个工作的过程,产生了并行工程的思想。除了市场部和销售部与客户直接打交道外,企业的其他部门也可以通过电子商务网络与客户频繁接触,从而改变了过去间接接触的状况。在电子商务的条件下,企业组织单元间的传统边界被打破,生产组织形式将重新整合,开始建立起一种直接服务顾客的工作组。这种工作组与市场直接接轨,以市场最终效果衡量自己生产流程的组织状况和各个组织单元间协作的好坏。这种生产组织中的管理者、技术人员以及其他组织成员比较容易打破相互之间原有的壁垒,广泛地进行交流,共享信息资源,减少内部摩擦,提高工作效率。

在电子商务条件下,企业组织信息传递的方式由单向的"一对多式"向双向的"多对多式"转换。"一对多式"单向为主的信息传递方式形成了"金字塔"式的组织结构,这种组织结构是垂直结构。在这种结构中,从价值生产到价值确认,或者说从生产的最初环节到生产的最终环节的过程中,插入了许多中间环节。这种组织结构实际上是把企业员工像蛋糕一样切块分割、分层,既造成了部门的分割和层叠,又容易造成官僚主义,在信息迅速变化的市场面前,充分暴露出周转不灵的弊病。参与电子商务的企业为适应双向的"多对多式"的信息传递方式,其垂直的阶层结构将演变为水平的结构形式,这是 21 世纪企业的组织结构。这种结构突出表现为两个特点:第一,电子商务构造了企业的内部网、数据库,所有部门和其他各方都可以通过网络方便快捷地交流,管理人员间相互沟通的机会大大增加,组织结构逐步倾向于分布化和网络化结构;第二,电子商务使得中间管理人员获得更多的直接信息,提高了他们在企业决策中的作用,从而实现扁平化的组织结构。

企业组织结构变革的另一个显著特征是由集权制向分权制的转变,传统企业采用高度集中的单一决策中心,这种结构存在许多缺点,诸如官僚主义、低效率、组织结构僵化等。脱离市场的产品生产和经营就是这种决策方式的产物。电子商务的推行迫使企业将过去高度集中的决策中心组织逐步改变为适当分散的多中心决策组织。企业的宏观规划、市场预测等经营活动一般通过跨职能、跨部门的多功能型的组织单元来制定。这种由多个组织单元共同参与、共同承担责任,并由共同利益驱动的决策过程使员工的参与度和决策能力得以提高,从而提高了整个企业的决策水平。

由于电子商务的推行,企业的经营活动打破了时间和空间的限制,将会出现一种完全新型的企业组织形式——虚拟企业。这种虚拟企业打破了企业之间、产业之间、地区之间的界限,把现有资源优化组合成为一种没有界限、超越时空约束、利用电子手段联系、统一指挥的经营实体。虚拟企业可以是一个企业的某几种要素的重新组合,也可以是一个企业的某一种要素或几种要素与其他企业系统中某一种或几种要素的重新组合。虚拟企业一改我们习惯了的刚性组织结构,通过柔性化的网络将具有能力的资源联系起来,组成跨职能的团队,使资源的配置真正实现最优化。由于建立虚拟企业更多地依靠人员的知识和才干,而不是他们的职能,所以虚拟企业的管理也由原来的"控制"转向"支持",由"监视"转向"激励",由"命令"转向"指导"。电子商务对企业运作方式、企业人力资源管理、企业结算方式等都会产生巨大的影响。

案例

波音公司基于电子商务的业务流程重组

波音公司有分散在世界各地的几百家甚至上千家零配件供应商,同时又把飞机卖给了多家航空公司,过去航空公司需要零配件,就要先找到飞机制造商,飞机制造商再同几百上千家零配件制造商联系,零配件制造商把所需零配件寄给飞机制造商,飞机制造商再寄给航空公司。

为减少不必要的中转环节,波音公司建立了具有信息中介功能的电子商务站点和配套的管理信息系统,以支持供应商、航空公司与波音公司三者之间的网上直接交易。通过网站可以消除经过波音公司的不必要的中间环节,航空公司不必通过飞机制造商而只需通过网站了解各地零配件制造商的情况,直接同他们联系,找到自己需要的产品。波音公司的售后服务部门的工作也就从原来烦琐的接待各个航空公司的咨询和采购零配件的工作中解放出来,从而可以集中精力解决各个航空公司碰到的技术难题。实现企业间电子商务后,波音公司既降低了售后服务的运营成本,又改善了对航空公司的售后服务。

5.3 实 训

1. 访问 DELL(www.dell.com)、联想(www.lenovo.com)等企业的网站,体验网上购物流程。

2. 访问当当(www.dangdang.com)、卓越(www.joyo.com)、京东(www.jd.com)以及淘宝的 B2C 模块,体验购物流程。

3. 访问拍拍网(www.paipai.com)、淘宝网(www.taobao.com)等 C2C 网上交易平台,体验交易流程。

4. 访问中国工商银行网站(www.icbc.com.cn)、中国建设银行网站(www.ccb.com)等开办网上银行业务的各银行的网站,并体验使用网上银行服务。

5. 访问国信证券(www.guosen.com.cn)、上海证券交易所网站(www.sse.com.cn)等

证券交易网站。

6. 访问 eLong(www.elong.com)、携程旅行(www.ctrip.com)等旅游网站。

思 考 题

1. 网上销售的个人电子商务应用的实现有哪几种形式？每种形式各有什么特点？
2. 请调查我国有多少家金融机构开办了网上办公业务。
3. 电子商务为企业带来了哪些变化？
4. 电子商务在企业管理中主要应用在哪些方面？
5. 企业在实施电子商务时面对的困难有哪些？
6. 搜集国内企业开展电子商务的案例。

第 6 章　网 络 营 销

6.1　网络营销概述

6.1.1　网络营销的概念和特点

网络营销是随着 Internet 的产生和发展而产生的新的营销方式。网络营销是企业整体营销战略的一个组成部分,为实现企业总体经营目标而进行,是以互联网为基本手段,营造网上经营环境并利用数字化的信息和网络媒体的交互性来辅助营销目标实现的一种新型的市场营销方式。

网络营销在发展的过程中逐步形成自己的特点。

1. 网络营销是以消费者为主导,强调个性化的营销方式

在网络环境下,消费者不会被动地接受不需要的信息和产品,他们拥有比过去更大的选择自由,并且能根据自己的个性特点和需求在全球范围内寻找合适的消费品。通过进入感兴趣的虚拟商店,消费者不但可以获取与产品相关的信息,而且可以量身定制产品,使购物更显个性。

这种个性消费的发展将促使企业重新考虑其营销战略,将消费者的个性需求作为提供产品及服务的出发点。这就要求现代企业具备以较低成本进行多品种、小批量生产的能力。另外,要真正实现个性营销还必须解决庞大的分销费用问题,以保证企业能以最低成本发送并随时根据需要进行修改。

事实上,传统营销也强调消费者的主导地位,强调个性化,但成本高而缺乏可操作性,这就使网络营销显示出本身的优势。

2. 网络营销具有很好的互动性,是实现全程营销的理想工具

全程营销是市场营销的理想境界,要求企业在产品的设计阶段就开始充分考虑消费者的需求和意愿。但在实际操作中,这一点往往难以做到。原因在于消费者与企业之间缺乏合适的沟通方式或者沟通成本过高。消费者一般只能针对现有产品提出建议或批评,对尚处于概念阶段的产品难以涉足,因而很多企业就是在信息不完备的情况下设计产品、开展营销活动的,其结果可能是生产与消费的脱节:消费者真正需要的产品找不到能够提供的企业,企业提供的产品又不能很好地满足消费者的需要。问题产生了,怎么解决呢?

在网络环境下,利用全程营销来解决这一问题将具有可操作性。利用 Internet 的互动性特征，即使中小企业也可以通过电子公告栏、在线论坛、电子邮件等方式，及时收集消费者的意见和建议；而消费者也有机会对企业的产品设计、营销组合和服务等一系列问题发表意见。这种双向互动式的营销方式使企业的营销决策有的放矢，提高了消费者的满意度，更重要的是使消费者成为企业市场营销的合作者，全面参与企业市场营销活动，而不仅仅是企业的营销对象。

3. 网络营销使购物更方便，提高了消费者的购物效率

按照经济学的观点，消费者购物所花费的时间、精力等也是购物成本的一个组成部分，并且会随着社会的发展而提高，而一个理性的消费者(消费行为不凭一时的冲动)必然会尽可能降低这一成本；同时现代化的生活节奏已使消费者用于外出在商店购物的时间相对减少，因此方便而高效的购物方式就会受到许多消费者的欢迎。通过使用因特网，生产商可以向顾客直接销售产品和在线提供支持服务。从这种意义上说，传统的营销中介，如批发商、零售商，被消灭了。得到的结果是销售链缩短，送货时间缩短，生产商能与消费者建立更密切的关系，购销效率得到提高。

网络营销用清晰友好的界面、方便的操作，向消费者提供丰富生动的产品信息和相关资料，消费者可以在广泛比较同类产品以后再做出购买决定。与便利性同时产生的，也许还有安全性问题、购物乐趣的减少等问题，这是需要网络营销企业认真考虑的。

总之，网络营销能简化购物环节，节约消费者的时间和精力，提高购物效率。

4. 网络营销能够大幅度降低营销成本，取得低成本优势

Internet上信息传播的速度快而且方便，使得消费者对于市场行情的把握更准确，因而消费者的流动性更强。要想留住顾客，必须给他们更多的实惠。开展网络营销，可以节约昂贵的店面租金，可以减少库存商品资金占用，可以使经营规模不受场地限制，与顾客的沟通方便而高效等，这些都可以降低企业的经营成本和费用，从而从根本上增强企业的竞争优势。

如果开展网络营销不能给消费者带来越来越多的实质利益，那么网络营销不会走得很远。因而要求企业善于把低成本优势转化为增加顾客利益的优势，形成稳定的目标顾客群。对于消费者来讲，成本不是他们关心的问题，获得理想的利益是他们产生购买行为的原动力，不管是网络营销还是传统营销，做好这件事情都是企业制胜的法宝。

网络营销是一个新生事物，走进我们生活的时间还很短，企业对它的应用也还处于起步阶段，随着社会实践和理论探讨的进一步加深，网络营销将会更完善。

6.1.2 网络营销与传统营销

网络营销所依赖的技术基础和特殊的商品交易环境，改变了原有市场营销理论的根基，使网络营销显著区别于传统营销。

1. 营销理念的不同

传统的市场营销观念如生产观念、产品观念、推销观念是以企业的利益为中心，不考虑消费者的需求；现代营销观念如市场营销观念、社会营销观念等，尽管也提出了以消费者需求为中心的口号并且努力去做，但实际上很难彻底执行下去。利润最大化的追求会促使企业通过规模生产降低成本，从而使产品趋于雷同，由于消费者需求的差异性始终是存在的，这就导致市场营销的"满足消费者需求"是不彻底的。网络营销的出现使大规模目标市场向个人目标市场转化成为可能,通过定制营销、直复营销等真正满足消费者的个性化需求。

美国直复营销协会(ADMA)认为直复营销是一种为了在任何地点产生可以度量的反应或达成交易而使用一种或几种广告媒体的互相作用的市场营销体系。直复营销包括三个方面的内容:直接邮件、邮购和直接回复,总的目标是通过建立数据库,在保留老顾客的基础上吸引新顾客,使顾客终身价值最大化。而保留老顾客是其中非常关键和重要的一环。就像世界第二大直接反应公司——卡托·文德曼·约翰逊公司创办人文德曼先生说过的:"生产商90%的利润来自回头客,只有10%来自零星散客,少损失5%的老顾客便可增加25%的利润。"

2. 信息传播模式和内容的转变

传统营销的促销手段主要使用单向的信息传播方式(如广告),消费者总是处于被动地位,他们只能根据企业提供信息量的多少(如广告的频率)来决定购买意向。另外,信息传送后,企业难以及时得到消费者的信息反馈,其经营策略的调整往往会滞后,影响经营目标的实现。在Internet上,网络营销采用交互式双向信息传播方式,企业与消费者之间的沟通是即时的,也是充分的;更重要的是,消费者在信息传接过程中变被动为主动,他可以查询自己需要的信息,也可以反馈自己的信息给需求(供给)方。

信息传播内容上也有差别。传统媒体,由于费用昂贵,不管是用于传递产品和服务信息还是宣传企业形象,都无法进行深入的描述与刻画,消费者无法对企业的产品等进行深入的了解,无法做出理性的判断,因此很多人凭经验购买或凭品牌购买,以减少购买风险。网络营销在很大程度上克服了这一缺陷。Internet具有广阔的信息存储和传输空间,企业可以利用各种不同的方式,为用户提供丰富而详细的产品及有关信息,而成本几乎不变,使消费者有充足的信息做出购买决策。只要这些信息是真实可靠的,那么购买风险也将很低。这也是网络沟通的优势所在。

3. 营销策略的改变

网络营销的双向互动性等特性使传统的4P组合策略转化为4C组合策略。消费者是善变的,在传统营销中成功的策略,必须随着网络环境的改变而进行适当的调整。

4. 与顾客的关系不同

传统营销下的顾客不管在信息方面还是在产品方面都是被动的接受者,顾客与企业是对立的;而且,由于在同一笔交易中,买卖双方掌握的信息不对称,买方容易对卖方产生不信任,导致交易效率低下甚至交易失败。但在Internet这个虚拟社会里,组织信息和交换信息都是相当方便的,如BBS,成员之间不间断的信息学习与交流最终可以使消费者获取不依赖于卖主的重要信息资源。这在亚马逊公司的差别定价试验中得到了验证。失去信息优势的卖主或者企业只有真正了解消费者的需求,与消费者真诚合作,才能使开发出的产品既能满足顾客的需求,又能实现企业的目标。

可见,网络营销真正改变了传统的市场营销和人们的消费习惯,企业只有深刻认识并积极适应这种改变,才能发展壮大。

6.1.3 网络营销与电子商务

电子商务与网络营销既有区别,又关系密切。

网络营销与电子商务的共同点主要体现在:第一,二者的目的都是帮助企业销售产品或服务,实现盈利。第二,二者都是依托互联网实现的,而且随着技术的不断进步和移动互联网的快速发展,二者依托的网络已经逐步由互联网为主转向移动互联网为主。第三,二者的优势都是为企业降低了成本,不管是电子商务还是网络营销的开展,二者都降低了企业的运营成本,同时还通过互联网络信息的对称性,降低了企业的库存压力。

但是网络营销与电子商务还是有区别的,主要体现在:电子商务涵盖的主要是商务交易前、交易中、交易后等整个商务过程,包括商品采购、上架、销售、售后各个环节。网络营销则重点关注的是商品销售环节,也就是交易前的各种宣传推广环节,主要研究内容也集中在如何将企业的产品或服务销售出去。

其实,企业在开展电子商务前可以开展不同层次的网络营销活动。第一阶段是信息发布与收集阶段。企业利用Internet,建立自己的门户网站,发布产品信息,宣传企业经营理念,展示企业形象等,同时通过网上调查工具,收集需要的一手和二手资料,用于企业的经营决策。第二阶段是网络营销阶段。企业以Internet为依托,通过虚拟商店、在线交易等手段,重构市场营销组合,将传统的4P组合发展为4C组合,帮助消费者顺利过渡到网络营销时代,并接受这一先进的理念,从而拓展了企业的营销活动空间。第三阶段是电子商务阶段。随着网络技术的普及与成熟,越来越多的企业被纳入由Internet、Intranet(企业内联网)、Extranet(企业外联网)构成的网络世界,交易、结算、提供服务、洽谈等都可以通过网络进行。

所以,从某种意义上讲,电子商务可以看作网络营销的高级阶段,或者说网络营销是电子商务的核心环节,是电子商务整个流程中最富有变化的环节。

6.2 网络营销的市场定位

与传统营销一样,网络营销是以销售为目的、以客户为基础、以业绩和企业利润为导向,而完成业绩涉及多个环节,将这些环节进行梳理,就构成了网络营销的基本流程。

市场定位直接关系着网络营销的效果,因此是网络营销基本流程中的核心环节,只有市场定位准确了,才能在开展网络营销的过程中顺利地建设企业网站和第三方店铺,才能将推广手段和运营系统执行起来,最终形成预期的营销效果。

6.2.1 目标市场调研

目标市场调研主要解决的是产品卖给谁的问题,拆分开来就是目标客户在网上的聚集地在哪里、目标客户的网络购买渠道以及目标市场的价值。只有完成了精准定位,才能将企业有限的资源打造成产品的特色和优势,在市场中占据领先地位。

按照调研信息的获取程度可以将目标市场调研分为网上直接调查和间接调查。网上直接调查是通过网络站点辅助以电子邮件通过 Internet 直接进行问卷调查等方式收集一手资料的调查方法,可以在企业官网、店铺公告等张贴调查问卷,也可以在论坛、贴吧等发起讨论,还可以直接访问竞争对手网站等均可获取第一手信息。网上间接调查是利用 Internet 收集与企业营销相关的市场、竞争者、消费者以及宏观环境等方面的二手信息的调查方法,可以通过搜索引擎进行信息检索、访问行业网站获取市场动态等。

目标市场调研可以从电子商务平台、搜索引擎以及社会化媒体等入手。电商平台上聚集了各行各业的信息,从电商平台调研可以对企业目标市场有整体的认知。在选取电商平台时,一方面可以选取淘宝、京东、阿里巴巴等综合性电商平台,获取市场细分状况、市场最新动态等;另一方面可以选取企业所处行业类垂直网站,以对市场进行更深入的了解。面对海量的市场信息,可以充分利用搜索引擎这个工具,通过检索与产品有关的关键词了解市场前景,也可以利用搜索引擎的相关服务了解市场热度。例如,百度指数就是以百度海量网民行为数据为基础的数据分享平台,可以通过百度指数研究与企业产品或服务相关的关键词的搜索趋势、网民的兴趣和需求、市场的舆情动向以及定位受众特征等。阿里指数则是阿里巴巴出品的基于大数据研究的社会化数据展示平台,能够提供以阿里电商数据为核心的分析报告及相关地区与市场信息,如行业大盘、属性细分、采购商素描、阿里排行等。此外,论坛、微博、抖音等社会化媒体聚集了具有相同兴趣爱好的人群,他们的讨论主题、痛点,甚至抱怨,都能作为企业产品设计的起点或优化的方向,所以专业化的论坛、相关话题的微博以及抖音能够为企业了解市场热点提供新的思路。

6.2.2 竞争对手分析

知己知彼,方能百战百胜。竞争对手分析主要解决的是竞争对手在哪里和竞争对手战略如何两个问题,以作出最适当的应对。

要对竞争对手分析,需要首先找到竞争对手。一是利用日常经营中积累的丰富经验。许多企业在长期经营过程中已掌握了市场竞争格局,了解甚至十分熟悉自己的竞争对手,尤其是传统行业,这是发现竞争对手的主要渠道。二是充分利用搜索引擎调研。在搜索引擎中检索与企业产品或服务相关的关键词,重点关注检索结果的前几页和广告区域,就能找到强有力的竞争对手。

明确了竞争对手之后就可以研究竞争对手了。研究竞争对手可以直接访问,也可以通过第三方进行评价。通过直接访问竞争对手的企业网站、第三方店铺,可以了解其市场布局、产品优势、专业水平等。通过第三方评价,可以推测竞争对手的实力水平。例如,通过站长之家的站长工具可以了解竞争对手 SEO 数据变化、网站死链接、蜘蛛访问、HTML 格式检测、网站速度测试、友情链接检查、网站域名 IP 查询、PR 权重查询、alexa、whois 查询等相关数据,推测竞争对手网络营销的年限和网站实力,进而推测竞争对手的实力水平。此外,还可以在维基百科、百度百科等平台上查询竞争对手是否有专业词条及词条的详细程度,来推测竞争对手的网络营销成效。

6.2.3 消费模式研究

同消费资料相结合的方法和形式称为消费模式,是消费的表现形式。而网络消费模式就是网络消费群体所具有的购物方法和购物形式。某一市场的网络消费群体会有相同的消费心理和行为特点,会表现出来相对一致的网络购物行为方式和操作路径,这也正是企业开展精准营销的基础。因此,消费模式研究主要解决用户为什么在网上购买以及网上浏览和购买行为特点的问题。

网络营销消费模式的分析主要包括消费人群、消费理由、购买商品、心理接受价格、购买频率、信息来源和购买行为特点。通过消费模式分析可以为网络营销方案策划提供有力的支撑,如"什么人"决定了营销的对象是谁,"为什么买"解决了渠道问题,"买什么"解决了产品问题,"多少钱"和"购买频率"解决了价格问题,"哪种方式"和"浏览行为"解决了网络营销平台选择问题。

对消费模式的研究主要从宏观和微观两个层面进行。宏观层面主要通过行业报告等相关内容了解整体网络消费群体特征,如学历、年龄、职业、性别、收入水平等基本信息,上网工具、常用应用等上网行为信息。微观层面就需要找到企业产品或服务面对的网络消费群体,对他们的购物路径进行深入分析,了解他们的网购行为规律,针对各个环节找到网络营销推广策略,逐个击破。在这个基础上对目标用户的典型特征进行描述,如年龄、收入、受教育水平、办公地点、工作性质、地理位置、家庭人口、消费类型、个性特点、心理偏好等。

6.2.4 目标市场选择

选择目标市场,明确企业应为哪一类用户服务,满足他们的哪一种需求,是企业在营销活动中的一项重要策略。任何企业都没有足够的人力资源和资金满足整个市场或追求过大的目标,只有扬长避短,找到有利于发挥本企业现有的人、财、物优势的目标市场,才不至于在庞大的市场上瞎撞乱碰。所以目标市场的选择解决的是选择哪一部分目标群体去服务和如何做到精准定位的问题。企业在进行决策时要具体分析产品、市场状况和企业本身的特点,充分考虑企业资源、产品同质性、市场特点、产品所处的生命周期阶段和竞争对手的策略等相关因素。

尤其是互联网络的出现使得信息展示成本降低,原来不受关注的长尾产品由于竞争较小、溢价较高从而获得较大利润,长尾产品对应的利基市场逐渐受到重视。企业在选择目标市场时,尤其是中小企业可以关注合适的利基市场开展营销,集中企业优势资源重点经营。

6.3 常见的网络营销推广方式

6.3.1 网络广告

广告是一种通过散布信息而试图影响买卖交易的行为。传统的广告是一种非个性化的、单向的大众交流或大众营销,由广告主出资购买大众媒体,然后向外界广泛宣传企业。电话营销和直接邮寄广告是个性化广告的尝试,目的是使广告更有针对性、更有效,其直销手段效果虽好但价格不菲。Internet 则重新定义了广告的含义,它使得广告主能了解顾客,并与他们直接交流,形成交互式广告。Internet 一方面使消费者可以点击广告以获取更多信息,另一方面为广告主提供了双向交流的能力,还允许他们针对特定的人群做广告。如订阅电子邮件列表的人,根据兴趣可以分成不同的群体,每个小群体信息偏好不同,企业据此可以提供更有针对性的广告信息。Internet 使真正的一对一广告成为可能。表 6-1 对上述概念进行了比较。

表 6-1　从大众广告到交互式广告

比较项目	大众营销	直销	交互式营销
最好的效果	大量销售	客户数据	客户关系
消费者行为	消极	消极	积极
主要产品	食品、保健品、啤酒、汽车	信用卡、旅游、汽车	高级服装、旅游、金融服务、汽车
市场	大规模	目标商品	目标个人
神经中枢	商业中心	邮寄中心	网络空间
主要媒体	电视、杂志	邮件列表	在线服务
主要技术	电视广告策划	数据库	服务器、屏幕向导、Web
最差结果	频繁切换频道	产品被丢弃	从系统注销

1. 网络广告的种类

网络广告和站点促销是主要的网络营销促销形式,特别是网络广告已经形成了一个很有影响力的产业市场,因此企业考虑的首选促销形式就是网络广告。根据形式不同,常见的网络广告有以下几种类型。

旗帜广告是在网站的页面中分割出一定大小的一个画面发布广告,多为长方形或正方形的 GIF 格式图片,设计和制作都很精美,色彩鲜艳,有强烈的视觉冲击力。当用户点击后,图片会引导用户浏览一个新的网页或者看到广告主想要传递的更详细的信息,这就达到了广告宣传的目的。

移动广告是一种为改变旗帜广告比较呆板的形式、可以在屏幕上移动的小型图片广告。用户点击小型图片时,该移动广告会自动扩大展示广告版面。

标准广告是一些比旗帜广告更大、更醒目的广告,它们就在原先被点击的网页上被阅读。

分类广告是被放在专门提供广告信息服务的网站上,提供可以按照产品或企业等方法分类检索的深度广告信息,在许多情况下,张贴一般广告是免费的。

电子邮件广告是指广告主通过向电子邮件列表上的人或公司发送信息来推销产品。使用电子邮件的好处是费用低,并能接触到大量的目标受众,然而也可能会被认为是在制造垃圾邮件。

新闻式广告是利用虚拟社区或者公告栏 BBS 发布有关产品、企业的广告信息,但发布时不是直接以广告形式,而是以新闻形式,以免引起反感。

游戏广告是一种以游戏的形式来放置广告,以游戏为载体来进行广告宣传的全新广告模式。游戏广告具有隐蔽性、持续的注意性、感官性强、广告对象明确等独特的优势。

上下文广告是指与所服务的网页内容直接相关的广告,它是指与环境相关的广告,将广告与网页匹配。例如,在百度上搜索数码相机,会得到一个页面,其中有赞助链接,指向提供数码相机信息或销售数码相机的网站。

关键词广告是在搜索引擎的搜索结果中发布广告的一种方式,当有用户检索到你所购买的关键词时,才会出现在搜索结果页面的显著位置。关键词广告具有较高的定位程度,并且往往可以提供即时的点击率效果。

对话链广告是指将用户在聊天过程中涉及的关键词转化为链接,可以直接指向相关网站。对广大用户来讲,对话链可以避免传统的网络广告对视觉和计算机性能上的干扰,用户可以自主选择是否对链接的内容感兴趣,是否需要进入该网站,从而避免了强制性广告引发的用户反感。

2. 网络广告的收费模式

传统的广告收费是建立在展示或发布量的基础上的。这也是网络广告收费的标准模式,网络广告通常使用广告浏览量来衡量广告发布量。广告主是按"承诺"的广告浏览乘以一个约定的系数付费的。各网站的收费水平差别很大。

(1) 点击次数

基于点击次数的广告收费是指根据广告被点击的次数收费。通常页面上的某个文件被访问一次称为一次点击,然而也有的企业不这么认为,所以在做广告之前应弄清点击数的定义。对于旗帜广告的收费是基于浏览者对广告的实际点击次数,实际上,在看到广告的人中,只是相对较少的一部分人实际点击了旗帜。这样基于点击次数的支付保证了访问者不仅看到了广告,还主动点击并实际接触了目标广告。

(2) 广告曝光次数

广告曝光次数是指网络广告所在的网页被访问的次数,这一数字通常用计数器来进行统计,假如广告刊登在网页的固定位置,那么在刊登期间获得的曝光次数越高,表示该广告被看到的次数越多,获得的注意力就越多。但曝光次数与目标受众并不一定相等,因此只能粗略反映广告效果。依此计算的收费标准是千人印象(CPM),CPM=总成本/广告曝光次数×1 000。它和点击次数是国际上通行的收费模式。

(3) 互动性

这是由霍夫曼和诺瓦克提出的一种衡量方法。他们建议根据访问者和广告目标的交互程度收费。这种交互程度可以用广告浏览的时间长度、目标广告的网页访问数、额外点击次数或对目标广告的重复访问次数来衡量。只有感兴趣的顾客才能较长时间停留在广告页面或者多次浏览广告,这种收费方式对企业是有利的。这引发了网站发布商的争论,但已有企业在实施这一方法了,也只有让广告主认为物有所值,他才肯出资购买这种广告媒体。

(4) 实际购买

销售商关心广告效果,而最终效果就是购买行为。在基于效果的广告定价方式中,公司承诺如果有顾客点击了会员网站上的标识,并最终进入了商家网站进行购买,则公司将向会员网站支付5%~15%的佣金。这是一个双赢的协议,商家因此也给会员网站施加压力,促使网站主动采用必要的手段鼓励客户购买。

(5) 其他方式

还可以用一些其他方式收取广告费。如包月方式,一些网站空间提供商为旗帜存放收取每月固定的费用,而不管访问量;还有的以搜集潜在客户名单多少来收费。

6.3.2 搜索引擎营销

所谓搜索引擎,就是根据用户需求与一定算法,运用特定策略从互联网检索出指定信息反馈给用户的一门检索技术。常见的搜索引擎平台有百度、搜狗等,在海量的互联网信息海洋中,搜索引擎能够帮助用户快速检索出需要的信息,深受用户的喜爱,搜索引擎的应用在网民互联网络各类应用中一直位居前三。

搜索引擎营销就是基于搜索引擎平台的网络营销,利用人们对搜索引擎的依赖和使用习惯,在人们检索信息的时候将信息传递给目标用户。

1. 搜索引擎营销原理

搜索引擎的工作过程可视为三个步骤。第一步是蜘蛛在互联网上爬行和抓取网页信息,并存入原始网页数据库。第二步是对原始网页数据库中的信息进行提取和组织,并建立索引库。第三步是根据用户输入的关键词,快速找到相关文档,对找到的结果进行排序,并将查询结果返回给用户。基于此,搜索引擎营销分为关键词竞价排名和搜索引擎优化两种形式。

2. 关键词竞价排名

搜索引擎营销的基本思想是让用户发现信息,并通过点击进入网页,进一步了解所需要的信息。关键词竞价排名就是企业通过搜索引擎付费推广,使商业信息在搜索引擎上排名突出,使用户关注到企业信息,进而可以直接与公司客服进行交流,实现交易。关键词竞价排名是搜索引擎的一项付费服务,百度关键词竞价包括竞价广告、联盟广告、品牌广告等多种形式。

关键词竞价排名企业关键词选择范围广,能够覆盖客户的所有搜索偏好。因为是按效果付费,所以优化效果见效时间短,效果有保证。企业自己根据用户偏好设置,所以针对性强,可减少无效展示。企业可根据自身实力,随时广告上线,无须等待。但由于是按效果付费,所以一旦费用停止,关键词竞价效果就会立即消失,持续性较差,且排名仅仅体现在百度一个搜索引擎上,其他搜索引擎排名并无任何变化。

3. 搜索引擎优化

搜索引擎优化是根据搜索引擎对网页的检索特点,让网站建设各项基本要素适合搜索引擎的检索原则,从而尽可能多地获得搜索引擎收录网页,并在搜索引擎自然检索结果中排名靠前,最终达到网站推广的目的。

与关键词竞价排名相比,搜索引擎优化花费成本较低,优化后的效果稳定,且排名提升后的效果在各大搜索引擎上都有所体现。缺点是由于搜索引擎优化需要遵循搜索引擎检索规则,所以盲目优化可能会被搜索引擎剔出检索库。周期过长,有时候热度关键词优化周期长达半年之久。排名无法完全控制位置,只能通过长久的优化才能达到更好的排名。

6.3.3 电子邮件营销

电子邮件营销(E-mail Direct Marketing,EDM)是在用户事先许可的前提下,通过电子邮件的方式向目标用户传递价值信息的一种网络营销手段。

1. 基本因素

电子邮件营销有三个基本因素：用户许可、用电子邮件传递信息、信息对用户有价值。三个因素缺少任何一个，都不能称为有效的电子邮件营销。所以开展电子邮件营销需要注意，发送 E-mail 之前必须经过用户许可；要通过电子邮件传递信息，而不是其他方式；发送的信息是对用户有用的信息。

2. 优势

电子邮件营销具有如下优势。

- 覆盖范围广泛，企业收集或购买的用户邮箱均可开展电子邮件营销。
- 广告的内容不受限制，适合各行各业。
- 因为广告的载体就是电子邮件，所以具有信息量大、保存期长的特点，具有长期的宣传效果，而且收藏和传阅非常简单方便。
- 操作难度小，企业可通过自有邮箱发送，也可以使用专业的邮件群发工具，操作相对简单，技术要求不高。
- 成本低廉，相比其他营销方式，电子邮件营销仅需支付上网费用、邮件发送费用即可，营销成本低。
- 精准性强，由于电子邮件本身具有定向性，企业可以针对某一特定的人群发送特定的广告邮件，也可以根据需要按行业或地域等进行分类，然后针对目标客户进行广告邮件群发，营销范围更加精准，营销效果明显。

6.3.4 论坛营销

论坛营销是企业利用论坛这种网络交流平台，通过文字、图片、视频等方式发布企业的产品和服务的信息，从而让目标客户更加深刻地了解企业的产品和服务，最终达到宣传企业品牌、加深市场认知目的的网络营销活动。

论坛营销具有如下优势。

(1) 营销范围更加精准。企业选择营销的论坛是根据企业的产品或服务的潜在消费者选择的，所以人群更加精准。

(2) 营销效果可监控。企业在论坛营销过程中可以收集发帖、回复、点赞等相关数据，通过数据复盘可以指导下一轮的论坛帖子策划、撰写、发布、监测、汇报等。

(3) 营销主动性强。企业可以在论坛营销过程中主动出击，在发帖或者转帖的时候添加好友的链接地址，扩大传播范围。

6.3.5 微博营销

微博是指一种基于用户关系信息分享、传播以及获取的通过关注机制分享简短实时信息的广播式的社交媒体、网络平台，允许用户通过 Web、Wap、Mail、App、IM、SMS 以及可以通过 PC、手机等多种移动终端接入，以文字、图片、视频等多媒体形式，实现信息的即时分享、传播互动。

微博营销是指通过微博平台为商家、个人等创造价值而执行的一种营销方式，也是指商家或个人通过微博平台发现并满足用户的各类需求的商业行为方式。微博营销以微博作为营销平台,每一个听众(粉丝)都是潜在的营销对象,企业利用微博向网友传播企业信息、产品信息,设置话题与粉丝互动,进而树立良好的企业形象和产品形象。

微博营销操作简单,信息发布便捷;互动性强,通过与粉丝适时沟通及时获得用户反馈;成本低廉;针对性强,微博营销的对象都是关注企业或者产品的粉丝,也是企业产品的消费者或者潜在消费者,营销效果更加精准。微博营销涉及的范围包括认证、有效粉丝、朋友、话题、开放平台、整体运营等。

6.3.6 微信营销

微信是腾讯公司于2011年1月21日推出的一个为智能终端提供即时通信服务的免费应用程序,微信支持跨通信运营商、跨操作系统平台,通过网络快速发送免费语音短信、视频、图片和文字,同时将实时通信与社交资讯、生活服务相结合,支持"朋友圈""微信公众号""微信小程序""微信支付"等功能为用户提供优越的移动数字生活体验。其中微信小程序可实现功能直达,无须下载App即可使用,拉近了商户和用户的距离。微信支付可以让用户通过手机完成快速的支付流程,安全、快捷、高效。微信版本分为微信个人、企业微信、微信公众平台。

微信营销是伴随着微信的火热而兴起的一种网络营销方式。微信不存在距离的限制,用户注册微信后,可与周围同样注册的"朋友"形成一种联系,用户订阅自己所需的信息,商家通过提供用户需要的信息,推广自己的产品,从而实现点对点的营销。在个人微信号上开展的移动电子商务营销主要有以下几种。一是查看附近的人,用户点击后可以根据自己的地理位置查找到周围的微信用户;二是围绕营销目的打造对应的头像、昵称、签名,在朋友圈中售卖商品,同时通过微信聊天功能完成客户服务;三是利用微信群功能,聚集人气开展社群电商营销,促进产品销售;四是企业在微信朋友圈推送品牌活动或品牌广告。利用微信公众号开展的移动电商营销主要通过微信公众平台进行品牌宣传、商品展示、活动促销、客户服务等各类营销内容的展示。

在微信公众平台中,企业通过一对一的关注,向粉丝推送产品及活动信息,建立自己的客户数据库,使之成为有效的客户关系管理系统,通过用户分组和地域控制,针对用户情况,将信息准确推送给目标客户。信息交流互动性强。微信的载体是智能手机,只要身边有智能手机,任何时间、任何地点,企业都可以与客户进行互动,进一步了解客户的需求从而满足客户。

6.3.7 短视频营销

短视频即短片视频,是一种互联网内容传播方式,一般指在互联网新媒体上传播的时长在5分钟以内的视频。短视频营销,从广义上讲指以短视频媒体作为载体的所有营销活动的总称,根据营销方式探索和创新呈现出不同的越来越多的形式和特征,就目前而言主要包括硬广投放、内容植入、内容定制、网红活动、账号运营和跨平台整合等营销形式。从狭义上讲,主要指短视频媒体平台上进行的所有广告活动,包括硬广和软广,具体可以分为品牌图形广告、视频贴片广告、信息流广告和内容原生广告几个大类别。

短视频营销的优势如下:营销门槛低,制作周期短,成本低,营销形式灵活多变,适应性强,可以灵活满足各种营销需求。内容承载信息量丰富集中,可以将大量且形式多元的营销信息集中在一个短视频中,又可通过与用户进行深度互动和沟通,建立密切联系。通常短视频的播放量会远远大于企业粉丝量,头部优质内容甚至可以实现病毒式传播,扩大传播效果。

6.4 网络营销策略

以产品、价格、分销渠道和促销宣传组合为基础的传统营销策略,由于网络营销环境发生了重大变化,而部分或全部地丧失了应用的条件。

这种改变首先是地域和范围的概念没有了;其次是宣传和销售渠道主要统一到了网络上;最后是价格策略的运用也会受到很大的限制。这样,符合网络营销的4C组合自然而然地产生了。网络营销4C组合的主要内容是:①消费者的需要及欲望(Consumer's wants and needs);②消费者获取满足的成本(Cost to satisfy wants and needs);③用户购买的方便性(Convenience to buy);④与用户沟通(Communication)。

6.4.1 从产品策略到满足需求策略

传统意义上的产品多是一种物理的概念,即实实在在的东西。而在网络环境中,产品从"物质"的概念演变为一个综合服务和满足需求的概念,它可以是有形商品,也可以是无形商品,同时还必须包含满足消费者的其他内容。消费者的满足是一个心理过程,既受个性、气质、个人生活经历、消费经验、文化水平等内在因素影响,也受生活环境、相关群体、企业的促销活动等外部因素影响,是个性消费和共性消费的统一。消费者选择的充分自主性决定了企业提供的满足不是可有可无的,而是必需的,因为网络消费者选择其他替代品的成本几乎为零。这也要求企业彻底贯彻"产品整体"这一概念。

现阶段,企业在从事网络营销活动时,可首先选择下列产品:信息产品,覆盖较大地理范围、便于配送的商品,网络群体目标市场容量较大的产品,消费者可通过网络获取信息并能立即做出购买决策的产品,名牌产品等,以提高成功率。

同时企业应做好服务工作,提高用户的满意度,树立良好的网络营销形象。

(1) 完善数据库系统,提供丰富的信息。

(2) 提供网上自动服务系统,方便消费者使用。

(3) 建立消费者论坛,与消费者进行广泛而深入的沟通。

(4) 建立"虚拟展厅",增加网络产品的立体感。

(5) 设立"虚拟组装室",让消费者参与产品的设计。只要操作方便,消费者会获得更大的满足。

6.4.2 从按成本定价到满足需求定价

成本通常是制定营销价格的底线,传统产品基本上是按照"生产成本+利润+税金"来制定价格的。当这一价格低于消费者的承受能力时,会促进商品的销售;当价格高于消费者的承受能力时,会阻碍商品的销售。因而这样定价是有风险的,因为企业对于消费者的承受能力知之甚少或一无所知。网络营销的定价正好相反,它是先掌握消费者的需求,再确定产品的功能,并据以评估产品成本,如果可行,则确定价格出售;反之,可以放弃,也可以努力改进。可见,网络营销是先掌握行情,再确定价格。

在许多情况下,价格决定了销售量、市场份额和产品利润。在网络环境下,新的价格发现机制正在改变消费者市场、销售渠道以及买卖双方的砍价实力、卖方进行产品定制的能力,以及获取大量关于潜在买方信息(如偏好、过去的购买行为等)的能力,大大增强了他们进行价格歧视的能力——向不同的买方收取不同的价格。在高度差异化和定制化产品的市场中,价格倾向于买方的支付意愿,而不是由生产成本决定。

(1) 个性化定价策略

这是利用网络互动性的特征,根据消费者对产品外观、颜色等方面的具体要求设计产品,根据其行为偏好和承受能力来确定商品价格的一种策略。在个性消费特征明显的网络环境下,这一策略有着广阔的应用空间。

(2) 声誉定价策略

在网络营销的发展初期,消费者对网上购物和订货还存在许多疑虑,利用企业良好的形象和声誉,制定较高的价格并提供良好的服务,这对消费者是很有吸引力的。消费者会因为降低购物风险和享受良好的服务而支持这种定价。

(3) 自动调价、议价策略

在企业提供的交易平台上,买卖双方可以协商确定价格,或者企业按照一定的程序,进行价格上升或下降的自动调整。这一方面使企业了解顾客的价格意向,另一方面使顾客可以得到更多的满足,增加购物的某种乐趣。

(4) 促销定价策略

消费者对于来自厂商的优惠是充满期待的,定期或不定期的制定促销价格能鼓励老顾客,吸引新顾客。比较常用的有:免费,如免费浏览、免费工具;折扣,如价格折扣和数量折扣;优惠卡等。

6.4.3　从传统商业到现代商业的运作模式

传统商业作为分销商品的主渠道,采用的是大规模营销,会受到强烈的地域限制,并进而影响分销渠道模式选择和中间商的使用,这不但增加了企业的分销成本,同时还有渠道管理问题。因渠道管理不善导致企业失败的例子很多。网络营销运用现代商业模式,基本上采用与消费者一对一的营销,取消中间环节。所有的供需信息和磋商过程都通过网络系统来进行,再辅以物流配送,顺利完成交易。

网络环境下,取消了中间环节,但中介是有必要的。中介通常可以提供两类服务:一是匹配和提供信息;二是咨询等增值服务。第一类服务可以被完全自动化,因此很可能由提供免费服务的电子市场和门户网站承担;第二类服务要求专家参与,只能被部分自动化,因而可以收费,并因为增值服务更好地满足网络用户的需要。

相对于传统的分销渠道,网络分销渠道要简单得多。一种是生产者直接和消费者进行交易,称为直接渠道;另一种是生产者通过服务中介商与消费者交易,其中的中介商帮助转移商品或提供信息等服务,这是间接渠道。

另外,西方许多企业经常采用双道法,即企业在进行网络分销时,同时使用直接销售和间接销售,以达到最大销售量。

6.4.4　从广泛促销到网络在线实时沟通

促销对于传统企业来说,基本上是被动的、滞后的和单向的。传统的促销方式如广告、营业推广,总是根据企业的经营目标制定预算,安排内容;特别是公共关系,多数情况下是在企业发生危机之后才使用。由于缺乏有效的手段,顾客无法及时反馈信息,企业也无法及时了解促销效果,所以传统促销始终强调企业所说与顾客所听的一致性,以提高促销效果。而促销费用大且浪费惊人,这正如广告专家所说:企业的广告开支有一半是浪费的,问题是我们不知道哪一半浪费了。

而网络营销利用网络技术建立起生产者、商家和消费者之间的在线实时沟通,实现了双向互动,提高了促销效率,如组织内部的沟通、文化和感情上的沟通、商业信息的沟通等,内容丰富,形式多样,而且费用低廉。这些沟通都是通过网络技术向外传递的,由于 Internet 这个虚拟的网络社会聚集了大量人口,融合了多种文化成分,所以从事网络促销的企业需要打破传统的区域性市场的观念,采用虚拟市场的思维方法,而且需要相应的计算机和网络技术知识,才能灵活运用,发挥最大效用。

6.4.5　从压迫式促销到加强与顾客沟通和联系

传统的促销是企业为主体,通过一定的媒体或工具对顾客进行压迫式的促销,进而加强顾客对公司和产品的接受度和忠诚度,顾客是被动接受的,缺乏与顾客的沟通和联系,同时公司的促销成本很高。互联网络上的营销是一对一和交互式的,顾客可以参与到公司的营销活动中来,因此互联网络更能加强与顾客的沟通和联系,更能了解顾客和需求,更易引起顾客的认同。美国的新型明星公司雅虎开发了能在互联网络上对信息分类检索的工具,由于该产品具有很强的交互性,用户可以将自己认为重要的分类信息提供给雅虎公司,雅虎公司马上将该分类信息加入产品中供其他用户使用,因此不用宣传其产品就广为人知,并且在短短两年之内公司的股票市场价值达几十亿美元,增长几百倍之多。

总之,从传统营销组合转变为 4C 组合,企业和消费者将获得更大的满足,这是一个双赢的局面。

6.5　实　　训

实训名称:网络目标市场调研。

实训目的:掌握网络目标市场调研的方法,具备网络市场调研能力。

实训内容:请选择一个你在网络创业时最感兴趣的产品市场,如服装、茶叶、土特产等,通过电子商务平台、搜索引擎、博客等途径对目标市场进行网络调研。

思 考 题

1. 什么是网络营销?
2. 传统营销与网络营销的区别有哪些?
3. 简述网络营销与电子商务的关系。
4. 网络营销目标市场调研方法有哪些?
5. 网络广告的收费方式有哪些?
6. 了解网络营销方式,结合某企业实际情况选择合适的网络营销方式。

第 7 章　电子商务与物流

一个完整的电子商务交易过程一般都包含信息流、资金流和物流。物流是信息流和资金流最终实现的根本保证,如果信息流、资金流传递速度很快,而物流传递速度跟不上,电子商务的优势就体现不出来。

物流是物质实体从供应者向需要者的物理性移动,是社会再生产过程中不可缺少的中间环节,是联系生产和消费的桥梁与纽带。电子商务中物权转移的最终实现需要物流落实,物流已成为电子商务发展中急需思考的一个重要问题。

7.1　物 流 概 述

20 世纪 70 年代末期我国开始从国外引进物流的概念。多年来随着我国理论界对物流理论的深入研究和企业大量的物流实践,人们对物流的认识不断加深。

7.1.1　物流概念的形成与内涵

1905 年,美国少校琼斯·贝克(Chauncey Baker)认为,与军备的移动和供应相关的战争的艺术的分支就叫物流。1918 年,英国犹尼利弗的哈姆勋爵成立了"即时送货股份有限公司"。其公司宗旨是在全国范围内把商品及时送到批发商、零售商以及用户手中。这一举动被一些物流学者誉为有关"物流活动的最早文献记载"。1922 年,克拉克(F. E. Clark)在《市场营销原理》中将市场营销定义为:"影响商品所有权转移的活动和包括物流的活动。"

1935 年,美国销售协会对物流的定义为:"物流是包含于销售之中的物质资料和服务,在从生产地点到消费地点流动的过程中,伴随的种种经济活动。"1963 年,美国的《韦勃斯特大词典》把军事后勤定义为"军事装备物资、设施与人员的获取、供给和运输"。军事后勤的理念和方法后被引入工业部门和商业部门,被人们称为"工业后勤"和"商业后勤"。

20 世纪 50 年代中叶,日本在经济恢复中,十分重视学习西方科学技术。1956 年,日本生产性本部向美国派出了"搬运专业考察团"(也称为流通技术考察团),此举动对日本后来物流的发展起到了积极的推动作用。日本于 20 世纪 60 年代正式引进了"物流"这一概念,并将其解释为"物的流通""实物流通"的简称。

日本通产省物流调查会的定义:"物流是制品从生产地到最终消费者的物理性转移活动。具体是由包装、装卸、运输、保管以及信息等活动组成。"日本通产省运输综合研究所认为:物流是"商品从卖方到买方的场所转移过程"。

美国国家物流管理委员会于 1976 年在定义物流管理中指出:"物流活动包括但不局限

于：为用户服务、需求预测、销售情报、库存控制、物料搬运、订货销售、零配件供应、工厂及仓库的选址、物资采购、包装、退换货、废物利用及处置、运输及仓储等。"

1985年加拿大物流管理协会(Canadian Association of Logistics Management,CALM)定义："物流是对原材料、在制品库存、产成品及相关信息从起源地到消费地的有效率的、成本有效益的流动和储存进行计划、执行和控制，以满足顾客要求的过程。该过程包括进向、去向和内部流动。"

1994年欧洲物流协会(European Logistics Association,ELA)定义："物流是在一个系统内对人员及商品的运输、安排及与此相关的支持活动的计划、执行与控制，以达到特定的目的。"

国家质量技术监督局2001年4月17日批准颁布的中华人民共和国国家标准物流术语(GB/T18354—2001)中对物流的解释为："物品从供应地向接收地的实体流动过程。根据实际需要，将运输、储存、装卸、搬运、包装、流通加工、配送、信息处理等基本功能实施有机的结合。"

从上述介绍的物流概念中我们可以看到不同的时期、不同的国家对物流概念的理解有所不同，但是都反映出以下几个基本点。

（1）物流概念的形成和发展与社会生产、市场营销、企业管理的不断进步密切相关。

（2）物流概念与物流实践最早始于军事后勤，而"物流"一词没有限定在商业领域还是军事领域。物流管理对公共企业和私人企业活动都适用。

（3）物流无论从实物供应(Physical Distribution)还是后勤的内涵中都强调了"实物流动"的核心。

（4）物流的功能主要有运输、储存、装卸、包装以及信息处理等。

7.1.2 物流的分类

物流活动在社会经济领域中无处不在，对于不同领域的物流，虽然存在着相同的基本要素，但由于物流的对象、目的、范围和范畴的不同，形成了不同的物流类型。

1. 按照作用分类

按物流所起的作用可以将物流分为供应物流、销售物流、生产物流、回收物流、废弃物流等不同的种类。

（1）供应物流(Supply Logistics)。生产企业、流通企业或消费者购入原材料、零部件及其他物品的物流过程称为供应物流，也就是物品在提供者与需求者之间的实体流动。对于一个企业而言，企业的流动资金十分重要，其大部分是被购入的物品和原材料及半成品等所占用的，因此，供应物流的合理化管理对于企业的成本有重要影响。

（2）销售物流(Distribution Logistics)。销售物流是指生产企业或流通企业出售商品时，物品在供方与需方之间的实体流动。企业通过销售物流，可以进行资金的回收并组织再生产的活动。销售物流的效果关系到企业的存在价值是否被社会承认。销售物流的成本在产品及商品的最终价格中占有一定的比例，因此，销售物流的合理化在市场经济中可以较大地增强企业的竞争力。

（3）生产物流(Production Logistics)。生产物流包括从工厂的原材料购进入库起，直到把工厂成品库的成品发送出去为止的物流活动的全过程。生产物流和工厂企业的生产流程同步,企业在生产过程中,原材料、半成品等按照工艺流程在各个加工点之间不停地移动、流转形成了生产物流,如果生产物流中断,生产过程也将随之停顿。概括起来,生产物流是指在生产过程中,原材料、在制品、半成品、产成品等在企业内部的实体活动。生产物流的重要性体现在如果生产物流均衡稳定,可以保证在制品的顺畅流转,缩短生产周期;如果生产物流的管理和控制合理,也可以使在制品的库存得到压缩,使设备负荷均衡化。因此,生产物流的合理化对工厂的生产秩序和生产成本有很大影响。

(4) 回收物流(Returned Logistics)。回收物流是指不合格物品的返修、退货以及周转使用的包装容器从需方返回到供方所形成的物品实体流动。商品在生产及流通活动中有许多要回收并加以利用的物资,如作为包装容器的纸箱和塑料筐、建筑业的脚手架、旧报纸和书籍、金属废弃物等。

(5) 废弃物物流(Waste Material Logistics)。商品的生产和流通系统中所产生的无用的废弃物,如开采矿山时产生的土石、炼钢生产中的钢渣、工业废水以及其他各种无机垃圾等,已没有再利用的价值,如果不妥善处理,就会妨碍生产甚至造成环境污染。在对这类物资的处理过程中产生了废弃物物流。废弃物物流是指将经济活动中失去原有使用价值的物品,根据实际需要进行收集、分类、加工、包装、搬运、储存等,并分送到专门处理场所过程中形成的物品实体流动。为了更好地保障生产和生活的正常秩序,对废弃物资进行研究也显得十分重要。废弃物物流虽然没有经济效益,但是具有不可忽视的社会效益。

2. 按照物流活动空间范围分类

按照物流活动涉及的空间和范围不同,可以将物流分类为地区物流、国内物流和国际物流。

(1) 地区物流。地区物流指在地区内流动的物流。地区有不同的划分标准:可以按行政区域划分,如华东地区、华中地区等;可以按经济圈划分,如苏锡常地区、黑龙江边境贸易区等;也可以按地理区域位置划分,如长江三角洲地区、珠江三角洲地区等。

研究地区物流对于提高所在地区的企业物流活动的效率,以及保障当地居民的生活福利环境,具有不可或缺的作用。对地区物流的建设应根据所在地区的特点,从本地区的利益出发组织好相应的物流活动,充分考虑到利弊两方面的问题,妥善安排并与地区和城市的建设规划相统一。例如,某地区计划建设一个大型物流中心,这显然将提高当地的物流效率,降低物流成本,为当地稳定物价发展经济起到促进作用;但也会给当地管理部门带来一系列消极的问题,如由于供应点集中、货车来往频繁,产生大量的废气和噪声、交通堵塞等问题。因此,物流中心的建设不单是物流问题,还要从城市建设规划、地区开发计划出发,统一考虑,妥善安排。

(2) 国内物流。国内物流为国家的整体利益服务,在国家自己的领地范围内开展的物流活动称为国内物流。国内物流作为国民经济的一个重要方面,应该纳入国家总体规划的内容。我国的物流事业是社会主义现代化建设的重要组成部分,因此,国内物流的建设、投资和发展必须从全局着眼,清除部门和地区分割所造成的物流障碍,尽早建成一些大型物流项目为国民经济服务。

(3) 国际物流。不同国家之间和世界各大洲之间的物流称为国际物流。国际物流是伴随国际间投资、贸易活动和其他国际交流所发生的物流活动。由于二战后国际投资和贸易壁垒减少,国际分工日益深化,国际贸易规模迅速扩大,经济全球化和区域经济一体化速度加快,国际物流成为现代物流系统中发展最快、规模最大的一个物流领域,随着 Internet 这种无国界的信息媒介的扩展和电子商务的推广应用,国际物流的效率和规模得到进一步的提高和推广。

3. 按照物流系统性质分类

按照物流系统性质可将物流分为社会物流、行业物流和企业物流。

(1) 社会物流。社会物流是物流的主要研究对象,是指以全社会为范畴、面向广大用户、超越一家一户的物流,是企业外部物流活动的总称。社会物流涉及在商品的流通领域所发生的所有物流活动,因此社会物流带有宏观性和广泛性,也称为大物流或宏观物流。这种社会性很强的物流往往是由专门的物流承担人承担的。伴随商业活动的发生,物流过程通过商品的转移,实现商品的所有权转移,这是社会物流的标志。

(2) 行业物流。顾名思义,行业物流是指在一个行业内部发生的物流活动。同一个行业的各个企业往往在经营上是竞争对手,但为了共同的利益,在物流领域中却又常常互相协作,建立统一的行业标准和运作规范,以降低整个行业的物流成本,促进行业物流系统的合理化、科学化和标准化。例如,日本的建设机械行业提出行业物流系统化的具体内容为:各种运输手段的有效利用;建设共同的零部件仓库,实行共同集中配送;建立新旧设备及零部件的共同流通中心;建立技术中心,共同培训操作人员和维修人员;统一建设机械的规格等。

(3) 企业物流。在企业经营范围内,由生产或服务活动所形成的物流系统叫企业物流,是企业内部的物品实体流动。企业作为一个经济实体,是为社会提供产品或某些服务的。从企业角度上研究与之有关的物流活动,是具体的、微观的物流活动的典型领域。

7.1.3　物流活动的构成

物流活动由物资包装、装卸、运输、储存、流通加工、配送、物流信息等项工作构成。上述构成也常被称为"物流活动的基本职能"。

1. 包装活动

包装包括产品的出厂包装,生产过程中制品、半成品的包装以及在物流过程中换装、分装、再包装等活动。包装大体可分为商品包装与工业包装。

2. 装卸活动

装卸活动包括物资在运输、保管、包装、流通加工等物流活动中进行衔接的各种机械或人工装卸活动。

在全部物流活动中只有装卸活动伴随物流活动的始终。

3. 运输活动

运输活动是将物品进行空间的移动。物流部门依靠运输克服生产地与需要地之间的空间距离,创造商品的空间效用。

运输是物流的核心,因而在很多场合,把它作为整个物流的代名词。

4. 储存活动

储存活动也称为保管活动,是借助各种仓库,完成物资的保管、保养、堆码、维护等工作,以使物品的损坏程度最小。

保管活动是为了克服生产和消费在时间上的距离而形成的。物品通过储存活动产生了商品的时间效用。

5. 流通加工活动

流通加工活动又称为流通过程的辅助加工。

流通加工是在物品从生产者向消费者流动的过程中,为了促进销售、维护产品质量、实现物流的高效率所采取的使物品发生物理和化学变化的功能。

6. 配送活动

配送是按用户的订货要求,在物流据点进行分货、配货工作,并将配好的货物送交收货人的物流活动。

7. 物流信息活动

物流信息包括与上述各种活动有关的计划、预测、动态信息以及相关联的费用情况等。对物流信息的管理要求建立情报系统和情报渠道,正确选定情报科目和情报收集、汇总、统计、使用方法,以保证指导物流活动的可靠性和及时性。现代信息采用网络技术、电子计算机处理手段,为达到物流的系统化、合理化、高效化提供了技术条件。

7.1.4 物流的地位和作用

从物流活动的各个环节可以看出,物流具有生产性、社会性和服务性。无论是生产企业的物流还是流通领域的物流都是一样。物流具有生产性物流自始至终构成流通的物质内容,没有物流,也就不存在实际的物资流通过程,物资的价值和使用价值就不能实现,社会再生产就无法进行。因此,物流在社会的各个方面起着重要作用。

- 物流是国民经济的动脉,是连接国民经济各个部分的纽带。
- 物流是实现商品价值和使用价值的条件。
- 物流技术的进步与发展是决定国民经济生产规模和产业结构变化的重要因素。
- 合理的物流对提高全社会的经济效益起着十分重要的作用。

7.2 电子商务与现代物流

7.2.1 电子商务与物流的关系

随着电子商务的进一步推广与应用,物流的重要性对电子商务活动的影响日益明显。电子商务中的任何一笔交易都包含着以下几种基本的"流",即信息流、商流、资金流和物流。因此,物流是电子商务的重要组成部分。

电子商务的应用迅猛增长,推动了现代物流的发展,而现代物流也在促进电子商务的发展,可以说二者互相依存,共同发展。

一方面,现代物流是电子商务不可缺少的支撑体系,网上完成交易的货物必须通过现代物流系统送到购买者手中。
- 物流是实现电子商务的保证。
- 物流影响电子商务的运作质量。
- 物流是实现电子商务企业盈利的重要环节。

另一方面,现代物流的信息交易和组织管理也要借助电子商务的手段实现,从而使现代物流效率更高、物流资源利用更加充分。
- 电子商务将改变人们传统的物流观念。
- 电子商务将改变物流的运作方式。
- 电子商务将改变物流企业的经营形态。
- 电子商务将促进物流设施的改善和物流技术与物流管理水平的提高。

因此,现代物流与电子商务应协同发展、有机结合和集成应用,努力提高两者的整体水平。

7.2.2 电子商务物流的特点

电子商务时代的来临给全球物流带来了新的发展,使物流具备了一系列新特点。

1. 信息化

电子商务时代,物流信息化是电子商务的必然要求。物流信息化表现为物流信息的商品化、物流信息收集的数据库化和代码化、物流信息处理的电子化和计算机化、物流信息传递的标准化和实时化、物流信息存储的数字化等。因此,条码技术(Bar Code)、数据库技术(Database)、电子订货系统(Electronic Ordering System,EOS)、电子数据交换(Electronic Data Interchange,EDI)、快速反应(Quick Response,QR)、有效的客户反应(Effective Customer Response,ECR)、企业资源计划(Enterprise Resource Planning,ERP)等技术与观念在我国的物流中将会得到普遍的应用。信息化是一切的基础,没有物流的信息化,任何先进的技术设备都不可能应用于物流领域,信息技术及计算机技术在物流中的应用将会彻底改变世界物流的面貌。

2. 自动化

自动化的基础是信息化,自动化的核心是机电一体化,自动化的外在表现是无人化,自动化的效果是省力化,另外还可以扩大物流作业能力,提高劳动生产率,减少物流作业的差错等。物流自动化的设施非常多,如条码/语音/射频自动识别系统、自动分拣系统、自动存取系统、自动导向车、货物自动跟踪系统等。这些设施在发达国家已普遍用于物流作业流程中,而在我国由于物流业起步晚,发展水平低,自动化技术的普及还需要相当长的时间。

3. 网络化

物流领域网络化的基础也是信息化,这里的网络化有两层含义:一是物流配送系统的计算机通信网络,包括物流配送中心与供应商或制造商的联系要通过计算机网络,另外与下游顾客之间的联系也要通过计算机网络。比如,物流配送中心向供应商提出订单这个过程就可以使用计算机通信方式,借助于增值网(Value Added Network,VAN)上的电子订货系统(EOS)和电子数据交换技术(EDI)来自动实现,物流配送中心通过计算机网络收集下游客户订货的过程也可以自动完成。二是组织的网络化,即所谓的企业内部网(Intranet)。比如,台湾的计算机业在 20 世纪 90 年代创造出了"全球运筹式产销模式",这种模式的基本特点是按照客户订单组织生产,生产采取分散形式,即将全世界的计算机资源都利用起来,采取外包的形式将一台计算机的所有零部件、元器件、芯片外包给世界各地的制造商去生产,然后通过全球的物流网络将这些零部件、元器件和芯片发往同一个物流配送中心进行组装,由该物流配送中心将组装的计算机迅速发给客户。这一过程需要有高效的物流网络支持,当然物流网络的基础是信息、计算机网络。

物流的网络化是物流信息化的必然,是电子商务下物流活动的主要特征之一。当今世界 Internet 等全球网络资源的可用性及网络技术的普及为物流的网络化提供了良好的外部环境,物流网络化不可阻挡。

4. 智能化

这是物流自动化、信息化的一种高层次应用,物流作业过程大量的运筹和决策,如库存水平的确定、运输(搬运)路径的选择、自动导向车的运行轨迹和作业控制、自动分拣机的运行、物流配送中心经营管理的决策支持等问题都需要借助于大量的知识才能解决。在物流自动化的进程中,物流智能化是不可回避的技术难题。好在专家系统、机器人等相关技术在国际上已经有比较成熟的研究成果。为了提高物流现代化的水平,物流的智能化已成为电子商务下物流发展的一个新趋势。

5. 柔性化

柔性化本来是为实现"以顾客为中心"的理念而在生产领域提出的,但要真正做到柔性化,即真正地能根据消费者需求的变化来灵活调整生产工艺,没有配套的柔性化的物流系统是不可能达到目的的。20 世纪 90 年代,国际生产领域纷纷推出弹性制造系统、计算机集成制造系统、制造资源系统、企业资源计划以及供应链管理的概念和技术,这些概念和技术的实质是要将生产、流通进行集成,根据需求端的需求组织生产,安排物流活动。因此,柔性化的物流正是适应生产、流通与消费的需求而发展起来的一种新型物流模式。这就要求物流配送中心要根据消费需求"多品种、小批量、多批次、短周期"的特色,灵活组织和实施物流作业。

另外,物流设施、商品包装的标准化,物流的社会化、共同化也都是电子商务下物流模式的新特点。

7.2.3 电子商务物流系统的组成

电子商务下的物流系统由物流作业系统和物流信息系统两部分组成。

1. 物流作业系统

物流作业系统是指在商品的运输、保管、搬运、包装、流通加工等作业中使用各种先进的手段和技术,将商品的生产点、物流点、运输配送路线和运输手段组成一个合理有效的网络系统,并以此来提高物流活动的效率。上述运输及保管环节解决了供给者与需求者之间场所和时间的分离,实现物流系统中创造"场所效用"(也称空间效用)及"时间效用"的功能,因而在物流系统中处于主要的地位。

2. 物流信息系统

物流信息系统是电子商务物流的重要特征。物流信息系统是指在保证商品的采购订货、进货、库存保管、出货和商品配送过程的信息通畅的基础上,使通信据点、通信线路、通信手段网络化,从而提高物流作业系统的效率。

物流信息系统中流动的信息包括上述各作业环节中有关计划、预测、动态(运量、收、发、存数)的信息及有关的费用、生产以及市场信息,并对这些信息进行收集、汇总、统计,以保证其可靠性和及时性。

信息流反映了一个物流系统的动态,不准确的信息和作业过程中的延迟都会降低物流系统的效率。因此,物流信息的质量和及时性是物流作业的关键因素。

7.3 电子商务的物流配送

当前,电子商务发展中遇到的最大障碍就是金融与物流配送,就金融而言,如何安全可靠地在网上实行资金支付,进行网上信用证、支票、现金清算、转账结算、资金划拨、存贷等业务是人们所担心的焦点,它是电子商务能否成功的关键。目前,随着网络安全技术(如加密技术、防火墙、身份鉴定、数字签名等)进一步提高,银行、保险等金融部门对网络化的加速实施,金融部门在任何时候、任何地点、以任何方式为客户提供网络金融服务将很快得到实现。金融问题解决后,电子商务能否成熟完善地开展就集中在物流配送问题上了。

电子商务模式下,需求商与供应商、消费者与生产商直接交易虽然少了中间环节从而降低了成本,但却产生了这样一个问题:由于需求商往往需要多批次、少批量的货物,消费者所购的更是少而单一,而且供求双方所在地也不知是在天涯还是在海角,所以要想快速、低廉地将产品交付,除非供需双方距离很近,否则是绝难做到的。解决这个问题的办法是建立一整套能够进行集成化、规模化的运输配送体系。

7.3.1 电子商务物流配送的概念和特征

1. 物流配送

物流配送是指在经济合理的区域范围内,根据用户要求,对物品进行拣选、加工、包装、分割、组配等作业,并按时送达指定地点的物流活动。

配送几乎包括所有的物流功能要素,是物流的一个缩影或在某个小范围中物流全部活动的体现。一般的配送集装卸、包装、保管、运输于一身,通过这一系列活动将货物送达目的地。特殊的配送则还要以配送加工活动为支撑(如生鲜食品),因此涉及的范围更广。但我们并不能将配送等同于物流。因为,配送强调的是一种小范围、短距离的物流活动。同时,配送的主体活动也和一般物流不同。一般物流活动的主要工作是运输及存储,而配送则是运输及分拣配货,分拣配货是配送的独特要求,也是配送中有特点的活动,以送货为目的的运输则是最后实现配送的主要手段。物流配送的一般流程如图 7-1 所示。

图 7-1 物流配送的一般流程

2. 电子商务下的物流配送

电子商务下的物流配送就是信息化、现代化、社会化的物流配送。它是指物流配送企业采用网络化的计算机技术和现代化的硬件设备、软件系统及先进的管理手段，针对社会需求，严格、守信用地按用户的订货要求，进行一系列分类、编配、整理、分工、配货等理货工作，定时、定点、定量地交给没有范围限度的各类用户，满足其对商品的需求。

电子商务下的物流配送较传统的物流配送方式更容易使货畅其流，物尽其用，既减少了生产企业库存，加速资金周转，提高物流效率，降低物流成本，又刺激了社会需求，有利于整个社会的宏观调控，也提高了整个社会的经济效益，促进市场经济的健康发展。

3. 电子商务物流配送的特征

电子商务物流配送除具备传统物流配送的特征外，还具备以下基本特征。

（1）物流配送反应速度快。电子商务下，物流配送服务提供者对上游、下游的物流配送需求的反应速度越来越快，前置时间越来越短，配送时间越来越短，物流配送速度越来越快，商品周转次数越来越多。

（2）物流配送功能集成化。电子商务物流配送着重于将物流与供应链的其他环节进行集成，包括物流渠道与商流渠道的集成、物流渠道之间的集成、物流功能的集成、物流环节与制造环节的集成等。

（3）物流配送服务系列化。电子商务下，物流配送除强调物流配送服务功能的恰当定位与完善化、系列化，除了传统的储存、运输、包装、流通加工等服务外，还在外延上扩展至市场调查与预测、采购及订单处理，向下延伸至物流配送咨询、物流配送方案的选择与规划、库存控制策略建议、货款回收与结算、教育培训等增值服务；在内涵上提高了以上服务对决策的支持作用。

（4）物流配送作业规范化。电子商务下的物流配送强调功能作业流程、作业、运作的标准化和程序化，使复杂的作业变成简单的易于推广与考核的运作。

（5）物流配送目标系统化。电子商务物流配送从系统角度统筹规划一个公司整体的各种物流配送活动，处理好物流配送活动与商流活动及公司目标之间、物流配送活动与物流配送活动之间的关系，不求单个活动的最优化，但求整体活动的最优化。

（6）物流配送手段现代化。电子商务下的物流配送使用先进的技术、设备与管理为销售提供服务，生产、流通、销售规模越大、范围越广，物流配送技术、设备及管理越现代化。

（7）物流配送组织网络化。为了保证对产品促销提供快速、全方位的物流支持，物流配送要有完善、健全的物流配送网络体系，网络上点与点之间的物流配送活动保持系统性、一致性，这样可以保证整个物流配送网络有最优的库存总水平及库存分布，运输与配送快捷、机动，既能铺开又能收拢。分散的物流配送单体只有形成网络才能满足现代生产与流通的需要。

（8）物流配送经营市场化。电子商务物流配送的具体经营采用市场机制，无论是企业自己组织物流配送，还是委托社会化物流配送企业承担物流配送任务，都以"服务—成本"的最佳配合为目标。

（9）物流配送流程自动化。物流配送流程自动化是指运送规格标准、仓储货、货箱排列装卸、搬运等按照自动化标准作业、商品按照最佳配送路线等。

(10) 物流配送管理法制化。宏观上,要有健全的法规、制度和规则;微观上,新型物流配送企业要依法办事,按章行事。

3. 电子商务物流配送中心的运作类型

配送中心是指为了实现物流系统化、效率化,在社会物流中心下专门从事商业配送业务的物流基地,也称物流中心、流通中心、配送中心、集配中心等。配送中心作为专门从事货物配送活动的经济实体,随着市场经济的不断发展,商品流通规模的日益扩大,其数量也在不断增加。根据配送中心的功能不同、服务范围不同、服务对象不同,对配送中心可以有几种不同的分类方法。

(1) 按运营主体的不同,可分为四种类型。

- 以制造商为主体的配送中心。这种配送中心里的商品是由自己生产制造的,用以降低流通费用、提高售后服务质量和及时地将预先配齐的成组元器件运送到规定的加工和装配工位。从商品制造到生产出来后条码和包装的配合等多方面都较易控制,所以按照现代化、自动化的配送中心设计比较容易,但不具备社会化的要求。
- 以批发商为主体的配送中心。一般是按部门或商品类别的不同,把每个制造厂的商品集中起来,然后以单一品种或搭配向消费地的零售商进行配送。这种配送中心的商品来自各个制造商,它所进行的一项重要活动是对商品进行汇总和再销售,而它的全部进货和出货都是社会配送的,社会化程度高。
- 以零售业为主体的配送中心。零售商发展到一定规模后,就可以考虑建立自己的配送中心,为专业商品零售店、超级市场、百货商店、建材商场、粮油食品商店、宾馆饭店等服务。社会化程度介于前两者之间。
- 以仓储运输业者为主体的配送中心。这种配送中心最强的是运输配送能力,地理位置优越,如港湾、铁路和公路枢纽,可迅速将到达的货物配送给用户。它提供仓储储位给制造商或供应商,而配送中心的货物仍属于制造商或供应商所有,配送中心只是提供仓储管理和运输配送服务。这种配送中心的现代化程度往往较高。

(2) 按物流配送的模式不同,可分为三种类型。

- 集货型配送模式的配送中心。该种模式主要针对上家的采购物流过程进行创新而形成。其上家生产具有相互关联性,下家互相独立,上家对配送中心的依存度明显大于下家,上家相对集中,而下家分散,具有相当的需求。同时,这类配送中心也强调其加工功能。此类配送模式适于成品或半成品物资的推销,如汽车配送中心。
- 散货型配送模式的配送中心。这种模式主要是对下家的供货物流进行优化而形成的。上家对配送中心的依存度小于下家,而且配送中心的下家相对集中或有利益共享(如连锁业)。采用此类配送模式的流通企业,其上家竞争激烈,下家需求以多品种、小批量为主要特征,适于原材料或半成品物资配送,如机电产品配送中心。
- 混合型配送模式的配送中心。这种模式综合了上述两种配送模式的优点,并对商品的流通全过程进行有效控制,有效克服了传统物流的弊端。采用这种配送模式的流通企业规模较大,具有相当的设备投资,如区域性物流配送中心。在实际流通中,多采取多样化经营,降低了经营风险。这种运作模式比较符合电子商务物流配送的要求(特别是电子商务下的物流配送)。

很多传统的物流配送中心往往是某一企业为给本企业或本系统提供物流配送服务而建立起来的,有些配送中心虽然也有为社会服务的,但同电子商务下的物流配送所具备的真正社会性相比,具有很大的局限性。

4. 电子商务下物流配送中心应具备的条件

(1) 高水平的企业管理

只有通过合理的科学管理制度、现代化的管理方法和手段,才能确保物流配送中心基本功能和作用的发挥。

(2) 专业的物流人才

物流配送中心要求必须配备数量合理、具有一定专业知识和较强组织能力、结构合理的决策人员、管理人员、技术人员和操作人员,以确保新型物流配送中心的高效运转。

(3) 合理高效的装备配置

物流配送中心面对众多用户的商品配送任务,要求必须配备现代化装备和应用管理系统,具备必要的物质条件,尤其是要重视计算机网络的运用和自动化设备,如现代化的配送设施和配送网络,自动分拣输送系统,立体仓库,水平、垂直、分层、分段旋转货架,AGV 自动导向系统,商品条码分类系统,悬挂式输送机等新型大规模的物流配送机械系统,以提供更完美的服务,在多用户、多品种、少批量、高频度、准确、迅速、灵活等服务方面具有独特的优势。

7.3.2 物流配送流程

物流配送流程是指物流配送中一系列物流配送作业按照一定顺序排列而成的连贯环节的集合。这种集合具有交集的一些特征,但不仅仅是交集的那部分,还包含了原来的整个作业环节,如图 7-2 所示。

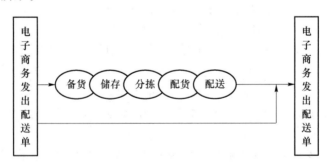

图 7-2 物流配送流程

物流配送方案既要充分考虑有利因素,又要考虑操作上的可能性。物流配送方案是对将要进行的物流配送设计分配配送量的方法,有以下六条基本原则。

1. 适用性原则

适用性原则要求物流配送方案必须适合特定的商品和企业,也就是说要为不同的企业量身定制物流配送方案。

2. 最小费用原则

这是物流配送方案的最基本原则。物流配送优势之一就是节约成本,任何物流配送方案设计都应该降低企业的整体成本。

3. 最大配送量原则

在不增加物流配送成本的前提下,追求资源配置的最大化。最大配送量原则给车辆配载提出了更高的要求,一方面要将商品的物流属性,尤其是规格属性汇总并计算出商品的总体积;另一方面,需要有空间设计能力,合理利用车厢体积。

4. 网络化原则

把各个配送中心、配送点连成一个物流配送网络。多点配送的联网使物流配送实现了及时调拨,快速地将商品送到消费者手中,缩短了从电子商务订货到收到商品的时间。

5. 就近原则(即就近配送)

决定物流配送网络上哪个节点是最靠近配送目的地的,有无足够库存。配送完成后,通过其他节点的调拨来补充该节点的库存。

6. 短路化原则

考虑车辆调度的方便性、适用性以及降低配送成本。一方面提高了效率,加快了商品配送速度;另一方面减少了车辆耗费,延长了车辆的使用寿命。

7.4 物流管理的目标

物流系统的目的在于以速度(Speed)、安全(Safety)、可靠(Surely)、低费用(Low)的 3S1L 原则,即以最少的费用,提供最好的物流服务,按交货期将所订货物适时而准确地交给用户。

1. 快速响应

这是企业物流作业目标中最基本的要求。快速响应关系到一个企业能否及时满足客户的服务需求。快速响应的能力使企业将物流作业传统上强调的根据预测和存货情况作出计划,转向了以小批量运输的方式对客户需求作出反应。快速响应要求企业具有流畅的信息沟通渠道和广泛的合作伙伴支持。这样才能在更短的时间内解决客户的问题,满足客户的需求。

2. 减少故障

故障是指破坏系统作业表现的任何未预期到的事件,它可以产生于物流作业的任何地方。比如,空运作业因为天气原因受到影响,铁路运输作业因为地震等灾害受到影响,顾客收到订货的期望时间被延迟,制造产品过程中发生意想不到的损坏,货物到达顾客所在地时发现受损,或者把货物交付到不正确的地点等,所有这一切都将使物流作业时间遭到破坏,对此必须予以解决。减少故障的传统办法是建立安全存货,或者使用高成本的运输方式。

不过,上述两种方式都将增加物流成本,为了有效地控制物流成本,目前多采用信息技术以实现主动的物流控制,这样故障在某种程度上就可以被减少到最少。

3. 最低库存

这是企业物流作业目标中最核心的要求。最低库存的目标同资产占用和相关的周转速度有关。最低库存越小,资产占用就越少;周转速度越快,资产占用也越少。因此,物流系统中存货的财务价值占用企业资产也就越低。在一定时间内,存货周转率与存货使用率相关。存货周转率高,意味着投放到存货上的资产得到了有效利用。

企业物流作业的目标就是要以最低的存货满足客户需求,从而实现物流总成本最低。随着物流经理将注意力更多地放在最低库存的控制上,类似"零库存"之类的概念已经从戴尔这样的国际大公司向众多公司中转移并得到实际应用。当存货在制造和采购中达到规模经济时,它能提高投资回报率。

为实现最低存货的目标,物流系统设计必须是对整个企业的资金占用和周转速度进行控制,而不是对每一个单独的业务领域进行控制。

4. 整合配送运输

整合配送运输是企业物流作业中实施运输成本控制的重要手段之一。运输成本与运输产品的种类、运输规模和运输距离直接相关。许多具有一流服务特征的物流系统都采用的是高速度、小批量运输,这种运输通常成本较高。为降低成本,可以将运输整合。一般而言,运输量越大、距离越长,单位运输成本就越低。因此,将小批量运输集中起来以形成大规模的经济运输不失为一种降低成本的途径。不过,集中运输往往降低了企业物流的响应时间。因此,企业物流作业必须在集中运输与响应时间方面综合权衡。

5. 改善物流质量

物流作业本身就是在不断地寻求客户服务质量的改善与提高。目前,全面质量管理(TQM)已引起各类企业的高度关注,自然,物流领域也不例外。从某种角度说,TQM还是物流得以发展的主要推动力之一。因为事实上一旦货物质量出现问题,物流的运作环节就要全部重新再来。如运输出现差错或运输途中货物损坏,企业不得不对客户的订货重新操作,这样一来不仅会导致成本的大幅增加,而且还会影响客户对企业服务质量的评价,因此企业物流作业对质量的控制不能有半点马虎。物流本身必须符合所需要的质量标准,从而实现"零缺陷"服务要求。

6. 生命周期支持

绝大多数产品在出售时都会标明其使用期限。若超过这个期限,厂商必须对渠道中的货物或正在流向顾客的货物进行回收。之所以将产品回收回来是出于严格的质量标准、产品品有效期、产品可能出现的危险后果等方面的考虑。当货物潜藏有危害人身健康的因素时,不论成本大小,反向物流必然发生。如果不仔细地审视反向的物流需求,就无法制定良好的物流战略。

传统的物流作业要求同时达到上述物流作业的目标比较困难,而市场的激烈竞争又要求对物流作业的全新目标几乎都要同时满足,因此就要求企业必须对物流作业的各个环节进行高效整合。

案例

世界第一大零售商沃尔玛的高效率物流配送

沃尔玛的供应商根据各分店的订单将货品送至沃尔玛的配送中心,配送中心则负责完成对商品的筛选、包装和分检工作。沃尔玛的配送中心具有高度现代化的机械设施,送至此处的商品85%都采用机械处理,这就大大减少了人工处理商品的费用。同时,购进商品数量庞大,使自动化机械设备得以充分利用,规模优势充分显现。

沃尔玛拥有几十年的历史,如今在全球拥有几千家连锁店。高效的物流配送体系是沃尔玛制胜的法宝之一。

迅速的运输系统

沃尔玛的机动运输车队是其供货系统的一个无可比拟的优势。在1996年的时候,沃尔玛就已拥有了30个配送中心、2 000多辆运货卡车,保证进货从仓库到任何一家商店的时间不超过48小时,相对于其他同业商店平均每两周补货一次,沃尔玛可保证分店货架平均每周补两次。快速的送货使沃尔玛各分店即使只维持极少存货也能保持正常销售,从而大大节省了储存空间和费用。由于这套快捷运输系统的有效运作,沃尔玛85%的商品通过自己的配送中心运输,而凯马特只有5%,其结果是沃尔玛的销售成本低于同行业平均销售成本2%~3%,成为沃尔玛全年低价策略的坚实基石。

先进的卫星通信网络

沃尔玛巨资建立的卫星通信网络系统使其供货系统更趋完美。这套系统的应用使配送中心、供应商及每一分店的每一销售点都能形成连线作业,在短短数小时内便可完成"填妥订单—各分店订单汇总—送出订单"的整个流程,大大提高了营业的高效性和准确性。

7.5 实　　训

1. 结合本章内容,登录相关网站,查询国内外电子商务物流的发展现状,写出调查报告。
2. 上网了解中国海尔集团的物流配送情况,分析物流配送中心在传统企业实施电子商务中的作用。
3. 登录宝供物流企业集团公司的网站和中国物流企业网,了解他们的运营模式和服务功能。

思　考　题

1. 简述物流的含义和分类。
2. 简述电子商务与物流的关系。
3. 物流活动的要素有哪些?
4. 电子商务下的物流有哪些特点?

5. 为什么说现阶段物流是电子商务的一大瓶颈？
6. 什么是配送中心？它起什么作用？
7. 配送中心的类型有哪些？
8. 电子商务物流管理的主要目标有哪些？

第 8 章 网络支付与结算

8.1 网络支付与结算概述

8.1.1 支付工具的演变和发展

随着人类社会经济和技术的发展,支付工具作为商品交换和贸易发展的产物,经历了实物支付、信用支付和电子支付三个阶段,承载支付工具不断演变的载体——货币也从实物货币、信用货币,发展到了电子货币。

实物支付阶段,前期一般由牛、羊等作为支付货币,后期则由黄金、白银作为一般等价物进行更为普遍的支付与结算。

特别注意的是,支付工具是商品交换和贸易发展到了一定阶段的必然产物,在原始社会初期及中期的旧石器时代,"食不果腹,衣不蔽体"是一种生活常态,生存是人类的最大问题,故旧石器时代不存在物物交换的基础,直至母系氏族公社阶段,产品偶尔出现剩余,个别、偶然、最为原始的"物物交换"开始出现。

信用支付阶段,典型的信用货币是纸币,因纸币使用方便、便于携带和匿名交易等优点,该阶段现金交易最为频繁,但因现金易磨损、易伪造、易丢失、易被盗和仅适合小额交易,且安全性和便利性存在问题,故后期出现了汇票、本票和支票等其他信用货币。

银行业对汇票、本票和支票有着具体的定义范围。汇票可以理解为是一张命令书,是指由出票人签发的,委托付款人见票时或者在指定日期无条件支付确定的金额给收款人或者出票人的票据;本票可以理解为一张欠条,是指由出票人签发的,承诺自己在见票时无条件支付确定的金额给收款人或者持票人的票据;支票可以理解为一种特殊的命令书,是指由出票人签发的,委托办理支票存款业务的银行或者其他金融机构在见票时无条件支付确定的金额给收款人或者持票人的票据。

电子支付阶段,也是目前人类处于的阶段,其支付工具被称为电子货币。电子货币本质上就是一种使用电子数据信息表达,通过计算机通信网络进行金融交易的货币。这种货币在形式上已经与纸币等实物形式无关,而表现为一串串的特殊电子数据。随着 20 世纪末 Internet 在全球的普及应用,电子货币越发体现出"网络货币"的特点,即以 Internet 为基础,以计算机技术和通信技术为手段,以电子数据形式存储在计算机中,并且通过计算机网络系统传递,实现其流通和支付功能。

电子货币与传统的实物货币和信用货币相比,优点显著。电子货币的使用和流通更加方便与快捷,而且安全、成本低,尤其是商务间远距离的大笔资金流动。发展到现在,电子货币已和人们的生活密切相关,银行的存款、贷款、汇款等到柜台服务大都借助于计算机网络系统实现,代发工资、代收费、储蓄通存通兑、银行卡、电子支票、电子现金等多种银行业务就是电子货币的各种表现形式。电子货币的出现彻底改变了银行传统的手工记账、手工算账、邮寄纸质凭据等烦琐复杂的操作方式。同时,电子货币的广泛使用也给普通消费者在购物、饮食、旅游和娱乐等方面的付款带来了更多的便利,特别是在如今网络经济时代里的电子商务活动中。电子货币,可以说是货币史上的一次重大变革,这个变革直接由以计算机为代表的电子信息技术在近几十年的巨大进步所发动。

8.1.2 网络支付与结算简介

网络支付与结算是电子支付阶段的高级支付方式,是指电子商务的当事人,包括客户、商家、银行等金融机构等,使用安全的电子支付手段通过网络进行的货币支付或资金流转行为。

自 20 世纪 90 年代互联网在世界范围内的普及和电子商务的深入发展,网络支付与结算悄然兴起,覆盖领域日益广泛,用户规模迅速增长。CNNIC 2020 年 4 月发布的《第 45 次中国互联网络发展状况统计报告》显示:截至 2020 年 3 月,我国网络支付用户规模实现历史新高,达 7.68 亿,占网民整体的 85.0%,其中,手机网络支付用户规模达 7.65 亿,半年来增长显著,占手机网民的 85.3%。2015 年 12 月—2020 年 3 月网络支付用户规模及使用率和手机网络支付用户规模及使用率分别如图 8-1 和图 8-2 所示。

图 8-1　2015 年 12 月—2020 年 3 月网络支付用户规模及使用率

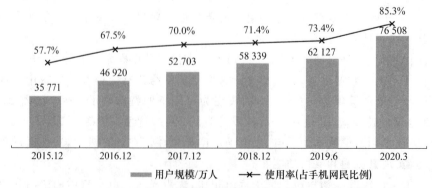

图 8-2　2015 年 12 月—2020 年 3 月手机网络支付用户规模及使用率

8.1.3 网络支付与结算方式分类

数字无线通信改变了我们与世界连接的方式。与不断涌现出的各种网上服务相适应的新支付方式使用的方便性及机动性将成为网络支付与结算迅速发展并获得成功的关键因素。

在现今的社会中,正在发展的网络支付与结算方式有以下几种分类方法。

1. 按电子商务网络支付与结算金额等级分类

根据电子商务中网络支付与结算的金额大小,可以将网络支付与结算分为如下三类。

(1) 微支付

微支付是指在 Internet 应用中,经常发生一些小额的资金支付,大约少于 5 美元。例如,Web 站点为用户提供有偿的搜索服务、下载一段音乐、发送一个短消息等。目前短消息费用从手机费扣除就可理解为微支付,因为这么小的费用很难采用一般的支付方式满足。由于网络的快速普及,这样的小额资金支付经常发生。因此,企业与银行发展一个良好的微支付系统将大大有利于数目众多的小额网络服务的开展,特别是在普通大众中进行电子商务业务的推广。

中国移动推出的手机短消息收费策略为每次短消息费用从手机费直接扣除,手机的 SIM 卡、IC 卡就像一个装满了零钱的钱包一样,支付起来很方便,对企业结算也方便。这正是短消息应用推广的原因之一。如果换成每次面对面进行支付结算,那么短消息虽好,谁又愿意这么麻烦呢?如果这样结算,中国移动的短消息运作成本也很高,估计中国移动也不会开展。

(2) 消费者级支付

满足个人消费者和商业(包括企业)部门在经济交往中一般性支付需要的支付服务系统,亦称小额零售支付系统,通常满足价值在 5~100 美元之间的网络业务支付,中国相应为 5~1 000 元人民币。由于金额不大不小的一般性网络支付业务在日常事务中是最多的,小额支付处理的支付交易金额虽不是很大,但支付业务量很大(占总支付业务数量的 80%~90%)。所以,所有这类系统必须具有极大的处理能力,才能支持经济社会中发生的大量支付交易。

(3) 商业级支付

这种网络支付方式是按美国标准发生的支付金额服务系统,亦称中大额资金转账系统。通常为价值大于 1 000 美元的业务,这是一个国家网络支付系统的主动脉。

一般来说,跨行之间、银行与企业间发生的支付金额较大,安全可靠性要求高,这些支付属于中大额支付系统处理的业务,占社会支付总额的 80% 以上。常见的商业级网络支付方式主要有金融 EDI(FEDI)、电子汇兑系统、电子支票、CNAPS、企业网络服务等。

2. 按照开展电子商务的实体性质分类

电子商务的主流分类方式就是按照开展电子商务的实体性质分类,即分为 B2B、B2C、C2C、C2B 等类型。根据这些不同类型的电子商务实体实力、资金流通量大小和一般支付习惯等来考虑,可以按照开展电子商务的实体性质把当前的网络支付与结算方式分为以下两类。

(1) B2C 型网络支付方式

这是企业与个人、政府部门与个人、个人与个人进行网络交易时采用的网络支付方式，例如信用卡网络支付、IC 网卡支付、电子现金支付及最新的个人网络银行支付等。这些方式的特点就是适用于不是很大金额的网络交易支付结算，应用起来较为方便，实施也较为简单，风险也不大。

(2) B2B 型网络支付方式

这是企业与企业、企业与政府部门进行网络交易时采用的网络支付方式。这种支付方式的特点就是适用于较大金额的网络交易支付结算。典型的 B2B 型网络支付方式包括电子支票网络支付模式、电子汇兑系统、国际电子支付系统 SWIFT 和 CHIPS 等。中国国家现代化支付系统 CNAPS 和企业网络银行服务等都归于 B2B 型网络支付方式，其主要有以下几个方面的原因。

① 它们的确可以为 B2C 类电子商务进行支付结算，只不过现在交易事务与支付结算事务发生了分离。

② 银行金融专用网也是大众化的网络支付平台的一部分，随着新一代的网络如 IPv6 的使用，银行金融专用网、EDI 网与 Internet 有融合的趋势。

③ 为了适应企业间多样化服务的需求，银行等金融机构的企业网络银行功能正在逐步得以完善，以支持基于网络平台的电子商务的支付与结算。

但上述 B2C 型网络支付方式和 B2B 型网络支付方式之间的界限也是模糊的，并不绝对。比如信用卡虽多用于个人网络支付，但用于企业间的小额支付结算也是可以的。所以，不要把一些问题看绝对了，应着重关注其主要应用层面。

3. 按支付数据流的内容性质分类

电子货币在进行支付时，用电子支票与用电子现金支付在网络平台上传输的数据流的内容性质是有区别的。例如，收到 100 万元的纸制现金给人的感觉是收到了真正的 100 万元"现金"，而收到了 100 万元纸制支票好像只是收到了可以得到 100 万元"金钱"的指令一样。

所以，根据电子商务流程中用于网络支付结算的数据流的内容性质不同，即传递的是指令还是具有一般等价物性质的电子货币本身，可将网络支付与结算分为如下两类。

(1) 指令传递型网络支付方式

网络支付的支付指令是指启动支付与结算的电子化指令，即一串数据流指令。支付指令是指启动支付与结算的口头书面命令。指令传递型网络支付方式主要有银行网络转拨指令方式(EFT、CHIPS 和 SWIFT、电子支票、网络银行、金融电子数据交换等)、信用卡支付方式等。

(2) 电子现金传递型网络支付方式

电子现金结算机制的主要原理是，用户可从银行账户中提取一定数量的电子现金，把电子资金保存在一张卡(比如智能卡)或者用户计算机中的某部分。这时，消费者拥有真正的电子"货币"。他能在网络上直接把这些电子现金按相应支付数据转拨给另一方，如消费者、银行或供应商。

这样的网络支付与结算方式有两类：一类是依靠智能卡或电子钱包提供安全和其他特征的系统，以及严格基于软件的电子现金系统；另一类是数额特别小的电子商务交易，需要一种特殊的成本很低的网络支付策略。

8.1.4 常见的网络支付工具

常见的网络支付工具有银行卡、储值卡、虚拟货币和电子支票等。

1. 银行卡

银行卡是由银行发行、供客户办理存取款等金融业务的支付工具,主要分为借记卡、贷记卡和准贷记卡。借记卡可在网络、POS机、ATM上消费,不能透支,卡内的余额默认按活期存款计付利息;贷记卡在一定信用额度内可先消费后付款,具有一定的免息还款期;准贷记卡存款有息,可转账结算、存取现金和信用消费等,亦可先消费后付款,但不存在免息还款期。

2. 储值卡

储值卡是由非金融机构发行的具有电子钱包性质的多用途卡种,先存款储值后零散消费,如当当图书卡、IC卡、校园卡和购物卡等。

3. 虚拟货币

虚拟货币支付前,需要交易双方首先在电子商务平台账户有存款或第三方支付机构交易平台开立虚拟账户,如账户余额、支付宝支付、微信支付、连连支付、PayPal支付等。

4. 电子支票

电子支票是将传统支票的全部内容电子化,形成标准格式的电子版,借助互联网完成客户之间、银行之间或客户和银行间的传递与处理,最终实现银行客户间的资金支付结算。

8.2 国内外网络支付发展情况

8.2.1 国内网络支付发展情况

目前,中国基本上已经建成了八类电子支付结算系统。这些系统的相互配合与应用不但形成了中国的现代化电子支付与电子银行体系,而且基本上也能直接或间接地为基于国内Internet平台的电子商务提供支付结算服务,这也是中国目前发展网络支付结算方式的基础。

1. 同城结算所

同城结算所又称"本埠结算",是"异地结算"的对称,指同一县、市(或城镇)范围内,各单位之间经济往来的转账结算。我国的结算管理体制规定,同城结算由各省、直辖市、自治区的银行根据统一的结算原则,结合各地的具体情况。目前,我国的同城结算方式有现金支票、转账支票、定额支票、定额银行本票和不定额银行支票等方式。同城结算方式均规定金额起点,不足起点的收付,银行不予受理,由单位使用现金结算。对电话费、水费、电费均可根据情况降低金额起点。对各级财政部门、财政金库应付款项签发的支款凭证可不受金额起点的限制。

同城结算所分布在中心城市、县城与乡镇中,以完成同城的跨行支付或异地跨行支付。在中国,由作为中央银行的中国人民银行拥有和运行同城结算所业务,对参与票据交换的成员,银行进行监督和提供结算服务。一般来讲,在支付业务量大的地方,一天进行两次交换,每天上、下午都交换一次。余额结算采取净额方式,资金次日抵用。

到目前为止,虽然绝大多数同城结算仍是实物票据(如纸质支票)交换,但比较发达的城市同城结算所已经开始采用电子化或网络化手段交换支付信息,实现自动化或网络化处理,同城结算的自动化水平正在迅速提高。

2. 全国电子联行系统

全国电子联行系统(Electronic Inter-bank System, EIS)是中国人民银行实现支付系统现代化与电子化的第一次尝试。目的是要克服由于纸质票据传递迟缓和清算流程过分烦琐造成大量在途资金的问题,加速资金周转,减少支付风险。

全国电子联行系统是一个分散式处理系统,其所有账务活动都发生在人民银行分/支行,即发报行和收报行。全国总中心主要作为报文信息交换站。因此,全国电子联行系统目前只办理人民银行各分/支行以及在人民银行各分/支行开设账户的商业银行分行之间的贷记转账。

3. 电子汇兑系统

电子汇兑系统主要是商业银行面向行内机构采用电子化方式进行资金汇兑业务处理的系统。

各商业银行的电子资金汇兑系统具有大致相同的框架结构,业务处理流程也基本相同。与原来的手工联行系统相比,电子支付指令经各级处理中心进行交换,取代了在发起行和接收行之间直接交换纸质票据的环节,因而支付清算速度大大加快。

电子汇兑系统具有多级结构。一般情况下,该系统有全国处理中心、几十个省级处理中心、数百个城市处理中心和上千个县级处理中心。一家分行必须在每级处理中心开设单独的账户,各级分行接受纸凭据支付项目,将纸票据截留后以电子方式发往相应的处理中心,处理中心在当天或第二天营业前将净额结算通告分支机构。电子汇兑系统除了提供支付清算服务之外,还要被用来收集有关信息,以加强银行管理。

在电子汇兑系统的各级处理中心,通信网络大都采用X.25公共数据网、帧中继网络或租用专线。这些商业银行电子汇兑系统的建立为实现中国商务级的网络支付提供了基础。

4. 银行卡支付系统

银行卡包括信用卡、储蓄卡、借记卡等,正迅速深入中国社会生活的各个层面。中国的商业银行都先后建立了各自的地区性和全国性的银行卡授权和支付系统。

目前,把带有"银联"标识的银行称为银联卡。银联卡就是由中国人民银行规定,加印"银联"标识的由各商业银行发行的银行卡,它符合中国人民银行规定的统一业务规范和技术标准。"银联"标识推出的主要目的是为各种自动柜员机ATM和销售点终端机POS受理各商业银行发行的银行卡提供一种统一的识别标志,以便不同银行发行的银行卡能够在带有"银联"标识的ATM和POS上通用,即实现互联互通,为广大持卡消费者提供方便、快捷、安全的金融服务。

与发达国家相比,中国的信用卡总量还较少,人均更少,乐于使用银行卡进行网络支付的人就更少,并且银行卡网络支付系统服务水平也还有一定差距。不管怎么说,目前庞大的银行卡电子网络与中国银联的成立都为推进银行卡网络支付在中国的进一步发展提供了很好的条件。

5. 中国国家现代化支付系统

中国国家现代化支付系统(China National Advanced Payment System,CNAPC)是中国人民银行正在建设与试推广的,集金融支付服务、资金清算服务、金融经营管理和货币政策职能于一体的现代化支付清算系统。

CNAPS试点工程于1997年6月启动以来,在各方面已取得了重大进展,特别在保证互联互通、互为备份的基础网络设施方面。

(1) 建设CNAPS的技术基础设施,即覆盖全国的金融数据通信网。这一技术基础设施称为中国国家金融通信网(CNFN),目前已基本完成。

(2) 开发一整套CNAPS支付应用处理系统。其中包括基于RTGS方式的大额支付系统、小额批量电子支付系统、银行卡授权系统、政府证券系统。此外,同城票据交换所将继续作为CNAPS的一个应用系统存在,但自动化程度会大大提高。

(3) CNAPS的大额资金转账系统是支付应用系统的核心。大额系统将采用RTGS方式,为跨行资金转账、金融市场、证券市场、外汇市场提供当日资金结算。它不为小额支付系统BEPS、同城结算所LCHS、银行卡支付清算及由商业银行运行的多个电子汇兑系统提供日终净额结算。

(4) "CNAPS与商业银行的接口"系统的基本内容是,将各商业银行现有的支付交易电子数据准确、安全、实时地转换成CNAPS的电子数据格式,以便CNAPS及时为其进行支付交易清算服务;也是各商业银行访问CNAPS电子数据的手段,达到CNAPS系统与商业银行系统双向通信的目的。

(5) CNAPS的发展是从中国金融电子化与信息化的国情与需求出发的。它借鉴了其他发达国家的先进经验,其建成后将为中国实现跨行跨区域、大规模电子商务下的网络支付提供强有力的应用平台。

6. 邮政储蓄和汇兑系统

中国邮政支付系统大体上在消费者支付汇款中也起到了一定的作用,邮政局提供信汇和电报汇款,主要面向消费者个人客户。中国邮政的电子汇兑系统总体上说是挺方便的。这是由于多年的国情,普通个人特别是农村对邮政汇兑比较熟悉,邮政局也开办了邮政储蓄业务,消费者可以从其邮政储蓄账户汇出或汇入资金。各邮政局之间的资金结算是通过人民银行的特殊账户实现的。

7. 各商务银行的网络银行系统

网络银行系统拉近了客户和银行的距离,突破了空间和实物媒介的限制,使客户不再受限于银行的地理位置、上班时间,可以足不出户享受全天候的个性化网络金融服务。这是传统的手工银行或电子银行很不容易做到的。可以说,网络银行代表了银行业全新的、也可能是最有发展潜力的网络支付方式。中国招商银行、中国银行、中国建设银行和中国工商银行等银行先后建立了自己的网络银行系统,为客户提供网络支付服务和网络银行服务。

招商银行网络银行业务在中国众多的银行中是发展比较好的。1996年,招商银行在国内率先推出自己的网络银行品牌"一网通",向客户提供包括企业网络银行和个人网络银行在内的各种网络金融服务,办理信息查询、银企对账、代发工资、定向转账、电子商务网络支付结算等业务。1999年9月又推出网络支付业务在全国联网,实现跨区域的网络支付结算功能,成为目前国内最好的网络银行之一。

8.2.2 国外网络支付发展情况

本节主要介绍以美国为首的西方发达国家网络支付的发展情况。因为这些国家的金融电子化与信息化的水平比较高,电子商务水平也高,所以网络支付与结算方式在这些国家也发展得比较成熟,有很高的应用普及率。最主要的是,西方这些发达国家基本上都接受了电子商务与网络支付结算的理念,而且还持一种积极的态度,因而为其网络经济的快速发展并且继续保持全球领先水平创造了条件。

1. 小额支付方式的发展

1951年,第一张信用卡诞生在美国的富兰克林国际银行,它在短短的几十年时间里迅速发展,几乎遍及世界各个国家。信用卡的发行突破了传统的现金支付方式,为银行建立先进的自动化服务系统创造了条件,成为自动服务系统中的重要组成部分,并且为电子货币、电子支付及网络支付结算时代的来临奠定了基础。伴随着Internet的应用和电子商务的发展,人们乐于把原来基于专用金融网络的电子支付工具转移到更加方便、花费更低的Internet平台上,发展成为今天的信用卡、电子支票、网络银行服务等网络支付方式。

信用卡这些小额的网络支付结算方式的普及有力地促进了全球电子商务的发展,通常国际信用卡以美元作为结算货币,先消费后还款。目前常见的国际信用卡品牌有Visa、MasterCard和American Express等,其中Visa全球市场占有率最高,流通量超过18.5亿张;MasterCard即万事达卡,本着服务持卡人的理念,提供最新、最完整的支付服务,是全球范围内的知名品牌;American Express即运通卡,1958年开始发行,历史悠久,长期服务高端客户,服务经验丰富,优质客户群非常庞大。

2. 中、大额网络支付发展情况

西方国家网络化的电子支付体系的构建及应用主要表现在中、大额网络支付发展上。这是西方国家金融电子化的主干部分。

以美国为例,各大商业银行建有自己较高水平的电子银行体系。其中包括一些可靠的电子资金转账系统。除应用电子支票外,用于跨行的中、大额电子资金转账汇兑系统主要有以下四个。

- FEDWIRE:即联邦储备通信系统。它能实时处理美国国内中、大额资金的划拨业务,逐笔清算业务。
- BANKWIRE:它是一个非营利性的私营的电子汇兑系统,主要用于成员银行之间的电子资金转账。通过该系统转账的资金当天就可用,大大加快了企业的资金周转速度。
- CHIPS:它是最重要的国际资金调拨系统,常与SWIFT配合一起使用。
- SWIFT:这种系统是最重要的金融信息通信系统,主要为国际商务的支付结算信息提供通信传输服务,即专为其成员金融机构传送各种与资金汇兑有关的信息。成员行接收到这种信息后,若同意处理,则将其转送到相应的资金调拨系统或清算系统中,然后再由后者进行各种必要的账务处理。

通过这四个系统的应用,结合面向终端用户的支付平台如信用卡、电子支票等,美国整个国家已经形成一个广泛的、应用普及的、高度自动化的现代网络支付结算体系。如果支持这些支付结算系统开展的网络通信平台与 Internet 平台进行融合,将更加方便电子商务的跨区域、大规模发展。

8.3 网络银行

8.3.1 网络银行概述

网络银行是如今网络经济时代的一个新兴术语,是一种崭新的金融商务形式,可以说是银行电子化与信息化建设的高级阶段,它能够方便地借助网络特别是 Internet 提供多种金融服务。

所谓网络银行,英文为 Internet Bank 或 Network Bank,有的还称 Web Bank,中文叫作网上银行或在线银行。它是指一种依托信息技术和 Internet 的发展的银行,主要基于 Internet 平台开展和提供各种金融服务的新型银行机构与服务形式。网络银行可向客户提供开户、销户、对账、行内转账、跨行转账、信贷、网上证券、投资理财、账务查询、网络支付、代发工资、集团公司资金管理、银行信息通知、金融信息查询等传统服务项目。

网络银行的应用目标是在任何时候(Anytime)、任何地方(Anywhere)、以任何方式(Anyhow)为客户提供金融服务。所以,网络银行将不断地在成本、效率、服务质量等方面表现出越来越大的优势,为客户服务。

可以说,网络银行是网络上虚拟的银行柜台,它直接把触角伸到用户的桌面,大大延伸了银行业务的范围。它除了提供传统的商业银行业务外,还必须进行网络支付与结算,直接为电子商务的发展服务,否则仅进行形象宣传和业务介绍的银行,充其量只能算实体网上银行,而非网络银行。有些地方把网络银行叫作电子银行(E-bank),但实际上这种说法不完全准确。因为他们把基于网络平台的银行业务与传统的基于通信专线的电子银行服务 ATM、CD、HB 等完全混为一谈。从广义上讲,网络银行是电子银行发展的高级阶段,是网络时代的电子银行。

网络银行的理论、应用体系、形式都在快速发展中。目前,网络银行的分类依据主要有两种。

(1) 按服务对象分类

网络银行按服务对象分类,可以分成企业网络银行和个人网络银行两种。

(2) 按组成结构分类

网络银行按组成结构分类,可以分成纯网络银行和以传统银行拓展网络业务为基础的网络银行两种形式。

纯网络银行的最大优点就是节省费用、运作成本低。纯网络银行无须开设分支机构,雇员较少。例如,美国第一安全网络银行只有 19 名员工,此银行行长估计他们的管理费用只占总资产的 1%,而一般的传统银行则要达到 3%~3.5%。由此省下的巨额资金可以用来提高银行的利息,在增加客户收益的同时,扩大了银行的客户基础。

在传统银行基础上运用公共的网络银行,把传统银行业务延伸到网上,在原有银行基础上再发展网络银行业务,就是实体与虚拟结合的银行。这种形式的银行是利用网络辅助银行开展业务,而不是完全电子化与网络化。

网络银行与传统银行一样可以为客户提供各类金融服务,而在金融信息服务便利性方面优势较为明显。作为信息时代的产物,网络银行具有六个明显的特点。

(1) 能以客户为中心,以技术为基础,体现品牌独特性

网络银行服务不需要直接面对面地与客户接触,交易和沟通可通过网络进行。网络银行将客户作为一个有个性的个体来对待,在为客户解决疑问的同时,使客户感到解决方案是按自己的意愿形成的,并且最适合自己的需求;同时也要使客户感到自己能够自由灵活地控制自己的资金。这就是"创建独特品牌"的内在含义之一。

(2) 业务信息系统的管理控制能力要求高,集成性强,追求信息管理与知识管理

业务信息系统是网络银行顺利运作的核心,因此它的维护和管理十分重要。如果计算机系统发生故障,一切无从谈起。所以,强有力的信息系统管理与维护能力是保障网络银行安全的关键。

(3) 需要良好的社会基础设施与客户的网络应用意识的支持

网络银行的平稳运作需要高度发达的跨区域通信设施的支持,要有技术开发能力强、了解银行业务的软件公司、网络服务提供商(ISP)及数据处理和存储公司的通力合作。社会资信公司 CRA 是网络银行运作特别是贷款业务运作的重要保证。它不仅是网络银行,也是西方国家的商业银行进行个人风险评估和控制的重要手段之一。

(4) 网络银行服务无须物理的银行分支机构,具有人员少、运作费用低、无纸化操作的特点,并体现绿色银行的理念

网络银行与其他商业银行相比,容易进行成本控制。其成本比一般的传统商业银行要低 1/4,而其交易成本是电话银行的 1/4,是普通银行的 1/10。

(5) 强调信息共享与团队精神

网络银行的业务操作和处理可以形象地比喻为一条生产流水线。银行内部各岗位、各部门之间需要密切配合。以同一个界面,即一个 Web 页面来为客户提供一致的服务。任何个人和部门因为个人或小集体的利益而出现不负责现象,都将影响网络银行服务的质量与效率。因此,员工之间、员工与上司及各部门之间需要建立沟通和协调的良好渠道和机制。同时,各部门要大量收集客户方面的信息,相关业务信息系统进行加工处理后,再通过内部网络进行信息共享,以让客户满意。

(6) 跨区域的 24 小时服务

由于网络银行所拥有的信息技术优势,其承诺并且保证为客户提供每天 24 小时、每周 7 天、全年 365 天的全天跨区域服务,这也是实现个性化服务的重要保障。

网络银行是个新生事物,它以成熟的电子银行体系为基础。主要的服务分为企业网络银行服务与个人网络银行服务两种。企业网络银行的转账服务可以实现电子商务中较大的资金支付与结算业务,而个人网络银行服务可以实现电子商务下较小金额的资金支付与结算业务。

8.3.2 个人网络银行

个人网络银行服务主要针对个人持卡用户和存折客户提供全方位、个性化的电子金融服务,具有便捷易用、安全可靠、经济实惠、功能丰富和服务超值等优点。

按照登录渠道,个人网络银行主要包括网上银行、手机银行、电话银行、微信银行、短信银行和自动存取款等。《2019中国电子银行调查报告》显示,用户规模方面,近年来个人网络银行移动化趋势显著,手机银行用户比例自2018年首次超越网上银行后,继续保持稳步增长,习惯性首选手机银行的用户比例是首选网上银行的近5倍;渠道使用率方面,2019年微信银行使用频率最高,其次是个人手机银行,如图8-3所示;支付技术方面,手机银行指纹登录基本成为各大银行的标配,相比而言,人脸识别登录的使用率增长较为缓慢。

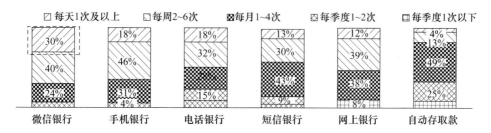

图 8-3 个人网络银行各渠道使用率

个人网络银行业务范围因不同银行的网上业务发展程度不同而有所差别,但基本都包括以下几部分。

1. 个人信息修改

包括个人交易或查询密码的修改及信用卡额度调整、自动还款设置、挂失银行卡、存折、解除挂失等。

2. 业务查询服务

可以对网上银行中注册的所有私人账户进行交易明细查询、余额查询、积分查询、转账汇款记录查询及下载对账单等。

3. 个人贷款业务

可以将账户内定期本币或外币作质押,在线办理各种个人贷款(如汽车消费、住房按揭、抵押贷款)、公积金、个体工商户小额贷款等。一般可及时获得贷款资金。

4. 自助缴费服务

包括手机费、固定电话费、水费、电费、气费、网费、学费、保险费等的缴纳。

5. 投资理财服务

交易品种包括外汇、国债、股票、基金及保险等。各个品种均可提供实时行情查询、在线交易等服务。银行还可以为客户提供理财计划、进行财务分析等。

6. 信息服务

银行可以通过手机短信、电子邮件等形式为客户提供财经信息、财务信息、重要提示等,也可以与客户实现在线交流。

7. 转账汇款服务

包括同城转账、异地转账、活期转定期、定期转活期、活期还贷等。

8. 电子商务

在申请网上支付功能后,在银行特约网站上消费可以采取实时付款方式,资金实时到账,扣款结果信息立即反馈。

9. 网上申请服务

可以在线进行各种银行卡的申请、挂失等业务,还可以申请银行卡的某些重要功能。

8.3.3 企业网络银行

随着电子商务规模的迅猛发展,越来越多的企业申请了企业网络银行,通过互联网实现了高效率的网络支付与结算。《2019中国电子银行调查报告》显示,2019年企业网络银行用户比例超过80%,如图8-4所示,且使用频率高。目前超大型和大型企业网银使用率趋于饱和,中小型企业成为企业网银潜力客户群,而2019年小微企业网上银行渗透率达84%,手机银行渗透率达38%。

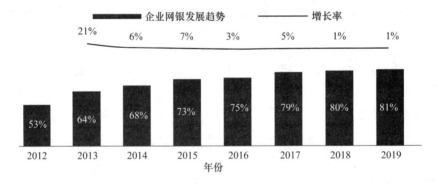

图8-4 2012—2019年企业网络银行发展趋势

企业网络银行服务可以分为集团客户和一般客户。根据客户类型和付费情况为客户提供不同的交易功能。

1. 收款业务

网上银行以批量方式主动收取签约人或者其他已授权企业用户各类应缴费用。例如,代供电、供水、供气等公用事业单位收取电费、水费、燃气费等。

2. 贷款业务

贷款业务包括自助贷款业务和委托贷款业务。

自助贷款业务是客户向银行申请并获得自助贷款专项授信额度后,通过企业网上银行发送额度内用款申请,自助提取流动资金贷款,并可通过网上自助归还贷款。

委托贷款是委托人和借款人分别与银行签订网上委托贷款有关协议,银行按委托人规定的用途和范围、谈妥的条件代为向借款人发放、监督使用并协助收回的贷款业务。委托人可在网上发送委托贷款通知,经借款人网上确认后,发放委托贷款。借款人可通过网上归还委托代理。

3. 付款业务

网上银行可以为企业提供多种付款业务,向在某网上银行或其他银行开户的其他公司付款,如企事业单位之间的一般支付、集团母公司与子公司之间的集团支付、代理开户单位发放员工工资、向投资者代发投资分红、进行电子商务中的B2B支付等。

4. 集团理财

集团企业总公司可直接从注册的所有分公司账户主动将资金上收或下拨到集团企业任一账户中,而不必事先通知分公司。

5. 信用证及其查询业务

客户可以通过网络向银行提交进口信用证开证申请和修改申请,网上自助打印《不可撤销跟单信用证开证申请书》和《信用证修改申请》,网上查询进出口信用证等。

6. 企业信用管理

客户可以查询本公司或者异地子公司的信贷记录情况,包括各种货币的币种、各信用类别的余额和笔数,授信总金额和当前余额、期限、起始日期以及借款借据的当前状态和历史交易。

7. 投资理财

网上银行可以为客户办理基金、债券、协定贷款、通知存款等相关业务。

8. 账户管理

客户通过网上银行进行账户信息查询、下载、维护等一系列账户服务。一般客户和集团客户都可通过账户管理功能查看总公司及分公司的各类账户的余额及明细。

9. 其他服务

为了给企业客户提供更加方便、快捷、高效的服务,除了上述主要服务外,各家银行也推出一些其他服务,如账户间资金划拨、账户提醒、预约服务、网上票证查询、代理报销、代签汇票、代理汇兑、证书管理等。

8.3.4 纯网络银行

纯网络银行无营业网点,也无营业柜台,通过互联网技术办理银行业务。目前,中国的纯网络银行主要有三家,分别是微众银行、网商银行和新网银行。

1. 微众银行

微众银行(www.webank.com)是国内首家开业的民营银行和纯网络银行,于2014年12月获得由深圳银监局颁发的金融许可证,注册资本达30亿元人民币,由腾讯、百业源和立业等多家知名企业发起设立,其中腾讯认购该行总股本30%的股份,为最大股东。

微众银行官网资料显示,微众银行严格遵守国家金融法律法规和监管政策,以合规经营和稳健发展为基础,致力于为普罗大众、微小企业提供差异化、有特色、优质便捷的金融服务。微众银行提供多元化的银行服务,如微众银行App、微众企业爱普App、微粒贷、微业贷和微车贷等。

2. 网商银行

网商银行(www.mybank.cn)是由蚂蚁金服作为大股东发起设立的中国第一家将核心系统架构在金融云上的纯网络银行,作为银监会批准的中国首批5家民营银行之一,于2015年6月25日正式开业。

网商银行官网资料显示,网商银行定位为网商首选的金融服务商、互联网银行的探索者和普惠金融的实践者,为小微企业、大众消费者、农村经营者与农户、中小金融机构提供服务。网商银行将普惠金融作为自身的使命,希望利用互联网的技术、数据和渠道创新,来帮助解决小微企业融资难融资贵、农村金融服务匮乏等问题,促进实体经济发展。网商银行提供的银行服务多种多样,如网商银行App、企业网银、网商贷、余利宝、网商贴和供应链金融等。

3. 新网银行

四川新网银行于2016年12月28日正式开业,是四川首家民营银行、中西部首家互联网银行、银监会批准成立的全国第七家民营银行,也是继腾讯微众银行、阿里网商银行之后全国第三家纯网络银行。新网银行注册资金30亿元,由新希望集团、小米、红旗连锁等股东发起设立,其中新希望集团出资9亿元,占最大股30%。

新网银行官网资料显示,新网银行秉持"用户导向、技术驱动"的理念,以及"单点突破、快速迭代"的打法,把金融科技和大数据风控视为自身的核心能力来建设和创新,运用云计算、大数据、人工智能等新一代互联网技术,为"二八定律"中那80%没有享受到完善金融服务的小微群体,提供更安全、更便捷和更高效的金融服务,用技术的力量做好普惠金融的补位者和探索者。同时,新网银行将始终保持开放的姿态,向合作伙伴提供连接服务,让更大范围内的用户和需求、产品和服务进行连接并适配,做金融服务领域的"万能连接器"。新网银行提供的银行服务包括好人贷、企业网银和存管等。

8.4 第三方支付

所谓第三方支付,就是一些和国内外各大银行签约,并具备一定实力和信誉保障的第三方独立机构提供的交易支持平台。在通过第三方支付平台的交易中,买方选购商品后,使用第三方平台提供的账户进行货款支付;由第三方通知卖家货款到达,进行发货;买方检验物品后,就可以通知付款给卖家;第三方再将款项转至卖家账户。

8.4.1 支付流程

在第三方支付交易流程中,支付模式使商家看不到客户的信用卡信息,同时又避免了信用卡信息在网络上多次公开传输而被窃。以B2C交易为例,支付流程如下。

第一步,客户在电子商务网站上选购商品,最后决定购买,买卖双方在网上达成交易意向。

第二步,客户选择利用第三方作为交易中介,客户用信用卡将货款划到第三方账户。

第三步,第三方支付平台将客户已经付款的消息通知商家,并要求商家在规定时间内发货。

第四步,商家收到通知后按照订单发货。

第五步,客户收到货物并验证后通知第三方。

第六步,第三方将其账户上的货款划入商家账户中,交易完成。

8.4.2 第三方支付的分类

艾瑞网发布的《2020 中国第三方支付行业研究报告》显示,目前,第三方移动支付市场已形成支付宝、财付通两大巨头垄断的市场格局,2019 年中国第三方移动支付市场两者的份额共计为 93.8%,快钱和银联商务分别占比 0.6% 和 0.4%,如图 8-5 所示。

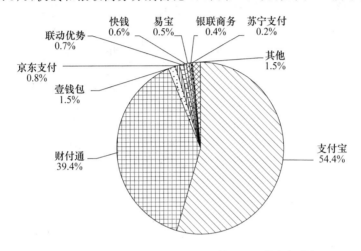

图 8-5 2019 年中国第三方移动支付交易规模市场份额

第三方支付主要分为以下两类。

一类是以支付宝、财付通为首的互联网型支付企业。它们以在线支付为主,捆绑大型电子商务网站,迅速做大做强。

支付宝是全球知名的第三方支付平台,成立于 2004 年 12 月,致力于提供"简单、安全、快速"的支付解决方案,旗下有"支付宝"与"支付宝钱包"两个独立品牌。自 2014 年第二季度开始成为当前全球最大的移动支付厂商,2019 年 6 月,支付宝及其本地钱包合作伙伴已经服务超 12 亿的全球用户。艾瑞网发布的《2020 中国第三方支付行业研究报告》显示,目前,支付宝覆盖充值缴费、旅游出行、教育公益、购物娱乐、资金往来和金融等多场景,如图 8-6 所示。此外,支付宝依托蚂蚁金服的强大生态资源,为超过 8 亿的用户提供支付服务,为 800 多万家小微企业和个体创业者提供累计超过 1 万亿元的信用贷款。

另一类是以快钱、银联电子支付为首的金融型支付企业,侧重行业需求和开拓行业应用。

快钱自 2004 年成立至今,公司总部位于上海,在北京、天津、南京、深圳、广州等 30 多地设有分公司,并在南京设立了金融科技服务研发中心。目前,因创新的支付产品体系、线上线下客户基础庞大和配套的增值服务,快钱公司已覆盖逾 4 亿个人用户,650 余万商业合作伙伴,对接的金融机构超过 200 家。此外,快钱通过聚合支付,为商户提供可一站式接入银联云闪付、支付宝、微信支付、银行 App 等主流支付工具进行收款的支付服务。

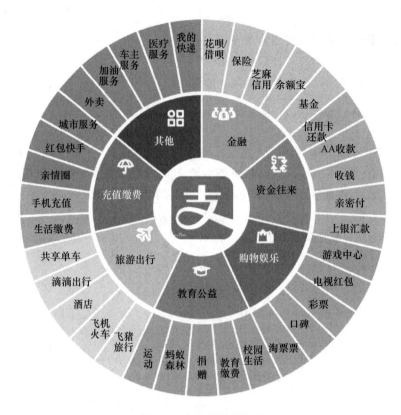

图 8-6 支付宝覆盖场景

8.4.3 优劣势分析

在缺乏有效信用体系的网络交易环境中,第三方支付模式的推出在一定程度上解决了网上银行支付方式不能对交易双方进行约束和监督,支付方式比较单一的问题;解决了在整个交易过程中,货物质量、交易诚信、退换要求等方面无法得到可靠的保证、交易欺诈广泛存在等问题。其优势体现在以下几方面。

(1) 对商家而言,通过第三方支付平台可以规避无法收到客户货款的风险,同时能够为客户提供多样化的支付工具。尤其为无法与银行网关建立接口的中小企业提供了便捷的支付平台。

(2) 对客户而言,不但可以规避无法收到货物的风险,而且货物质量在一定程度上也有了保障,增强客户网上交易的信心。

(3) 最后,对银行而言,通过第三方平台银行可以扩展业务范畴,同时也节省了为大量中小企业提供网关接口的开发和维护费用。

可见,第三方支付模式有效地保障了交易各方的利益,为整个交易的顺利进行提供支持。

第三方支付具有很多优势,但同时也存在一些劣势和不足。

(1) 这是一种虚拟支付层的支付模式。它需要其他的"实际支付方式"完成实际支付层的操作。

(2) 付款人的银行卡信息将暴露给第三方支付平台。如果这个第三方支付平台的信用度或者保密手段欠佳,将带给付款人相关风险。

(3) 第三方结算支付中介的法律地位缺乏规定,一旦终结破产,消费者所购买的"电子货币"可能成了破产债权,无法得到保障。

(4) 由于有大量资金寄存在支付平台账户内,而第三方平台非金融机构,所以有资金寄存的风险。

8.4.4 发展前景

随着网上银行的迅速发展,且随着国内网络购物对于电子支付的强烈需求,以非金融机构支付组织为主体的第三方支付平台应运而生,并呈现出蓬勃的发展态势。

在业务创新上,第三方支付平台也走在了前列。如第三方支付平台首先提供的担保交易解决了互联网中的支付信用瓶颈,促进了中国电子商务、电子支付业务的迅速发展。尤其在手机支付领域、线上与线下支付相结合等领域,第三方支付也出现了许多创新型的应用,如分布式协作模式、嵌入智能风控系统、智能审查体系和物联网应用等。

但多年以来,第三方支付一直未纳入主管部门的监管范围之内。2010年6月,中国人民银行发布的《非金融机构支付服务管理办法》将第三方电子支付企业纳入监管范围。目前,第三方支付牌照的发放已经淘汰了一批实力较弱的支付公司,也为其中的强者提供了全新的发展机遇,使其可获得合法的实体身份,正式迈入"正规军"的行列。

此外,中国人民银行"网上支付跨行清算系统"(俗称"超级网银")的上线也为第三方支付平台迎来了有利的发展契机。"网上支付跨行清算系统"的出现改变了网银各自孤立运行的历史。从理论上讲,"网上支付跨行清算系统"上线之后,客户只需开立一家银行的网上银行,就可操控其所有银行账户的资金。该系统与原来的大小额清算系统是并行的,它是中国人民银行为了各个银行的网上银行更高效、准确、快捷地开展跨行业务而建立的支撑系统。

"网上支付跨行清算系统"的初衷并非争夺支付市场,而是解决银行之间的清算问题。在支付产业链内,网上支付跨行清算系统相当于底层的基础设施。基础设施的迅速发展可以使得第三方支付更加便利地与银行连接,省去许多基础性的、烦琐的技术工作,其速度的提升也会促使更多的用户使用支付业务。

对于第三方支付公司而言,基础设施的完善有利于其业务规模的进一步扩大。今后可将重点放在其核心竞争力的提升上,从而对推动整个行业的发展起到更大的促进作用。

8.5 实 训

1. 上网查询本章中提到的支付工具,并亲身体验其支付过程,总结各类支付工具的优缺点。

2. 访问招商银行和工商银行网站,了解"企业网上银行"的申请流程和相关业务,进行"个人网上银行"业务的操作。

3. 登录中国建设银行网站,了解并操作"手机银行"相关业务,总结与中国工商银行"手机银行"业务的不同之处。

思 考 题

1. 简述支付工具演变的三个阶段。
2. 简述网络支付与结算的概念。
3. 常见的网络支付工具有哪些?
4. 简述网络银行的分类。
5. 网络银行有哪些特点?
6. 简述个人网络银行的服务内容。
7. 简述企业网络银行的服务内容。
8. 中国目前的纯网络银行有哪三家?
9. 简述第三方支付的定义。
10. 分析第三方支付的优劣势。

第9章 电子商务安全

随着互联网的应用和电子商务的发展,其安全问题也变得越来越突出。电子商务的一个重要技术特征是利用 IT 技术来传输和处理商业信息。因此,电子商务的安全从整体上可分为两大部分:计算机网络安全和商务交易安全。

计算机网络安全包括计算机网络设备安全、计算机网络系统安全、数据库安全等。其特征是针对计算机网络本身可能存在的安全问题,实施网络安全增强方案,以保证计算机网络本身的安全性为目标。商务交易安全是在计算机网络安全的基础上,保证电子商务的顺利进行,即实现电子商务的保密性、完整性、可鉴别性、不可伪造性和不可抵赖性。

计算机网络安全与商务交易安全是密不可分的,两者相辅相成,缺一不可。没有计算机网络安全作为基础,商务交易安全就犹如空中楼阁,无从谈起。没有商务交易安全保障,即使计算机网络本身再安全,仍无法达到电子商务所特有的安全要求。

9.1 电子商务安全保障体系

9.1.1 电子商务的安全要求

1. 信息的保密性

信息的保密性是指信息在传输过程中或存储中不被他人窃取。因此,信息需要加密以及在必要的节点上设置防火墙。例如,信用卡卡号在网上传输时,如果非持卡人从网上拦截并知道了该卡号,他也可以使用该卡号进行网上购物。因此,必须对要保密的信息进行加密,然后再放到网上传输。

2. 信息的完整性

信息的完整性包括信息传输和存储两个方面。在存储时,要防止非法篡改和破坏网站上的信息。在传输过程中,接收端收到的信息与发送的信息完全一样,说明在传输过程中信息没有遭到破坏。尽管信息在传输中被加了密,能保证第三方看不到真正的信息,但并不能保证信息不被修改。例如,如果发送的信用卡号码是"9682",接收端收到的却是"9653",这样信息的完整性就遭到了破坏。

3. 信息的不可否认性

信息的不可否认性是指信息的发送方不能否认已发送的信息,接收方不能否认已收到的信息。由于商情千变万化,交易达成后是不能否认的,否则,必然会损害一方的利益。例如,买方向卖方订购钢铁,订货时市场的价格较低,收到订单时价格上涨了,如果卖方否认收到订单的时间,甚至否认收到订单,那么买方就会受到损失。

4. 交易者身份的真实性

交易者身份的真实性是指网上交易双方身份信息的真实性。双方交易之前通过各种方法保证身份的精确性,分辨参与者身份的真伪。对商家而言,要认识到客户不是骗子,对客户而言要认识到商店不是"黑店"。

9.1.2 加密技术

电子商务信息的保密性、真实性和完整性可以通过加密技术来实现。加密技术是一种主动的信息安全防范措施,其原理是将数据进行编码,使它成为一种难以识别的形式,从而阻止非法用户获取和理解原始数据。

1. 密码学基础知识

密码学是保密学的一个分支,是对存储和传送的信息加以隐藏和保护的一门学问。在密码学中,原始消息称为明文,加密结果称为密文。数据加密和解密是逆过程,加密是用加密算法和加密密钥,将明文变换成密文;解密是用解密算法和解密密钥将密文还原成明文。加密技术包括两个要素:算法和密钥。其中,算法是经过精心设计的加密或解密的一套处理过程,它是一些公式、法则或者程序。对明文进行加密时采用加密算法,对密文进行解密时采用解密算法。在加密或解密过程中算法的操作需要一串数字的控制,这样的参数叫作密钥,相应的分为加密密钥和解密密钥。

数据加密是保护数据传输安全唯一实用的方法和保护存储数据安全的有效方法。早在公元前50年,古罗马的凯撒在高卢战争中就采用过加密方法。我们用最简单的凯撒密码来说明一个加密系统的构成。它的原理是把每个英文字母向后推 x 位,如 $x=3$,即字母 a,b,c,d,…,x,y,z 分别变为 d,e,f,g,…,a,b,c。

加密技术从原理上可分为两类:对称密钥加密技术和非对称密钥加密技术。它们的主要区别在于所使用的加密和解密的密钥是否相同。

(1) 对称密钥加密技术

对称密钥也称私钥、单钥或专有密钥,在这种技术中,加密方和解密方使用同一种加密算法和同一个密钥。

对称加密的算法是公开的,在前面的例子中,可以把算法 character+x 告诉所有要交换信息的对方,但要对每个消息使用不同的密钥,某一天这个密钥可能是 3,而第二天则可能是 9。交换信息的双方采用相同的算法和同一个密钥,将简化加密解密的处理,加密解密速度快是对称加密技术的最大优势,但双方要交换密钥,密钥管理困难是一个很大的问题,因此密钥必须与加密的消息分开保存,并秘密发送给接收者。如果能够确保密钥在交换阶段未曾泄露,那么机密性和报文完整性就可以通过对称加密方法来实现。

目前最具代表性的对称密钥加密算法是美国数据加密标准(Data Encryption Standard,DES)。DES 算法是 IBM 公司研制的,被美国国家标准学会和国家安全局选为数据加密标准并于 1977 年颁布使用,后被国际标准化组织 ISO 认定为数据加密的国际标准。DES 算法使用的密钥长度为 64 位(实际为 56 位,有 8 位用于奇偶校验),加密时把一个 64 位二进制数转变成以 56 位变量为基础的、唯一的 64 位二进制值。解密的过程和加密时相似,但密钥的顺序正好相反。

DES 的保密性仅取决于对密钥的保密,而算法是公开的。破译密钥唯一可行的方法就是用所有可能的密钥进行尝试,穷举搜索。一般来说,密钥位数越长,被破译的可能性就越小。例如,一个 4 位的密钥具有 2^4 即 16 种不同的密钥,顺序列举 16 种密钥就可以将其破译。而 DES 的 56 位密钥存在 2^{56} 种可能性,因此有人认为 DES 是万无一失的,但实际并非如此。1997 年美国 RSA 数据安全公司在 RSA 安全年会上举办了一个密钥挑战竞赛,悬赏 1 万美金破译 DES 算法。科罗拉多州的一个程序员用了 96 天的时间,在 Internet 数万名志愿者的协同工作下,成功地找到了 DES 的密钥。这一事件表明依靠 Internet 的计算能力,用穷举搜索法破译 DES 已成为可能。因此,人们认识到随着计算能力的增长,必须相应地增加算法的密钥长度。

(2) 非对称密钥加密技术

非对称密钥加密技术也称为公开密钥加密技术,是由安全问题专家 Whitefield Diffie 和 Martin Hellman 于 1976 年首次提出的。这种技术需要使用一对密钥来分别完成加密和解密操作,每个用户都有一对密钥:一个私钥(Private Key)和一个公钥(Public Key),它们在数学上相关、在功能上不同。私钥由所有者秘密持有,而公钥则由所有者给出或者张贴在可以自由获取的公钥服务器上,就像用户的姓名、电话、E-mail 地址一样向他人公开。如果其他用户希望与该用户通信,就可以使用该用户公开的密钥进行加密,而只有该用户才能用自己的私钥解开此密文。当然,用户的私钥不能透露给自己不信任的任何人。

非对称密钥加密技术的工作流程示意如图 9-1 所示,其基本过程是如下。

① 用户生成一对密钥并将其中的一个作为公钥向其他用户公开。

② 发送方使用该用户的公钥对信息进行加密后发送给接收方。

③ 接收方利用自己保存的私钥对加密信息进行解密,接收方只能用自己的私钥解密由其公钥加密后的任何信息。

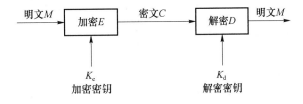

图 9-1 非对称密钥加密技术的工作流程示意图

目前最著名的公钥加密算法是 RSA 算法,它是由美国的三位科学家 Rivest、Shamir 和 Adleman 提出的,已被 ISO/TC97 的数据加密技术分委员会 SC20 推荐为公开密钥数据加密标准。RSA 算法加密强度很高,它的安全性是基于分解大整数的难度,即将两个大的质数合成一个大数很容易,而相反的过程非常困难。RSA 算法简单表示如下。

① 选取两个足够大的质数 P 和 Q。

② 计算 $P \times Q = n$。

③ 找一个小于 n 的数 e,使 e 与 $(P-1) \times (Q-1)$ 互为质数。

④ 另找一个数 d,使其满足 $(e \times d) \bmod [(P-1) \times (Q-1)] = 1$。

⑤ (n,e) 为公开密钥,(n,d) 为私有密钥。

⑥ 用 m 代表明文,c 代表密文,加密和解密的运算方式为密文 $c=m^e(\mod n)$,明文 $m=c^d(\mod n)$。

RSA 的安全性是依赖于作为公钥的大数 n 的位数长度的,为保证足够的安全性,一般认为现在的个人应用需要用 384 位或 512 位的 n,公司需要用 1 024 位的 n,极其重要的场合应该用 2 048 位的 n。

公钥加密技术较对称密钥技术处理速度慢,因此,通常把两种技术结合起来实现最佳性能,即用公钥技术在通信双方之间传送专用密钥,而用专用密钥来对实际传输的数据加密解密。

2. 加密技术的应用

(1) 数字摘要

数字摘要技术用于验证通过网络传输收到的文件是否是原始的、未被篡改的文件原文。它利用了著名函数 Hash 的特性,即任意大小的信息经 Hash 函数变换后能形成固定长度(128 位)的"摘要",也称数字指纹。不同的信息生成的数字摘要必定不同,同时不可能通过数字摘要经过逆运算生成源数据。这串摘要便验证明文是否是原始文件了。

使用数字摘要技术保证信息完整性的过程如下。

① 采用单向的 Hash 函数将原文变换后形成固定长度(128 位)的"摘要",连同原文一起发送。

② 接收方在收到原文和摘要后,将收到的原文使用 Hash 函数再次生成摘要,并与收到的摘要比较,如果一致即可判定收到的文件是未被篡改的文件原文。

数字摘要技术结合其他技术使用可以有效保证信息完整性,防止篡改和错码。目前广泛使用的 Hash 函数有 MD-5、SHA。

(2) 数字签名

传统的书信或文件是根据亲笔签名或印章来证明其真实性,防止其抵赖行为的。在网络中传送的报文又如何签名盖章呢?这就是数字签名所要解决的问题。数字签名技术是实现交易安全的核心技术之一,它的实现基础就是公开密钥加密技术。

数字签名必须保证以下几点:接收者能够核实发送者对报文的签名;发送者事后不能抵赖对报文的签名;接收者不能伪造对报文的签名。发送者 A 用其私钥 SK_A 对报文 X 进行运算,将结果 $DSK_A(X)$ 传送给接收者 B,B 用已知的 A 的公开密钥得出 $EPK_A(DSK_A(X))=X$。因为除 A 外没有别人能有 A 的私钥 SK_A,所以除 A 外没有别人能产生密文 $DSK_A(X)$,这样报文 X 就被 A 签名了。假如 A 要抵赖曾发送报文给 B,B 可将 X 及 $DSK_A(X)$ 出示给第三者,第三者很容易用 EPK_A 去证实 A 确实发送消息 X 给 B。反之,如果是 B 将 X 伪造成 X',则 B 不能在第三者面前出示 $DSK_A(X')$,这样就证明 B 伪造了报文。

数字签名的原理及发送方和接收方的加密解密处理过程如下。

① 报文的发送方从报文文本中用 Hash 编码加密生成一个 128 位的报文摘要。

② 发送方用自己的私有密钥对这个报文摘要进行加密,形成发送方的数字签名。

③ 这个数字签名作为报文的附件和报文一起发送给报文的接收方。

④ 报文的接收方从接收到的原始报文中用同样的 Hash 算法加密得到一个报文摘要。

⑤ 用发送方的公开密钥来对报文附加的数字签名进行解密。

⑥ 将解密后的摘要和接收方重新加密产生的摘要进行对比,如果相同,那么接收方就能确认该数字签名是发送方的,传送过程中信息没有被破坏、篡改。数字签名的原理如图 9-2 所示。

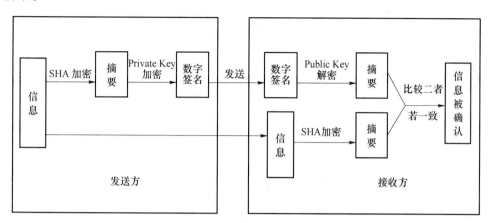

图 9-2 数字签名原理示意图

(3) 数字时间戳

数字时间戳技术是数字签名技术的一种应用。在电子商务交易文件中,时间是十分重要的信息。在书面合同中,文件签署的日期和签名一样均是十分重要的防止文件被伪造和篡改的关键性内容。而在电子交易中,同样需要对交易文件的日期和时间信息采取安全措施。数字时间戳服务(Digital Time Stamp Service,DTS)就能提供电子文件的日期和时间信息的安全保护,是由专门的机构提供的网上电子商务安全服务项目之一。

时间戳(Time-Stamp)是一个经加密后形成的凭证文档,它包括三个部分。

① 需加时间戳的文件的摘要(Digest)。

② DTS 收到文件的日期和时间。

③ DTS 的数字签名。

时间戳产生的过程为:用户首先将需要加时间戳的文件用 Hash 编码加密形成摘要,然后将该摘要发送到 DTS,DTS 在加入了收到文件摘要的日期和时间信息后再对该文件用其私钥加密形成 DTS 的数字签名,然后送给用户。

值得注意的是,书面签署文件的时间是由签署人自己写上的,而数字时间戳则不然,它是由认证单位 DTS 来加的,以 DTS 收到文件的时间为依据。

9.1.3 认证技术

电子商务交易安全在技术上要解决两大问题:安全传输和身份认证。数据加密能够解决网络通信中的信息保密问题,但是不能够验证网络通信对方身份的真实性。因此,数据加密仅解决了网络安全问题的一半,另一半需要身份认证解决。

认证指的是证实被认证对象是否属实与是否有效的一个过程,其基本思想是通过验证被认证对象的属性,达到确认被认证对象是否真实有效的目的。认证技术是电子商务安全技术的一个重要组成部分,应用在网络通信时,通信双方相互确认身份的真实性。

身份认证技术主要基于加密技术的公钥加密体制,目前普遍使用的是 RSA 算法。用户的一对密钥在使用的时候,用私钥加密的信息只能用公钥才能解开;而用公钥加密的信息只能用私钥才能解开。这种加密和解密的唯一性就构成了认证的基础。具体的做法是:信息发送者使用信息接收者的公钥进行加密,此信息则只有信息接收者使用私钥来解开阅读;然后信息接收者使用私钥将反馈信息加密,再传送给信息发送者,发送者也就知道信息接收者已经阅读了所传送的信息。在这一来一往中,由于私钥的唯一性和私密性,身份认证得以实现。

为了切实保障网上交易和支付的安全,世界各国在经过多年研究后,形成了一套完整的解决方案,其中最重要的内容就是建立完整的电子商务安全认证体系。电子商务安全认证体系的核心就是数字证书和认证中心。

1. 数字证书

(1) 数字证书的概念

数字证书(Digital ID)又称为数字凭证、数字标识,是一个经证书认证机构数字签名的包含用户身份信息以及公开密钥信息的电子文件。在网上进行信息交流及商务活动时,数字证书可以证实一个用户的身份,以确定其在网络中各种行为的权限。在网上交易中,若双方出示了各自的数字证书,并用它来进行交易操作,那么双方都可不必为对方的身份真伪担心。数字证书可用于安全电子邮件、网上缴费、网上炒股、网上招标、网上购物、网上企业购销、网上办公、软件产品、电子资金移动等安全电子商务活动。

目前,数字证书的内部格式一般采用 X.509 国际标准。一个标准的 X.509 数字证书包含以下一些内容:证书的版本信息、证书的序列号、证书所使用的签名算法、证书的发行机构、证书的有效期、证书所有人的名称、证书所有人的公开密钥、证书发行者对证书的签名。

数字证书采用公钥体制,用户可以使用数字证书,通过运用加密技术建立起一套严密的身份认证系统,从而保证:信息除发送方和接收方外不被其他人窃取;信息在传输过程中不被篡改;发送方能够通过数字证书来确认接收方的身份;发送方对于自己的信息不能抵赖。

(2) 数字证书的类型

数字证书有以下三种类型。

① 个人证书:个人证书属于个人所有,帮助个人用户在网上进行安全交易和安全的网络行为。个人的数字证书安装在客户端的浏览器中,通过安全电子邮件进行操作。

② 企业(服务器)证书:企业如果拥有 Web 服务器,即可申请一个企业证书,用具有证书的服务器进行电子交易,而且有证书的 Web 服务器会自动加密和客户端通信的所有信息。

③ 软件(开发者)证书:是为网络上下载的软件提供凭证,用来和软件的开发方进行信息交流,使用户在下载软件时可以获得所需的信息。

(3) 数字证书的申请

数字证书的申请可以在网上进行,网上交易的各方,包括持卡人、商户与网关,都必须在自己的计算机里安装一套网上交易专用软件,这套软件包括申请数字证书的功能。

用户将交易软件安装完毕后,首要任务是向认证机构申请数字证书。以持卡人证书申请为例,如图 9-3 所示,其申请过程如下。

① 持卡人首先生成一对密钥,将私钥保存在安全的地方,将公钥连同自己的基本情况表格一起发送到认证中心(CA)。

② 认证中心根据持卡人所填表格,与发卡银行联系,对持卡人进行认证。
③ 生成持卡人的数字证书,并将持卡人送来的公钥放入数字证书中。
④ 对证书进行 Hash 运算,生成消息摘要。
⑤ 用认证中心的私钥对消息摘要加密,对证书进行数字签名。
⑥ 将带有认证中心数字签名的证书发给持卡人。

商户、网关及各级认证中心证书的申请过程与此类似。

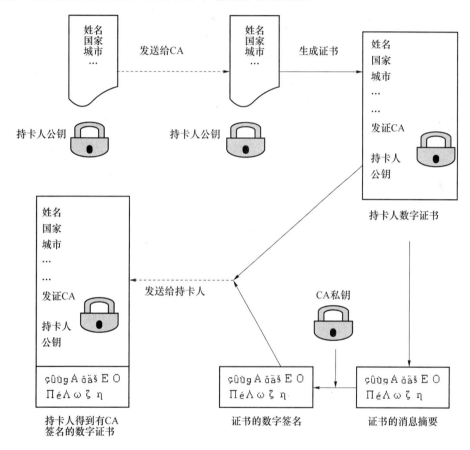

图 9-3 持卡人证书申请的基本过程

(4) 数字证书的用途

① 网上办公。网上办公系统综合国内政府、企事业单位的办公特点,提供了一个虚拟的办公环境,并在该系统中嵌入数字认证技术,展开网上公文的上传下达,通过网络连接各个岗位的工作人员,通过数字安全证书进行数字加密和数字签名,实行跨部门运作,实现安全便捷的网上办公。网上办公主要涉及的问题是安全传输、身份识别和权限管理。数字证书的使用可以完美地解决这些问题,使网上办公顺畅实现。

② 电子政务。随着网上政务各类应用的增多,原来必须指定人员到政府各部门窗口办理的手续都可以在网上实现,如网上注册申请、申报、网上纳税、网上社保、网上审批、指派任务等。数字证书可以保证网上政务应用中身份识别和文档安全传输的实现。

③ 网上交易。网上交易主要包括网上谈判、网上采购、网上销售、网上支付等方面。网

上交易极大地提高了交易效率,降低了交易成本,但也受到了网上身份无法识别、网上信用难以保证等难题的困扰。数字证书可以解决网上交易的这些难题。利用数字安全证书的认证技术,对交易双方进行身份确认以及资质的审核,确保交易者身份信息的唯一性和不可抵赖性,保护了交易各方的利益,实现安全交易。

④ 安全电子邮件。邮件的发送方利用接收方的公开密钥对邮件进行加密,邮件接收方用自己的私有密钥解密,确保了邮件在传输过程中信息的安全性、完整性和唯一性。

⑤ 网上招标。利用数字安全证书对招投标企业进行身份确认,从而确保了招投标企业的安全性和合法性,双方企业通过安全网络通道了解和确认对方的信息,选择符合自己条件的合作伙伴,确保网上的招投标在一种安全、透明、信任、合法、高效的环境下进行。

⑥ 其他应用。各软件开发商根据自己或者软件使用者的实际情况,探索数字证书的其他网上应用,保证用户网上操作的安全性。

2. 认证中心

认证中心(Certification Authority,CA)承担网上安全电子交易的认证服务,主要负责产生、分配并管理用户的数字证书。创建证书的时候,CA 系统首先获取用户的请求信息,其中包括用户公钥(公钥一般由用户端产生,如电子邮件程序或浏览器等),CA 将根据用户的请求信息产生证书,并用自己的私钥对证书进行签名。其他用户、应用程序或实体将使用 CA 的公钥对证书进行验证。对于一个大型的应用环境,CA 往往采用一种多层次的分级机构,各级的 CA 类似于各级行政机关,上级 CA 负责签发和管理下级 CA 的证书,最低一级的 CA 直接面向最终用户。

(1) CA 整体框架

一个典型的 CA 系统包括安全服务器、CA 服务器、注册机构、LDAP 目录服务器和数据库服务器等,如图 9-4 所示。

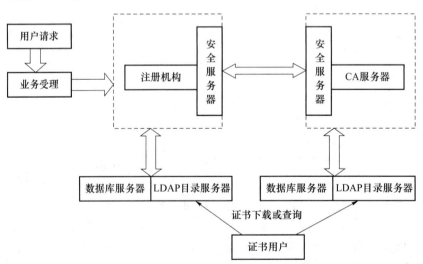

图 9-4 CA 整体框架

① 安全服务器。安全服务器面向普通用户,用于提供证书申请、浏览、证书撤销列表以及证书下载等安全服务。安全服务器与用户的通信采取安全通信方式。用户首先得到安全

服务器的证书(该证书由 CA 颁发),然后用户与服务器之间的所有通信,包括用户填写的申请信息以及浏览器生成的公钥均以安全服务器的密钥进行加密传输,只有安全服务器利用自己的私钥解密才能得到明文,从而保证了证书申请和传输过程中的信息安全性。

② CA 服务器。CA 服务器是整个证书机构的核心,负责证书的签发。CA 首先产生自己的私钥和公钥,然后生成数字证书,并且将数字证书传输给安全服务器。CA 还负责为操作员、安全服务器以及注册机构服务器生成数字证书。安全服务器的数字证书和私钥也需要传给安全服务器。CA 服务器是整个结构中最为重要的部分,存有 CA 的私钥以及发行证书的脚本文件,出于安全考虑,应将 CA 服务器与其他服务器隔离,任何通信采用人工干预的方式,确保认证中心的安全。

③ 注册机构。注册机构面向登记中心操作员,在 CA 体系结构中起着承上启下的作用,一方面向 CA 转发安全服务器传输过来的证书申请请求,另一方面向 LDAP 服务器和安全服务器转发 CA 颁发的数字证书和证书撤销列表。

④ LDAP 目录服务器。它提供目录浏览服务,负责将注册机构服务器传输过来的用户信息以及数字证书加入服务器上。这样用户通过访问 LDAP 目录服务器就能够得到其他用户的数字证书。

⑤ 数据库服务器。它是认证机构中的核心部分,用于认证机构数据(密钥和用户信息等)、日志和统计信息的存储和管理。实际的数据库系统应采用多种措施,如磁盘阵列、双机备份和多处理器等方式,以维护数据库系统的安全性、稳定性、可伸缩性和高性能。

(2) CA 的功能

CA 是一个负责发放和管理数字证书的权威机构,主要有以下几种功能。

① 证书的颁发。CA 接收、验证用户的数字证书的申请,将申请的内容进行备案,并根据申请的内容确定是否受理该数字证书申请。如果 CA 接受该数字证书申请,则进一步确定给用户颁发何种类型的证书。新证书用 CA 的私钥签名以后,发送到 LDAP 目录服务器供用户下载和查询。为了保证信息的完整性,返回给用户的所有应答信息都要使用 CA 的签名。

② 证书的更新。CA 可以定期更新所有用户的证书,或者根据用户的请求来更新用户的证书。

③ 证书的查询。证书的查询可以分为两类,其一是证书申请的查询,CA 根据用户的查询请求返回当前用户证书申请的处理过程;其二是用户证书的查询,这类查询由 LDAP 目录服务器来完成,目录服务器根据用户的请求返回适当的证书。

④ 证书的作废。当由于用户的私钥泄露等原因造成用户证书需要申请作废时,用户需要向 CA 提出证书作废请求,认证中心根据用户的请求确定是否将该证书作废。另外一种情况是证书已经过了有效期,CA 自动将该证书作废。CA 通过维护证书作废列表(Certificate Revocation List,CRL)来完成上述功能。

⑤ 证书的归档。证书具有一定的有效期,过了有效期之后就将被作废,但是不能将作废的证书简单地丢弃,因为有时可能需要验证以前的某个交易过程中产生的数字签名,这时就需要查询作废的证书。基于此类考虑,认证中心还应当具备管理作废证书和作废私钥的功能。

9.1.4 电子商务安全协议

电子商务的一个主要特征是在线支付,为了保证在线支付的安全,需要采用数据加密和身份认证技术,以便营造一个可信赖的电子交易环境。现实中,不同企业会采用不同的手段来实现,这就在客观上要求有一种统一的标准来支持。

目前电子商务中有两种安全协议被广泛采用,即安全套接层(Secure Socket Layer,SSL)协议和安全电子交易(Secure Electronic Transaction,SET)协议。

1. SSL 协议

SSL 协议是由网景(Netscape)公司 1994 年推出的一种安全通信协议,其主要目的就是解决 Web 上信息传输的安全问题。它是在 Internet 基础上提供的一种保证私密性的安全协议,能使客户/服务器应用之间的通信不被攻击者窃听。SSL 协议位于 TCP/IP 协议与各种应用层协议之间,在应用层协议通信之前就已经完成加密算法、通信密钥和认证工作,在此之后应用层协议所传送的数据都会被加密,从而保证通信的保密性。SSL 采用 TCP 作为传输协议,提供数据的可靠传送和接收。

SSL 协议主要提供三方面的服务。

(1) 用户和服务器的合法性认证

它使得用户和服务器能够确信数据将被发送到正确的客户机和服务器上。客户机和服务器都有各自的识别号,由公开密钥进行编排,为了验证用户是否合法,SSL 要求在握手交换数据时进行数字认证,以此来确保用户的合法性。

(2) 加密数据以隐藏被传送的数据

SSL 协议所采用的加密技术既有对称密钥技术,也有公开密钥技术。具体而言,在客户机与服务器进行数据交换之前,交换 SSL 初始握手信息,在 SSL 握手信息中采用了各种加密技术对其加密,以保证其机密性和数据的完整性,并且用数字证书进行鉴别。这样就可以防止非法用户进行破译。

(3) 保护数据的完整性

SSL 协议采用 Hash 函数和机密共享的方法来提供信息的完整性服务,建立客户机与服务器之间的安全通道,使所有经过 SSL 处理的业务在传输过程中都能完整准确地到达目的地。

SSL 协议包括两个子协议:SSL 记录协议和 SSL 握手协议。SSL 记录协议定义了传输数据的格式,所有的传输数据都被封装在记录中。所有的 SSL 通信包括握手信息、安全空白记录和应用数据都使用 SSL 记录层。

SSL 握手协议利用 SSL 记录协议,在支持 SSL 的客户端和服务器之间建立安全传输通道之后提供一系列消息,一个 SSL 传输过程需要先握手,这个过程通过以下步骤进行。

① 接通阶段:客户通过网络向服务商打招呼,服务商回应。

② 密码交换阶段:客户与服务器之间交换双方认可的密码,一般选用 RSA 密码算法。

③ 会谈密码阶段:客户与服务商间产生彼此交谈的会谈密码。

④ 检验阶段:检验服务商取得的密码。

⑤ 客户认证阶段:验证客户的可信度。

⑥ 结束阶段：客户与服务商之间相互交换结束的信息。

当上述动作完成之后，两者间传送资料就会被加密后再传输，另外一方收到资料后再解密。

在电子商务交易过程中，由于有银行参与，按照 SSL 协议，客户购买的信息首先发往商家，商家再将信息转发银行，银行验证客户信息的合法性后，通知商家付款成功，商家再通知客户购买成功，将商品寄送客户。在流程中可以看到，SSL 协议有利于商家而不利于客户。客户的信息首先传到商家，商家阅读后再传至银行，这样客户资料的安全性便受到威胁。在电子商务的开始阶段，由于参与电子商务的公司大都是一些大公司，信誉较高，这个问题没有引起人们的重视。随着电子商务参与的厂商迅速增加，SSL 协议的缺点完全暴露出来。SSL 协议逐渐被新的电子商务协议（如 SET）所取代。

2. SET 协议

SET 协议是一个在互联网上实现安全电子交易的协议标准，是由 Visa 和 MasterCard 共同制定，1997 年 5 月联合推出的。其主要目的是解决通过互联网使用信用卡付款结算的安全保障性问题。

SET 协议是在应用层的网络标准协议，它规定了交易各方进行交易结算时的具体流程和安全控制策略。SET 协议主要使用的技术包括对称密钥加密、公共密钥加密、Hash 算法、数字签名以及公共密钥授权机制等。SET 通过使用公钥和对称密钥方式加密保证了数据的保密性，通过使用数字签名来确定数据是否被篡改，保证数据的一致性和完整性，并可以防止交易抵赖。

SET 协议运行的目标主要有五个。

(1) 信息在互联网上安全传输：防止数据被黑客或内部人员窃取。

(2) 保证电子商务参与者信息的相互隔离：客户的资料加密或打包后通过商家到达银行，但是商家不能看到客户的账户和密码信息。

(3) 解决网上认证问题：不仅要对消费者的银行卡认证，而且要对在线商店的信誉程度认证，同时还有消费者、在线商店与银行间的认证。

(4) 保证网上交易的实时性：使所有的支付过程都是在线的。

(5) 仿效 EDI 贸易的形式：规范协议和消息格式，使不同厂家开发的软件具有兼容性和互操作功能，并且可以运行在不同的硬件和操作系统平台上。

电子商务的工作流程与实际的购物流程非常接近。从顾客通过浏览器进入在线商店开始，一直到所订货物送货上门或所订服务完成，然后账户上的资金转移，所有这些都是通过 Internet 完成的。SET 所要解决的最主要的问题是保证网上传输数据的安全和交易对方的身份确认。一个完整的基于 SET 的购物处理流程如图 9-5 所示。

(1) 支付初始化请求和响应阶段：当客户决定要购买商家的商品并使用 SET 钱夹付款时，商家服务器上的 POS 软件发报文给客户的浏览器 SET 钱夹付款，SET 钱夹则要求客户输入口令然后与商家服务器交换握手信息，使客户和商家相互确认，即客户确认商家被授权可以接受信用卡，同时商家也确认客户是合法的持卡人。

(2) 支付请求阶段：客户发报文，包括订单和支付命令，其中必须有客户的数字签名，同时利用双重签名技术保证商家看不到客户的账号信息。只有位于商家开户行的被称为支付网关的另外一个服务器可以处理支付命令中的信息。

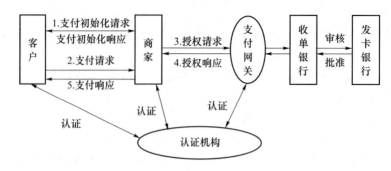

图 9-5 SET 工作流程

（3）授权请求阶段：商家收到订单后，POS 组织一个授权请求报文（其中包括客户的支付命令），发送给支付网关。支付网关是一个 Internet 服务器，是连接 Internet 和银行内部网络的接口。授权请求报文到达收单银行后，收单银行再到发卡银行确认。

（4）授权响应阶段：收单银行得到发卡银行的批准后，通过支付网关发给商家授权响应报文。

（5）支付响应阶段：商家发送订单确认信息给顾客，顾客端软件可记录交易日志，以备将来查询。同时商家给客户装运货物，或完成订购的服务。到此为止，一个购买过程已经结束。商家可以立即请求银行将款项从购物者的账号转移到商家账号，也可以等到某一时间，请求成批划账处理。

在上述的处理过程中，对于通信协议、请求信息的格式、数据类型的定义等，SET 都有明确的规定。在操作的每一步，持卡人、商家和支付网关都通过 CA 来验证通信主体的身份，以确保通信的对方不是冒名顶替的。

SET 标准是更适合于消费者、商家和银行三方进行网上交易的国际安全标准。网上银行采用 SET，确保交易各方身份的合法性和交易的不可否认性，使商家只能得到消费者的订购信息而银行只能获得有关支付信息，确保了交易数据的安全、完整和可靠，从而为人们提供了一个快捷、方便、安全的网上购物环境。

9.2 防病毒技术

9.2.1 计算机病毒的概念

早在 1949 年，计算机的先驱者冯·诺伊曼在他的论文《复杂自动机组织论》中提出，计算机程序能够在内存中自我复制，即把病毒程序的特征勾勒出来，但在当时，绝大部分的计算机专家都无法想象这种会自我复制的程序是可能的。计算机病毒的概念是由 Fred Cohen 在 1983 年 11 月 3 日的一次计算机安全学术讨论会上首次提出的。当时，他对计算机病毒的定义是：能够通过修改程序，把自身复制进去进而"传染"其他程序的程序。1987 年 10 月，世界上第一例计算机病毒 Brain 在美国被发现，并以强劲的势头蔓延开来。与此同时，世界各地的计算机用户也发现了形形色色的计算机病毒。

计算机病毒是指编制或者在计算机程序中插入的破坏计算机功能或者毁坏数据,影响计算机使用,并能自我复制的一组计算机指令或者程序代码。

计算机病毒一般具有以下特征。

(1) 传染性:病毒程序一进入计算机系统,就开始寻找准备感染的其他程序或文件。它通过自我复制,很快地会在其他文件中添加自己的病毒代码,使其带有这种病毒,并成为一个新的传染源,甚至通过网络传播到其他的计算机上。这是病毒的最基本特征。

(2) 隐蔽性:计算机病毒都是一些可以直接或间接运行、具有高超技巧的程序,它可以隐藏在操作系统、可执行程序或数据文件中,病毒的存在、传染和对数据的破坏过程不易被计算机操作人员发现。

(3) 触发性:病毒的发作一般都有一个激发条件,即一个条件控制。这个条件根据病毒编制者的要求可以是日期、时间、特定程序的运行或程序的运行次数等。

(4) 破坏性:病毒在触发条件满足时,立即对计算机系统运行进行干扰或对数据进行恶意修改。例如,发一些恶意邮件或破坏硬盘上的文件,造成数据丢失,有的甚至会损坏计算机硬件,造成系统瘫痪。

9.2.2 计算机病毒的分类

现在每天大概要产生 8 000 多种病毒,病毒总数已经达到 100 多万种。因此,需要对它们进行一个比较详细的分类以便快速识别。病毒的分类方法较多,下面进行简要介绍。

1. 按病毒依赖的操作系统分类

计算机病毒可分为 DOS 病毒、Windows 病毒、UNIX 病毒、Linux 病毒、其他操作系统病毒等。

2. 按病毒特有的算法分类

(1) 伴随型病毒:这类病毒并不改变文件本身,它们根据算法产生 EXE 文件的伴随体。当加载文件时,伴随体优先执行,再加载执行原来的文件。

(2) "蠕虫"病毒:这类病毒是一种网络病毒,利用网络从一台主机传播到其他主机。它们一般不改变文件和资料信息,而是自动计算网络地址,不断复制自身,通过网络发送。

(3) 寄生型病毒:除了以上两种外,其他均为寄生型病毒。它们依附在系统的引导扇区和文件中,通过系统的功能进行传播。

3. 按病毒的传染方法分类

(1) 驻留型病毒:此类病毒感染计算机后,把自身的内存驻留部分放在内存中,这一部分程序挂接系统调用并合并到操作系统中,它一直处于激活状态,直到计算机关机或重新启动。

(2) 非驻留型病毒:在得到机会激活时并不感染计算机内存。一些在内存中留有小部分但是并不通过这一部分进行传染的病毒也属于非驻留型病毒。

4. 按病毒的连接方式分类

(1) 源码型病毒:该病毒攻击高级语言编写的程序,在源程序编译之前就插入其中。被感染的源程序在编译、链接和生成可执行文件时便已经带病毒。

(2) 嵌入型病毒：这种病毒将自身嵌入现有程序中，使计算机病毒的主体程序与其攻击对象以插入的方式链接。这种病毒只攻击特定程序，针对性强。

(3) 外壳病毒：这种病毒将自身依附在正常程序的开头和结尾，对原来的程序不作修改。大部分文件病毒属于这一种。

(4) 操作系统型病毒：可用其自身部分加入或取代部分操作系统进行工作，具有很强的破坏性。

当然，计算机病毒的分类还有其他的分法，例如按攻击的程度分、按寄生方式分等。因此，同一种病毒可以有不同的分法。

9.2.3 计算机病毒的防治

计算机病毒可以说是无孔不入，因此，对于计算机病毒的防范可以从以下几个方面进行。

1. 用户的角度

计算机病毒防治要采取"预防为主，防治结合"的方针，关键是做好预防工作。预防工作从宏观上来讲是一个系统工程，国家应当健全法律法规来惩治病毒制造者，这样可减少病毒的产生；各级单位应当制定出一套具体措施，以防止病毒的相互传播；个人不仅要遵守病毒防治的有关规定，还应不断增长知识，积累防治病毒的经验，不制造病毒，不传播病毒。

要有效地阻止病毒的危害，用户要及早发现病毒，并将其消除，堵塞传播途径是防止计算机病毒侵入的有效方法。根据病毒传染途径，做一些经常性的病毒检测工作，既可将病毒的入侵率降低到最低限度，同时也可将病毒造成的危害减少到最低限度。

2. 技术的角度

病毒的防治技术总是在与病毒的较量中得到发展的。总体来讲，计算机病毒的防治技术分为四个方面，即预防、检测、清除和免疫。

(1) 病毒预防技术：是指通过一定的技术手段防止病毒对系统进行传染和破坏，它通过自身常驻系统内存优先获得系统的控制权，监视和判断系统中是否有病毒存在，进而阻止计算机病毒进入系统内存或阻止计算机病毒对磁盘的操作尤其是写操作，以达到保护系统的目的。计算机病毒的预防技术主要包括磁盘引导区保护、加密可执行程序、读写控制技术和系统监控技术等。

(2) 病毒检测技术：是指一种通过一定的技术手段判定出病毒的技术。病毒检测技术主要有两种，一种是根据计算机病毒程序中的关键字、特征程序段内容、病毒特征及传染方式、文件长度的变化，在特征分类的基础上建立的病毒检测技术；另一种是不针对具体病毒程序的自身检验技术，即对某个文件或数据段进行检验和计算并保存其结果，以后定期或不定期地根据保存的结果对该文件或数据段进行检验，若出现差异，即表示该文件或数据段的完整性已遭到破坏，从而检测到病毒的存在。

(3) 病毒清除技术：计算机病毒的清除是计算机病毒检测的延伸，是在检测发现特定病毒的基础上，根据具体病毒的清除方法从感染的程序中除去计算机病毒代码并恢复文件的原有结构信息。现在很多查杀病毒软件是同时进行检测和杀毒，目前常用的杀毒软件有卡巴斯基、诺顿、江民、金山毒霸、瑞星等。

(4)病毒免疫技术:这一技术目前没有很大发展。针对某一种病毒的免疫方法已没有人再用了,而目前还没有出现通用的能对各种病毒都有免疫作用的技术,但现在已经出现了能够免疫恶意插件和某一类病毒的免疫技术。另外,某些反病毒程序使用给可执行程序增加保护性外壳的方法能在一定程度上起保护作用。

9.3 防火墙技术

9.3.1 防火墙的概念

防火墙(Firewall)是 Internet 上广泛应用的一种安全措施的形象说法。它是指两个网络之间执行访问控制策略(允许、拒绝、检测)的一系列部件的组合(如图 9-6 所示)。它可以是硬件,也可以是软件,还可以是软硬件的结合。

图 9-6 防火墙示意图

防火墙是不同网络之间信息的唯一出口,能根据企业网络安全策略控制出入网络的信息流且本身具有较强的抗攻击能力。防火墙可通过检测、限制、更改跨越防火墙的数据流,尽可能地对外部屏蔽内部的信息、结构和运行状况,以此来实现网络的安全。它作为一种访问控制机制,通常采用以下两种准则进行设计。

- 一切未被允许的就是禁止的。
- 一切未被禁止的就是允许的。

前者是在默认情况下禁止所有服务,后者是在默认情况下允许所有服务。

在逻辑上,防火墙是一个分离器、一个限制器、一个分析器,有效地监控内部网和 Internet 之间的任何活动,保证了内部网络的安全。

9.3.2 防火墙技术的优缺点

1. 防火墙的优点

防火墙技术有助于提高计算机系统总体的安全性,其优点体现在以下几个方面。

(1)防火墙是网络安全的屏障

防火墙能极大地提高内部网络的安全性,并能通过过滤不安全的服务而降低风险。由于只有经过精心选择的应用协议才能通过防火墙,所以网络环境变得更安全。例如,防火墙可以禁止众所周知的不安全的 NFS 协议进出受保护的网络,保护网络免受基于路由的攻击,如 IP 选项中的源路由攻击和 ICMP 重定向中的重定向路径。

(2)控制对主机系统的访问

防火墙有能力控制对主机系统的访问。例如,某些主机系统可以由外部网络访问,而其他主机系统则被有效地封闭起来,防止有害的访问。通过配置防火墙,允许外部主机访问

WWW 服务器和 FTP 服务器,而禁止外部主机对内部网络上其他系统的访问。

(3) 监控和设计网络访问

如果所有的访问都经过防火墙,那么防火墙就能记录下这些访问并做出日志记录,同时也能提供网络使用情况的统计数据。当发生可疑动作时,防火墙能进行适当的报警,并提示网络是否收到监测和攻击的详细信息。

(4) 防止内部信息的外泄

通过利用防火墙对内部网络的划分,可实现内部网重点网段的隔离,从而限制了局部重点或敏感网络安全问题对全局网络造成的影响。另外,使用防火墙可以隐藏那些会泄露内部细节的服务,如 Finger、DNS 等。

2. 防火墙的缺点

尽管防火墙有上述优点,但它不一定是 Internet 安全问题的灵丹妙药,因为其本身也存在许多缺点。

(1) 限制使用合乎需要的服务

防火墙最明显的缺点是它可能封锁用户所需的某些服务,如 Telnet、FTP、NFS 等。但这一缺点并不是防火墙所独有的。对主系统的多级限制也会产生这个问题。

(2) 后门访问的广泛可能性

防火墙不能防护从后门进入网点。例如,如果对调制解调器不加限制,仍然许可访问由防火墙保护的网点,那么攻击者可以有效地跳过防火墙。调制解调器的速度现在快到足以使 SLIP(串行线 IP)和 PPP(点对点协议)切实可行。在受保护子网内 SLIP 和 PPP 连接在本质上是另一个网络连接点和潜在的后门。如果允许调制解调器从后门访问,那么前门的防火墙又有什么用呢?

(3) 几乎不能防护来自内部的攻击

虽然防火墙可以用来防护局外人获取敏感数据,但它不能防止内部人员将数据拷贝到磁盘上,并把数据带出。因此,如果忽略其他窃取数据或攻击系统的手段,把大量资源存放在防火墙上也是不明智的。

(4) 其他问题

① 病毒:防火墙不能防止用户从 Internet 中下载受病毒感染的程序,或把这些程序附加到电子邮件上传输出去。由于这些程序可能以各种方法编码或压缩,因而防火墙不能精确地对这些程序进行扫描来搜寻病毒特征,必须用其他政策和抗病毒控制措施进行处理。

② 吞吐量:防火墙是一种潜在的瓶颈,所有的连接都必须通过防火墙,许多信息都要经过检查,信息的传递可能要受到传输速率的影响。

③ 集中性:防火墙系统把安全性集中在一点上,而不是把它分布在各系统间,防火墙受损可能会对子网上其他保护不力的系统造成巨大的损害。

9.3.3 防火墙的类型

防火墙有多种类型,大体上可以分为两类:一类基于分组过滤(Packet Filter,或称为包过滤),如分组过滤路由器和应用层网关;另一类基于代理服务(Proxy Service),如应用层代理服务器。二者的区别在于:基于分组过滤的防火墙通常直接转发报文,对用户完全透明,速度较快;而基于代理的防火墙则是通过代理服务来建立连接,它有更强的身份认证和日志功能。

1. 分组过滤

分组过滤是一种简单有效的安全控制技术,它通过在网络间相互连接的设备上加载允许、禁止来自某些特定的源地址、目的地址、TCP端口号等规则,对通过设备的数据包进行检查,限制数据包进出内部网络。分组过滤技术的最大优点是对用户透明,传输性能高。但由于安全控制层次在网络层、传输层,安全控制的力度也只限于源地址、目的地址和端口号,因而只能进行较为初步的安全控制,对于恶意的拥塞攻击、内存覆盖攻击或病毒等高层次的攻击手段,则无能为力。

2. 代理服务

代理服务是运行于内部网络与外部网络之间的主机之上的一种应用。当用户需要访问代理服务器另一侧主机时,对符合安全规则的连接,代理服务器会代替主机响应,并重新向主机发出一个相同的请求。当此连接请求得到回应并建立起连接之后,内部主机同外部主机之间的通信将通过代理程序把相应连接进行映射来实现。对于用户而言,似乎是直接与外部网络相连的,代理服务器对用户透明。

由于代理机制完全阻断了内部网络与外部网络的直接联系,保证了内部网络拓扑结构等重要信息被限制在代理网关内侧,不会外泄,从而减少了黑客攻击。同时,内部网络到外部的服务连接也可以受到监控,代理服务程序可以将所有通过它的连接做出日志记录,以便对安全漏洞检查和收集相关的信息。代理服务器的应用也受到诸多限制。首先是当一项新的应用加入时,如果代理服务程序不予支持,则此应用不能使用。其次,它只能抵御经由防火墙的攻击,不能防止内部应用软件所携带的数据和病毒或其他方式的袭击,也不能对内部计算机系统未授权的物理袭击提供安全保证。

目前,比较完善的防火墙系统通常结合使用两种技术。代理服务可以大大降低分组过滤规则的复杂度,是分组过滤技术的重要补充。

9.4 实 训

实训名称:CA认证。

实训目的:模拟CA认证流程进行完整的CA认证,理论与实践相结合,促进学生对CA认证的认识。

实训内容:企业证书、银行证书发放模拟,证书的下载,证书的安装,证书的配置,证书的使用等。

思 考 题

1. 什么是加密技术?

2. 加密技术有哪些应用？
3. 什么是电子商务安全协议？
4. 什么是计算机病毒？它有怎样的特征？
5. 什么是防火墙？防火墙分为哪几种类型？

第10章 网站建设

10.1 万维网与网站建设

10.1.1 万维网

WWW 全称为 World Wide Web,一般称为万维网。WWW 是目前最典型的、使用最广泛的互联网络系统应用。万维网是 Internet 的一种典型应用。Internet 又称为因特网或简称互联网,是覆盖全球范围的综合性信息网络,是应用最广、覆盖面最全、用户数量最多的计算机网络。

在 Internet 发展的早期,网络上使用的服务多受限制于带宽、网络连接的稳定性等,一般采用字符和文本形式。随着网络软硬件条件的逐步改善,特别是网络接入速度的不断提高,WWW 这种利用超文本链接方式展现信息的页面服务逐渐成为网络上信息展示和沟通的主流方法。现在 WWW 已经从标志一个站点服务方式的前缀,逐渐演化成一种代表互联网生活的符号。今天即使在网址中没有 WWW 标识,也不意味着这个站点没有使用 HTML 技术来设计。从这个方面说,2000 年前国内互联网发展的第一次高峰期间所诞生的各类网络词汇也逐渐被人们忘记。现在互联网、WWW 已经成为大家生活中的一项重要内容和工具。

1. WWW 的特点

WWW 上的资源是利用一定的设计技术设计出来的遵循特定标准的计算机资源。它的发展和出现依靠下面几项关键技术:

- 设计资源的标准——HTML(超文本标记语言);
- 网络传输的标准——HTTP(超文本传输协议);
- 访问和显示资源的工具——网络浏览器。

2. 超文本传输协议

HTTP 即超文本传输协议,是用于规范 WWW 服务器和浏览器之间通信的标准。它保证了计算机正确而快速地传递各类资源。在浏览网站的时候,可以注意到在浏览器地址栏中通常会出现 http:// 这样的字符。其中 http 即代表当前页面是采用 HTTP。除了典型的 http 以外,ftp:// 也是常用的一类协议。

HTTP的工作模式是请求/响应模式。HTTP负责保证浏览器向服务器发送的信息能准确地发送给目标服务器,同时服务器返回给浏览器的信息也能正常显示出来。

3. 超文本

超文本是指区别于传统的线性文本组织方式,按照类似人脑的联想思维方式组织管理信息的一种技术。

随着多媒体技术的发展,计算机中表达信息的媒体早已不再局限于文本和数字。超文本也越来越多地采用图形、图像、视频、音频、动画等多媒体元素。这时超文本已经转变为超媒体,其可视性、可听性、可感受性都远远超越了传统文本,大大丰富了用户的访问体验。

4. 超级链接

超文本是通过超级链接将不同的资源整合成一个整体。超级链接就像是一些线条,将原本独立的文本、声音、视频、图片等连接到一起,形成一个有联系的整体(图10-1)。超级链接定义了超文本的结构。

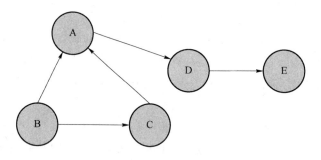

图10-1 链接模型

超级链接是网页导航的主要方式,通过它可以用简单的方式表达复杂的内容,用概括的描述来指向详细的资料。当用户希望看到更详尽的说明时,可以通过访问超级链接来获得相关信息。超级链接的出现打破了人们原本线性的阅读习惯。不需要再一页一页地去阅读,在网络中跳跃性的阅读才是最重要的浏览信息的技巧。

5. 网址与域名

TCP/IP中使用IP地址来标识出网络和网内主机。每个IP地址是一个32位的二进制整数。为表示方便,每隔八位用"."分开。例如,202.122.130.101就是一个IP地址的表示方法,被"."分隔成四个八位组,每个组的取值范围为0~255,即二进制的11111111。

IP地址由数字构成,难以记忆,也难以理解。因此,在实际使用中通常采用域名来标识一个主机。TCP/IP的名字管理机制称为域名系统(Domain Name System, DNS),这是一个层次型的结构。例如www.sjzpc.edu.cn这个名字可标识一台主机,其中cn表示中国,edu表示教育机构,sjzpc表示石家庄邮电职业技术学院,www表示这台主机是一台WWW服务器。由后向前,所表示的范围越来越小。

为保证域名系统的通用性,作为国际性大网的Internet规定了一组正式的通用标准标号,如表10-1所示。

表 10-1 域名含义对照表

域名	域	域名	域
com	商业组织	net	网络支持中心
edu	教育机构	org	组织机构
gov	政府部门	国别代码	.cn 中国
mil	军事部门		

域名归网络信息中心(NIC)管辖。假如一个国家的主机要按地理模式登记进入域名系统,需要首先向 NIC 申请登记本国的第一级域名(一般采用该国国际标准的二字符标识符)。NIC 将第一级域的管理特权分派给指定管理机构,各管理机构再对其管辖范围内的域名空间继续划分,并将各子部分管理特权授予子管理机构。如此下去,便形成层次型域名。例如,以.cn 结尾的域名全部由中国的域名管理机构(CNNIC)管理。

域名解析,即域名和 IP 地址之间的映射,包括正向解析(从域名到地址)以及逆向解析(从地址到域名)。这种映射是由一组域名解析服务器完成的。域名解析服务器实际上是一个服务器软件,运行在指定的机器上,完成名字—地址映射。通常把运行域名解析服务软件的机器叫作域名服务器(也称 DNS)。与域名系统相同,域名解析服务器也是层次型的。一个域名服务器一般只包括本网络内的名字和下一层的域名服务器,而其他网络的域名则交由上一层服务器处理。需要强调的是,一台网络上的主机一般来说只有一个 IP 地址,但可以有多个域名。每一个域名都指向同一个 IP 地址。特殊类型的主机会有多个 IP 地址。

6. 浏览器

网页浏览器是显示网页主机或文件系统内的 HTML 文件,并让用户与这些文件互动的一种软件。个人计算机上常见的网页浏览器包括微软的 Internet Explorer、Mozilla 的 Firefox、Opera 和 Safari。浏览器是用户使用网络资源时最重要的客户端软件。各软件厂家提供的不同浏览器产品对 HTML 标准及其他相关标准支持程度不一。所以在浏览网页时会出现在一种浏览器下正常显示,但在另一种浏览器中又出现问题的情况。随着人们逐渐认识到此类问题的重要性、各类标准的进一步规范化和浏览器软件的不断升级,相信此类兼容性问题会越来越少。

10.1.2 网站运行的基础——网络协议

提起网络,就不得不说到协议。在计算机网络中,处在两个不同地理位置的计算机上的两个程序之间相互通信,需要交换信息来协调它们的动作并达到同步。而信息的交换必须按照通信双方预先共同约定好的规程进行,这些约定和规程叫作协议(Protocol)。

一般来说,协议由语义、语法和时序三部分组成。语义规定通信双方彼此"讲什么",即确定协议元素的类型。如规定通信双方要发出什么控制信息,执行的动作和返回的应答。语法规定通信双方彼此"如何讲",即确定协议元素的格式,如数据和控制信息的格式。时序规定事件执行的顺序,即确定通信过程中通信状态的变化,如规定正确的应答关系。

计算机网络是一个极其复杂的系统,为了简化其设计,通常采用在协议中划分层次的方法。把功能划分为若干层次，较高层次建立在较低层次的基础上，又为其更高层次提供必要的服务功能，这样高层次只要调用低层次提供的功能，而无须了解低层的技术细节，只要接口不变。低层功能的具体实现办法的变更也不会影响较高一层所执行的功能。

这种层次化的方法具有以下几个优点：首先，通过适当分割通信功能，可以明确定义大规模通信系统的功能，而且可以明确协议间的关系和各自的功能。其次，对于构成通信系统的存储器及各种硬件、软件等的管理主体，明确了由什么通信功能来担任这种责任分工。另外，由于各层之间相互独立，某一层的变更不会波及整个系统，所以构成的系统具有扩充性能良好的优点。

在网络中除了上面提到的 HTTP 外还有许多其他协议。其中比较重要的一种是 TCP/IP 协议。TCP/IP 是指一整套数据通信协议，其名字由这些协议中的两个协议组成，即传输控制协议（Transmission Control Protocol，TCP）和互联网协议（Internet Protocol，IP）。虽然有很多其他协议，但是 TCP 和 IP 是其中最重要的两个。

在 1969 年，美国国防部高级计划管理署给一个研究和开发项目投资，以创建一个实验性的分组交换网络。该网络的名称是 ARPANET，其目的是研究各种能提供强壮、可靠、独立于厂家的数据通信技术，现代很多数据通信技术都是在该网络中开发的。

这一实验性的 ARPANET 非常成功，很多用它联网的单位都用它进行日常的数据通信。1975 年，ARPANET 从一个实验性网络变成一个可运行网络。管理该网络的责任落到了国防部通信局。然而，ARPANET 的开发工作并没有停止。基本的 TCP/IP 协议是在 ARPANET 可供使用后开发的。1983 年，TCP/IP 协议被用作军用标准，并要求所有与网络连接的主机都采用这一协议。为了便于这种转换，国防部高级计划管理署要求在 BSD UNIX 中实现 TCP/IP。这就开始了 UNIX 和 TCP/IP 的结合。在 TCP/IP 被用作一种标准的同时，Internet 这一术语开始得到普遍的使用。1983 年，原先的 ARPANET 分裂成 MILNET（国防数据网的无分级部分）和一个新的较小的 ARPANET。术语 Internet 是指这两个网络：MILNET 和 ARPANET。1990 年，ARPANET 在形式上已不复存在，而现在我们说的 Internet 要比以前大得多，包括在世界各地的很多网络。

Internet 现已大大超过了它原来的规模，成为世界范围内互联在一起的所有网络的总称，也就是我们说的因特网。它利用 TCP/IP 协议将各个物理网络连接成一个单一的逻辑网络。Internet 的迅速发展吸引了越来越多的地区性网络和新的组织加入这一网络中来。

10.1.3 网站的构成及工作方式

网站是一个覆盖广泛的资源综合体，一般来说包含文本、声音、图片、视频等多种媒体，包含不同的交互方式。如果组织不得当，则会引起很多麻烦。一方面，用户在浏览信息的时候很容易失去对浏览方向的控制，也就是所谓的在网上冲浪时的"迷路"现象；另一方面，不好的网站组织方式也大大加重了程序员维护、更新网站资源的难度，使得网站内经常出现各种错误。所以一般网站在组织上需要精心考虑和安排。在大部分网站中是按照内容来划分子目录管理的。当网站规模很大时，将不同栏目的所有资源分别保存在单独的目录中。这样当需要修改和移动时，可以方便地直接操作相应目录即可。对小型网站而言，一般将不同类型的资源分别管理，如 Images 目录存放所有的图片资源，Js 目录存放所有的 JavaScript 脚本文件，Flash 目录存放所有的 Flash 文件等。

传统的计算机程序通常称为客户端/服务器(Client/Server,C/S)结构。在这种结构下,客户端软件提供给使用者相应的程序界面和基本的处理、显示等功能,服务器负责具体的数据处理和运算。客户端和服务器分工协作使得软件能正常运作,实现用户需要的功能。C/S结构进一步划分可以表现为典型的三层结构,即表示层、业务逻辑层、数据层。其中表示层具体化为客户端,负责输出数据和接收客户的输入数据。业务逻辑层负责对数据按照业务要求进行专门的处理,是整个系统处理的核心。数据层负责维护管理整个系统内的数据,保证系统运行所需的各种数据环境。

三层结构的应用使得程序设计更加合理化,更易维护。但是,C/S结构的程序仍存在一个问题,即客户端的发布困难。在 C/S 程序中,客户端与服务器端软件是配套使用的。当服务器端发生变化的时候,客户端一般也需要进行相应的调整和更新。服务器端由于只保存在一个位置,维护起来比较容易。相反,客户端软件分发数量大,要做到同时更新十分困难。要避免这种情况,最好的办法就是将客户端软件标准化。所有的软件都使用一种固定的客户端软件,无论服务器端如何变化,客户端都不需要发生改变。在这种思路的指导下,从 C/S 结构逐渐演化出 B/S 结构。B 指的是 Browser,S 仍然为 Server。B/S 结构中浏览器作为标准化的客户端,大大减轻了程序开发人员开发和维护客户端的工作量。在 B/S 结构下由于客户端程序开发和维护的工作量相对于服务器端大大减少,所以有时这种结构也称瘦客户端模式。

在 B/S 结构的程序中,程序运作方式是一种典型的请求/响应模式(请求/应答模式),如图 10-2 所示。

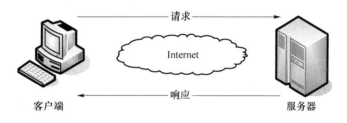

图 10-2　B/S 程序运行模式

客户在浏览器的地址栏中输入一个网址,按下回车键。这个信息作为请求发送给网络上的服务器。服务器找到客户请求的网页后通过网络把目标页面返回给客户端的浏览器,浏览器负责将文本的页面文件显示成我们一般看到的网页。

10.2　网站设计技术基础

10.2.1　网页设计语言及相关技术

网页、网站设计所使用到的技术主要包括静态网页设计技术及动态网页设计技术两大类。其中静态技术主要有 HTML、JavaScript、VBScript、CSS、XML 等。动态技术包括 ASP、JSP、PHP、Java、CGI、ASP.Net 等。从层次上可以将网页设计整体划分成 3 个层次,如表 10-2 所示。

表 10-2　网页设计层次划分

高级	ASP、JSP、PHP、Java、CGI、ASP.Net
中级	JavaScript、VBScript、XML
初级	HTML、CSS

初级层次包括最基础的 HTML 及样式表技术。掌握初级网页设计技术后可以完成开发界面美观的静态网页、网站的任务。中级层次包括脚本和 XML 技术，可以实现客户端的验证及 Ajax 等技术。高级层次主要是动态网页的设计技术，可以设计复杂的大型网站。

1. HTML

HTML 称为超文本标记语言（HyperText Markup Language）。它是 Web 上的专用表述语言，是 SGML（Standard Generalized Markup Language，标准通用标记语言）的一个简化版本。HTML 可以规定网页中信息陈列的格式，指定需要显示的图片，嵌入其他浏览器支持的解释型语言，以及指定超文本链接对象，如其他网页、Java Applet、CGI 程序等。

HTML 语言的源文件是纯文本文件，可以使用任何文本编辑器如 UNIX 的 VI、DOS 的 Edit、Windows 中的记事本等进行编辑。但是专用编辑器如 Dream Weaver、Microsoft FrontPage 等提供了一整套模板和方便的编辑工具，还可以直接调用内置的浏览器浏览程序的执行效果，提供了"所见即所得"的可视化编辑功能，工作效率要比一般编辑器高得多。

HTML 语言通过标签来表达不同的含义，浏览器依靠 HTML 标准将标签解释成为我们容易理解的网页。下面是一个典型的 HTML 页面的例子。

<html>
<head>
<title>Hello Html World!</title>
</head>
<body>
<strong>欢迎使用 HTML!</strong>
<a href = "index.htm">进入</a>
</body>
</html>

运行结果如图 10-3 所示。

图 10-3　HTML 页面

HTML 的控制命令称为标记(Tag)。标记置于<>中。标记分为开始标记和结束标记。结束标记是在开始标记的标记名前加"/",HTML 中大部分标记需要成对使用,如<html></html>。部分标记含有属性和属性值,如上面例子中的<a href="index.htm">进入</a>。href 是超级链接的目标地址属性,告诉浏览器当前超级链接指向什么位置。单击"进入"链接的时候,浏览器会自动转向 index.htm 这个页面。

2. CSS

CSS 是 Cascading Style Sheet 的缩写。一般称作层叠样式表单,是用于(增强)控制网页样式并允许将样式信息与网页内容分离的一种标记性语言。样式表的出现大大丰富和强化了 HTML 的显示效果和对网页内元素的控制能力。通过样式表可以实现非常复杂的显示效果,并大大简化了在大型网站内维护整个站点内统一风格的工作。CSS 样式表已经成为开发网页、网站必不可少的技术。

可以用以下三种方式将样式表加入网页:链入外部样式表文件、定义内部样式块对象、内联定义。

下面是一个使用 CSS 来定义字体的例子,这个字会非常大。试试看在屏幕上能看到什么。

```
<html>
<head>
<title>无标题文档</title>
</head>
<body>
<font style="font-size:12cm">Hello</font>
</body>
</html>
```

3. JavaScript 与 VBScript

JavaScript 是一种基于对象的解释型脚本语言。HTML 网页在互动性方面能力较弱,只能显示固定的内容。但是很多情况下需要在浏览器端进行一些操作。例如,验证用户名不能为空,用户输入的口令是否满足要求;邮政编码只能是数字;制作一个下拉菜单,当用户单击某一菜单项时,会自动出现该菜单项的所有子菜单,这些内容单纯使用 HTML 来编写网页是无法实现的。要实现这些功能,就需要用到客户端脚本编程。JavaScript 正是最常见的客户端脚本语言。

JavaScript 是一种脚本语言,它是根据 Java 语言经过大量简化后形成的。相对于 Java 语言的强大功能和复杂的编译方式,JavaScript 更为简单、容易掌握且无须使用 Java 虚拟机。JavaScript 是一种解释型的语言,也就是说只要在网页中编写好 JavaScript 脚本,即可在浏览器中执行得到结果。JavaScript 主要是基于客户端运行的,用户单击带有 JavaScript 的网页,网页里的 JavaScript 就传到浏览器,由浏览器对此作处理。前面提到的下拉菜单、验证表单有效性等大量互动性功能都是在客户端完成的,不需要和 Web Server 发生任何数据交换,因此,不会增加 Web 服务器的负担。JavaScript 的兼容性很好,几乎所有浏览器都支持它,如 Internet Explorer(IE)、Firefox、Netscape、Mozilla、Opera 等。因此在选择客户端脚本语言时,JavaScript 一般是最好的选择。

JavaScript 是一种基于对象的语言,同时也可看作是一种面向对象的语言。这意味着它能运用对象这种方式来抽象现实世界,提高了代码的重用性和封装性。在 JavaScript 中有部分功能需要依靠对象才能实现,特别是针对浏览器操作的高级功能更是需要利用对象来操作。它具有以下几个基本特点。

(1) 简单性

JavaScript 的简单性主要体现在:首先,它是一种基于 Java 基本语句和控制流之上的简单而紧凑的设计语言,从而对于学习 Java 是一种非常好的过渡。其次,它是弱类型语言,并未使用严格的数据类型定义。使得在编写 JavaScript 程序的时候不必过于关注类型的问题,大大减轻了程序员的代码书写量。

(2) 安全性

JavaScript 客户端脚本是一种安全性较好的语言。它不允许访问本地的硬盘,并不能将数据存入服务器上,不允许对网络文档进行修改和删除,只能通过浏览器实现信息浏览或动态交互,从而有效地防止数据的丢失。

(3) 动态性

JavaScript 是"动态的"。它可以直接对用户或客户输入做出响应,无须经过 Web 服务器程序。它对用户的响应是采用以事件驱动的方式进行的。所谓事件驱动就是指在主页(HomePage)中执行了窗口操作(如单击、双击、移动、选择菜单等操作)所产生的动作,称为"事件"(Event)。当事件发生后,可触发相应的事件响应,来执行设计好的处理过程。

(4) 跨平台性

JavaScript 依赖于浏览器本身对其的兼容情况,与操作系统平台无关。只要能运行浏览器,并安装了支持 JavaScript 的浏览器的计算机都能正确执行 JavaScript 脚本程序。JavaScript 实现了真正意义上的平台无关性。

JavaScript 在早期主要用作丰富客户端动态特效和用户表单验证。随着大量涌现的网络内容对网络带宽的压力,人们开始考虑通过技术手段尽量降低 B/S 程序对带宽的要求。2005 年左右,Ajax 技术作为 Web 2.0 的核心技术出现在人们的视野中。应该说 Ajax 技术并不是新研究出来的技术,它将传统的动态页面技术和客户端脚本编程结合起来形成了新型的异步更新。这种更新避免了以往提交网页信息需要将整个页面全部刷新的麻烦。它仅仅需要更新页面内需要更新的部分。这样大大降低了需要通过网络传输的信息量,也就加快了网络传输的速度。Ajax 的出现使得 B/S 程序"瘦客户端"的特征又开始向"胖客户端"转变。客户端脚本编程又重新成为人们关注的热点。JavaScript 正是受益于此,得到了越来越多的重视和欢迎。

VBScript 也是一种脚本语言,可以用于微软 IE 浏览器的客户端脚本和微软 IIS (Internet Information Service) 的服务器端脚本。VBScript 是微软编程语言 Visual Basic 家族中的一个成员,它是对 Visual Basic 简化后形成的。相对于 JavaScript 脚本,VBScript 脚本更适合作为服务器端脚本运行在 IIS 服务器上。VBScript 是 Microsoft 开发的动态页面设计技术 ASP(Active Server Pages) 的宿主语言。依靠 ASP 技术这棵大树,VBScript 脚本也成为一种重要的脚本语言流行于世。

4. XML

XML(eXtensible Markup Language)是一种可扩展标记语言。1998年2月W3C给出XML标准1.0。XML是对SGML标准简化以后得到的。SGML是一套较早出现的国际标准,但是由于过分复杂难以使用而未流行。XML是一组技术的集合,不是单个技术。它包括DTD(文档类型定义)、XML Schema(XML,数据模式)、XSL(可扩展的样式语言,eXtensible Stylesheet Language)、XML链接语言(包括XPath、XPoint等)、XML名称空间、XML查询语言XQL、XML文档对象模型XML DOM(Document Object Model)等。

随着Internet的迅猛发展,越来越多的人认识到公共数据格式的重要性。否则,在一个系统编辑好的文档无法在另一个系统内被正确识别和处理。最典型的就是目前不同操作系统平台之间的文件格式差异,大大制约了信息在不同平台上的沟通。XML自身的特点使得它成为解决这一困境的重要方法。比起它的前身SGML来,XML要简单、灵活、好用很多,它把很多在SGML底层非常复杂的语法结构隐藏起来,使整个结构非常灵活又容易扩充,使得开发应用程序更容易。用XML可以使软件系统间流畅地互通。

XML比SGML强的一个地方是,它和HTML一样继承了所有Web的功能,这使得XML特别适合在网上传输和处理。XML设计之初的主攻方向是使文档中的数据达到结构化,并赋予其明确的语义。这使得它具有革命性的特质和优势。

XML最大的特点就是具有创建标记的能力。我们熟悉的HTML中标记是不可任意创建的,它不传递语义信息。更多的情况下是描述显示信息,如<P>、<I>、<B>等。XML的这一特性使得它具有相当强的扩展性。

XML的另一突出特点就是它将数据与数据的显示分开。内容与形式分离可以使XML文件的编写者集中精力于数据本身,而不受显示方式的细节的影响。而它还带来另外的好处,即不同的样式表可以使相同的数据呈现出不同的外观,从而适合于不同的应用,可以在不同的显示设备上显示。这样XML数据可以得到最大限度的重用性,满足不同的应用需求。

XML的显著特点使它具有不可比拟的优势,成为电子商务的一大利器。

(1) 适合于异质平台之间的信息互通。仅从当前的商务角度来说,不同企业之间,甚至同一企业的不同部门之间,往往因大相径庭的平台和数据库造成信息流通的困难。而XML简单易读,内容与显示分离,而且可以自定义标签,所以能够轻松地跨越异质平台造成的界限。无论是数百万美元的长期运行着的系统,还是小到智能手机,都可顺利运行。XML的这种适合交换和传递的特性使得人们认为,XML将为电子商务,尤其是B2B的电子商务带来革命性的冲击。

(2) 保值的特性。XML文档简单易读,数据与格式分离,又极易转换成其他格式,因而即使经过长久的变迁也不用担心由于没有相应的环境而丢失信息。

(3) 更加精准的搜索。XML的标签携带语义信息,能够明确地提示所标注的内容,从而实现更加准确的搜索。

XML所带来的是一个全新的视野,一种对于整个电子商务架构在观念上的颠覆。而中小企业也可以轻易享受到电子商务的好处。电子商务的威力已经开始发挥,在可以预见的未来,全球经济也一定会受到这种网上电子商务的强力震撼,在电子商务的旋风即将来临之际,XML是一种不可忽视的新技术。

10.2.2 网页设计相关技术

1. 动态网页技术

动态网页技术一般指通过程序设计的方法将网页中一部分代码在服务器端运行。客户在浏览器上看到的结果是由服务器运行程序后得到的。动态网页技术改变了静态 HTML 技术将所有网页内容和格式全部集中在一个 HTML 文件中的做法,它可以利用数据库技术等复杂技术将网页的格式和内容分离。特别是动态网页设计技术可以运行大量的交互式程序,允许客户端与服务器端进行复杂的沟通和交流。在这种环境下客户端和服务器端分别完成各自的任务,客户端负责显示页面给客户并收集客户所提交的信息发送给服务器;服务器得到信息,处理它们并将结果反馈给客户端。

动态页面的运行模式与前面提到的静态网页运行模式类似,一个最显著的区别是:在动态页面中服务器不但要找到客户请求的页面,而且还要在服务器端运行这个页面内的程序。动态页面运行的结果是一个 HTML 页面。这个页面通过网络传送给客户端由浏览器显示出来。

动态页面最突出的特点是可以通过调用服务器端的组件资源来实现各种复杂功能。当需要使用服务器资源的时候,动态页面技术是最好的选择。

截至目前,动态页面技术已经发展了多代。早期人们直接使用高级编程语言调用服务器 API 来实现动态的功能。这个时期,利用 C++结合 IISAPI 来实现页面是一种典型的应用方法。但这种方法过于复杂且兼容性不好,所以很快就被其他技术所替代。现在我们常见的动态页面技术主要有 ASP、PHP、JSP、ASP.Net 等。这些技术基本上都是利用脚本代码实现功能,比较容易掌握,且移植起来比较方便。除了这些技术外,动态页面还可以采用 Java 语言编写 Applet 小程序实现。总之动态页面技术种类丰富,功能强大。多种实现技术各有特点,有兴趣的读者可以分别了解。下面我们以较常见的 ASP 技术为对象简要介绍动态技术。

ASP(Active Server Pages)是微软 IIS 的一个部件。利用 ASP,用户可以在服务器端执行用 VBScript 编写的嵌入在 HTML 文件中的小程序。由于是在服务器上执行,程序可以不必考虑与各类浏览器的兼容问题。虽然在服务器上执行会增加服务器的负担,但此时可以存取服务器的有关资源。通常使用 ASP 的 Web 网页具有后缀名.asp。当客户端用户的请求是一个 ASP 文件时,服务器将在传送该文件之前执行文件中的程序脚本,并把程序的输出放在页面中相应的位置。ASP 文件中所有位于"<%"和"%>"之间的字符串都将被服务器解释为程序代码。

ASP 本身提供了很多 ActiveX Server 部件以扩展 ASP 的编程能力。这些部件对使用者隐藏了具体的编程细节。通过对这些部件的调用,编程人员用很少的代码就可以完成许多复杂的任务。用户也可以用其他编程语言开发自己的 ActiveX Server 部件。

2. 网页设计开发工具

网页设计是一个综合性较强的工作。在页面设计过程中不但涉及具体的页面程序设计,而且还包含页面视觉设计的内容。要完成这么多的工作没有方便、有力的工具是很困难的。虽然 HTML 和 ASP 等主要网页设计技术都是纯文本,可以使用各种文本编辑器来编辑。但是一个记事本与功能强大的网页编辑工具的工作效率是无法相比的。截至目前，在设计网页过程中比较常用的工具有下面几种。

（1）Dream Weaver

Dream Weaver 原本是 Macromedia 公司开发的一款功能强大的网页编辑工具。在国内，前几年它与 Flash、Fireworks 合称网页三剑客。后来 Macromedia 被 Adobe 公司收购。Dream Weaver 可以编写包括 HTML、ASP、PHP、JSP、ASP.Net 在内的各类网页。它采用窗口和代码两种设计界面，支持代码自动完成，设计结果所见即所得。为了方便设计和管理大型站点，它还提供了简单的站点管理和静态页面的模板功能。相比较大型的开发工具如 Visual Studio 之类，Dream Weaver 体积小巧但功能强大，使用方便。Dream Weaver 是目前开发大中型网站的重要工具。

（2）FrontPage

FrontPage 是 Microsoft 公司开发的一个著名网页设计工具。它的著名主要是因为它作为 Office 软件的一个套件出现，大部分使用 Word 软件的计算机上都安装了这个程序。FrontPage 一般作为网页初学者工具出现。这主要是因为其操作与 Word 类似，设计网页就像编写一篇文档一样，使用很简单。FrontPage 的功能相比 Dream Weaver 而言要弱一些。

（3）Photoshop

Photoshop 是 Adobe 公司的主打产品。它是现今最专业、最流行、功能最强大的点阵图像处理工具，是出版、美术等行业的主导软件。Photoshop 在网页设计中，被用来设计网站的页面效果，是美工人员工作的最重要的工具。

（4）Flash

在 Flash 诞生前，互联网上的动画大多是 GIF 格式的，效果不佳且尺寸很大，难以实现复杂的动画。Flash 的出现提供了创建网页动画的新途径。它的主要特点如下。

- 体积小，采用矢量技术和插件技术大大缩小了动画文件的尺寸。
- 创建和编辑方法简单易学。
- 交互功能强大，可以通过与用户的交互，使动画和网页有机地结合起来，能设计出极复杂的动画。

随着人们对网页效果要求的不断提升，Flash 动画已经成为网页的一个重要内容。

10.3 网站开发方法与建设流程

网站是一个系统，是由多种不同的资源通过设计人员的精心组织构成的一个有机整体。特别是电子商务网站，不是一个孤立的系统，它与企业内部及整个社会的网络基础设施、企业信息化建设密切相关，是一个涉及商务活动、网络技术、支付、物流、营销、安全、法律等诸多方面的系统工程。因此电子商务网站的建设必须遵循一定的规律、有计划、有步骤地进行。

构建一个完整的电子商务网站就像进行一项软件开发一样，应符合软件工程的要求，一般要经过以下五个阶段：

- 系统规划；
- 系统分析；
- 系统设计；
- 系统实施；
- 系统运行与维护。

在这几个阶段中,每个阶段完成不同的工作,为后面的工作做准备、打基础。

1. 系统规划

在系统规划阶段需要确定建设站点的目标、站点的定位和运作模式、商务模型,并进行可行性分析,从经济可行性、社会可行性、技术可行性等方面撰写可行性分析报告。作为后面工作开展的基础,系统规划阶段对于企业开展电子商务具有决定性作用。

2. 系统分析

在这个阶段需要分析站点的目标客户是谁、他们有什么样的特点、需要何种信息、需要站点提供何种功能、整个站点的结构和格局。

3. 系统设计

系统设计的最终目标是确定电子商务网站的逻辑结构和应用功能,从子系统、前台、后台、技术支持、系统流程、人员设置等各个方面全面构建电子商务系统。此阶段工作完成的好坏将直接影响后续系统建设和未来电子商务站点运行和应用成功与否。

4. 系统实施

在这个阶段要将上面阶段设计好的方案使用编程语言实现出来,并发布到网络上,主要包括以下内容。

(1) 系统的开发

站点是电子商务系统的核心,用于实现企业的商务逻辑。在这个阶段必须完成整站的代码编写工作。

(2) 系统平台的选择和搭建

有效实施电子商务网站,是以良好的电子商务系统平台为基础的。所谓电子商务系统平台,就是能支持电子商务系统运行的软硬件环境。企业要根据即将实施的电子商务站点的具体情况,搭建相应的软件、硬件环境。

(3) 网站的发布

网站是一类特殊的应用程序,让用户能通过互联网访问站点,需要完成域名注册、选择合适的建站方式、网站测试、发布站点等一系列工作。

① 域名注册

域名是企业建立网站的前提。一个好的域名应该是容易记忆的,且最好与企业的信息(如企业名称缩写、企业产品商标名等)相关或保持一致,也可选取比较有趣、有着广泛影响、家喻户晓,且与企业本身内涵有一定关系的域名。像阿里巴巴网站的域名 http://china.alibaba.com 就不错。它源自古老的阿拉伯故事,芝麻开门打开藏宝山洞,迎来无数财富,网络时代的阿里巴巴欲成为全球商人获取商机的通行证。

② 选择合适的网站建设方案

从技术上看,企业在 Internet 上建立一个独立网站的方式有三种:虚拟主机、服务器托管及专线上网。

a. 虚拟主机。虚拟主机是采用特殊的软硬件技术,把一台运行在互联网上的服务器主机分成一台台的虚拟主机。每一台虚拟主机都具有独立的域名和 IP 地址,具有完整的 Internet 服务器(WWW、FTP、E-mail)功能。同一台服务器上的各虚拟主机之间完全独立,并可由用户自行管理。从外界看来,一台虚拟主机和一台独立的主机完全一样。服务器采用虚拟主机的方式,由于无须大量的硬件和软件平台投资,具有成本较低的优点,但因不能支持大量的并发访问,因此主要适用于初期无大量投资,又急需进行企业信息发布的中小信息服务商。

b. 服务器托管。服务器托管指将企业的网站服务器放置在能够提供服务器托管业务的部门(如 ISP 服务商、IDC 等)的机房内,但该服务器仍由企业自行维护和管理(通常采用远程登录的方式),这样企业可以省去自行申请专线接入的费用。

c. 专线上网。通过申请相应速度的 DDN 线路连接到 Internet 上,用户的服务器放在自己的机房中,维护和管理非常方便,当然成本费用较高。

当确定采用何种方案接入 Internet 后,即可得到相应的网络空间地址和管理的口令。通过 FTP 工具将设计好的网站程序上传到服务器上,用户即可在网络上通过 IP 地址访问企业的站点(虚拟主机不适用)。若要使用域名访问,还需要进行域名解析。购买域名后一般会得到一个免费的 DNS 解析服务。将申请好的域名与得到的空间地址绑定后,使用域名就能正常登录企业电子商务网站了。

③ 网站测试

对于建好的网站应进行全面的性能测试,主要包括:不同客户平台、不同浏览器的测试,访问网页所用时间,其他网站到您网站的链接数量,拼写检测,HTML 文件编写检测等。

a. 测试网站的兼容性。要在不同的客户平台上,采用不同的网页浏览器测试网站的显示是否正常。

b. 链接有效性测试。检查指定网页上所有链接是否正常,避免错误链接。可通过举办"捉虫有奖"活动自己进行测试,也可采用相应的检测软件进行自动测试。

c. 各类接入速度的测试。测试网站的下载速度、网页的载入时间,了解在不同的网络环境下接入企业网站的速度。

如果企业的网站并非自己设计,则在测试前应对照完整的网站栏目结构图(该图中应该明确地表达网站各栏目之间的关系)逐一检查各个栏目的内容、链接、效果、功能等,一旦发现问题,立即与服务提供商联系。

5. 网站推广

网站测试完毕,便应进行网站的推广工作。为了让更多的客户了解企业,提高企业的知名度,必须制定一个有计划的网站推广策划书,根据网站及企业的具体情况,选择相应的推广方法和策略。常见的网站推广方式有搜索引擎注册,建立邮件列表和电子杂志,利用论坛、新闻组和 BBS、网络广告、网站合作及传统广告媒体等。具体的实施方法参见网络营销章节中网站推广部分。

6. 网站的维护

对于一个已经建设完成、正在运行的商务网站,坚持不懈的维护是相当重要的。这种维护有时可能很简单,比如可能需要在某一固定栏目中增加或修改内容。有时可能较复杂,比如运行过程中发现系统平台有问题,必须及时调整;系统出现重大故障,必须迅速恢复数据和业务;突然遭受病毒袭击等。因此,必须对网站运行状况进行随时监控,发现运行问题,及时解决,同时还应注意统计网站运行的相关情况。

网站的维护通常包括系统、应用、内容三个方面。

(1) 系统维护。对操作系统、Web 服务器、邮件服务器、FTP 服务器及硬件平台进行维护。

(2) 应用维护。根据企业自身需求或客户要求,为网站添加新的功能。

(3) 内容维护。网站的内容应进行定期或不定期的更新。

10.4　电子商务网站的设计原则

什么样的企业商务网站才称得上是好网站?对于这一问题并没有一个绝对标准的答案。关键是企业要始终清楚地知道企业建立网站最终想实现什么样的目的或功能,即网站的定位。一个准确的定位,再通过具体有个性的策划、合理有效的设计及网站推广,就能够使网站发挥其应有的作用,这样的网站便是一个成功的网站。为了体现上述理念,商务网站在设计时就应遵循以下几个主要原则。

1. 准确定位

企业商务网站是为企业在网上的商业运作服务的,要选择恰当的网站类型、组织适宜的网页内容,在体现商业感召力、明确经营理念的同时,又树立完美的企业形象、产品展示、市场营销和完善客户服务。只有这样,才能真正实现网站建设的投资价值。企业建立网站不是为了经营网站,而是为了服务于企业、业务、产品,服务是最重要的。

2. 结构合理,注重网站的日常维护

网站的总体框架结构应当合理完整,主线突出。即能够充分体现企业网上形象的全貌,涵盖所有的网上活动内容,还要处处体现用户第一的思想。比如,应使访问者能便捷地通过网站导航而快速定位所需内容;尽可能从用户及潜在用户的角度来考虑网站的设计和功能安排,使他们在网页的使用过程中就能感受到企业对用户负责、体贴入微的服务精神。另外,要注重网站的不断更新与维护,这不仅象征着企业不断完善的一种企业精神,也代表着企业的一种活力。

3. 具有较好的可扩充性

企业商务网站的建设不可能一步到位,一劳永逸。客户需求或客户群体的变化、企业规模的扩大、企业发展战略的修订等许多因素,都可能会导致原有企业网站的不适应性,必须及时扩充或作较大的调整以适应新的形势。因此在最初设计网站时就应充分考虑网站的可扩充性,如选择开放的、有较好兼容性的服务器,采用符合国际标准的电子商务技术,采用具有较好自动伸缩功能的数据库技术等。

4. 高效可靠,具有较好的容错性

网站必须能经受全年全天候的大量访问及并发请求,防止高峰时刻有可能出现的宕机。

同时,还要能保证任何时刻交易的正确性和完整性,在设计阶段就应采用相应的技术与措施,考虑到一旦发生意外事故,系统必须具备故障恢复能力。

5. 构建安全可信的商务环境

商务网站作为企业进行商务活动的一个重要窗口和平台,安全性显得尤为重要。除了依靠软硬件配置以及外在的保障体系来构建安全的网络环境外,还应通过网站营造出诚信的企业思想与文化。

10.5 电子商务网站的分类

不同的企业建立网站的目的会有所不同,每个企业有自己特定的产品及服务,网站的内容和类型必须始终围绕企业的核心业务或企业的发展策略。而且,企业在发展的不同时期,相应的网站也会有所差异,应选择最适合企业当前需求,最能反映企业目标的网站类型。比如,企业是打算致力于树立品牌,还是注重建立与客户的关系;是宣传企业独特的产品和服务,还是定位于某些顾客群体;是想逐步实现全部电子贸易化,还是提供一个电子交易平台。

要对网站进行精确分类很难,因为实际应用中的网站都不是孤立的,通常都是不同类型的综合,而且网站本身也在不断地发展,一些新的类型会根据市场的需求而涌现,一些原有的网站类型或许也会因为无法继续生存而消失。比如,前几年说"门户网站"一般是指"个人门户网站",现在随着B2B的兴起,"企业门户网站"逐步开始普及,"产业门户网站"(电子集市)也渐渐出现。又如,如果按照企业想通过网站来实现的主要目标来分,企业网站可分为宣传性网站、营销性网站、交易性网站、服务性网站等。表10-3所示的分类主要是根据目前电子商务网站所提供的功能来划分的。

表10-3 电子商务网站的主要类型

类型	主要功能	企业从中可获利方面	案例
企业门户网站	提供了一个信息发布和交换的平台	实现"e化企业"	海尔企业门户网站
B2C网上商店	销售企业的产品并提供相应的服务	产品销售收入	首都电子商城
C2C社区	消费者拍卖、竟标、交流等	收取交易费用	拍卖网站ebay
B2B交易市场	为交易双方提供产品查询、产品交流及产品交易的一个平台	收取交易佣金	中昊化工网
其他服务类网站	如ISP服务类、搜索引擎类、ICP服务等	收取使用费或广告费等	新浪、网易等

1. 企业门户网站

企业门户网站一方面可以为企业内部员工提供一个信息发布和交换的平台,同时它也和企业知识管理平台与制度相结合,完成对内的"e化统治";另一方面它还能成为客户与供应商及公司之间信息交换、业务推广和服务的平台。这种门户网站的形式不仅能改变企业内部信息管理系统和信息环境,也会改变企业与企业间的交易,同时它也使"产业门户网站"的发展成为可能。

2. 产业门户网站

国内的一些大型企业(像海尔、春兰、联想、TCL 等)不仅建立各自的门户网站,同时还提供 B2B 的交易平台,从而形成 B2B 门户网站。然而,一些人士认为企业的这种自立门户的 B2B 网站非常不经济,就像建了一个只买卖一只股票的交易所,由此出现了产业门户网站的概念。产业门户网站其实就是我们经常谈到的"电子集市"。它将特定产业间的相关成员,如顾问、供应商、制造商、配销商、物流资金流服务等结合在一起,提供一套整体的服务。这样的网站要求很高,需要某些特殊的资源及较长的时间才可能实现。ChemConnect(http://www.chemconnect.com)公司是国际较为知名的一家产业门户网站。中昊化工网则是国内比较知名的化工行业的产业门户网站。

3. B2C 网上商店

B2C 网上商店主要面向一些小商品零售企业。

4. 其他服务类网站

在各类服务型网站中,ISP 服务、ICP 服务、搜索引擎吸引了众多企业的目光。这类网站主要依靠收取用户使用费、广告费等维持日常运行,因此单一性质的服务类网站要想盈利,其难度是比较大的。然而随着网络用户需求量的不断增加、电子商务应用的迅猛发展,这类服务却又有着广阔的空间,因此也促使一些知名企业将其业务逐步延伸到这些领域。比如联想公司,正式进入 ICP 领域后,又获得了 ISP 服务经营资格,从而实现了联想在互联网时代的三重角色定位。

10.6 实 训

1. 上网浏览各类网站,查看菜单/源文件命令来浏览页面的代码文件。
2. 上网浏览各类网站的典型代表,比较其功能的不同之处。

思 考 题

1. 请描述 B/S 模式与 C/S 模式的不同点。
2. 请描述 HTML 语言的特点。
3. 请描述 XML 技术对互联网、电子商务发展的重要作用。
4. 简述电子商务网站的建设流程。

第11章 电子商务与数据挖掘

11.1 数据挖掘简述

11.1.1 数据挖掘的产生

数据挖掘作为一个新兴的多学科交叉应用领域,引起了信息管理领域的极大关注,在各行各业的决策支持活动中扮演着越来越重要的角色。数据挖掘是信息技术不断发展和融合的结果。自20世纪60年代以来,信息技术从早期的文件处理进化到复杂的、功能强大的数据库系统;自20世纪70年代以来,数据库系统从层次、网状发展到关系型数据库系统及相关的建模工具、索引和数据组织技术。在数据库系统中通过查询语言、用户界面、优化的查询处理和事务管理,可以方便、灵活地访问大量数据。同时计算机及信息技术发展的历史也是数据和信息加工手段不断更新和改善的历史。早年受技术条件限制,一般用人工方法进行统计分析和用批处理程序进行汇总和提出报告。在当时的市场情况下,月度和季度报告已能满足决策所需信息要求。随着数据量的增长,多数据源带来了各种数据格式的不相容性,为了便于获得决策所需信息,就有必要将整个机构内的数据以统一形式集成存储在一起,这就形成了数据仓库(Data Warehouse)。数据仓库不同于管理日常工作数据的数据库,它是为了便于分析针对特定主题而集成的、随时间增长的,即提供存储长时间的数据,这些数据一旦存入就不再发生变化。

在此基础上,随着人类活动范围的扩展,生活节奏的加快,人们能以更快速、更容易、更廉价的方式获取和存储数据,这就使得数据及其信息量以指数方式增长。早在20世纪80年代,据粗略估算,全球信息量每隔20个月就增加一倍。而进入90年代,全世界所拥有的数据库及其所存储的数据规模增长更快。一个中等规模企业每天要产生100 MB以上来自各生产经营等多方面的商业数据。美国政府部门的一个典型大数据库每天要接收约5 TB数据,在15秒到1分钟时间里,要维持的数据量达到300 TB,存档数据达15～100 PB。在科研方面,以美国宇航局的数据库为例,每天从卫星下载的数据量就达3～4 TB之多;而为了研究的需要,这些数据要保存七年之久。90年代互联网(Internet)的出现与发展,以及随之而来的企业内部网(Intranet)和企业外部网(Extranet)的产生和应用,使整个世界互联形成一个小小的地球村,人们可以跨越时空地在网上交换信息和协同工作。这样,展现在人们面前的已不是局限于本部门、本单位和本行业的庞大数据库,而是浩瀚无垠的信息海洋。

然而,人类的各项活动都是基于人类的智慧和知识,即对外部世界的观察和了解,做出正确的判断和决策以及采取正确的行动,而数据仅仅是人们用各种工具和手段观察外部世界所得到的原始材料,它本身没有任何意义。从数据到知识到智慧,需要经过分析、加工、处理、精炼的过程。数据是原材料,它只是描述发生了什么事情,并不能构成决策或行动的可靠基础。通过对数据进行分析找出其中的关系,赋予数据以某种意义和关联,这就形成所谓的信息。信息虽给出了数据中一些有一定意义的东西,但它往往和人们需要完成的任务没有直接的联系,也还不能作为判断、决策和行动的依据。对信息进行再加工,即进行更深入的归纳分析,方能获得更有用的信息,即知识。而所谓知识,可定义为"信息块中的一组逻辑联系,其关系是通过上下文或过程的贴近度发现的"。从信息中理解其模式,即形成知识。在大量知识积累基础上,总结出原理和法则,就形成所谓智慧。事实上,一部人类文明发展史,就是在各种活动中,知识的创造、交流、再创造不断积累的螺旋式上升的历史。

  计算机与信息技术的发展,加速了人类知识创造与交流的这种进程,据德国《世界报》的资料分析,如果说19世纪时科学定律(包括新的化学分子式,新的物理关系和新的医学认识)的认识数量一百年增长一倍,到20世纪60年代中期以后,每五年就增长一倍。这其中知识起着关键的作用。当数据量急剧增长时,如果没有有效的方法,由计算机及信息技术来帮助从中提取有用的信息和知识,人类显然就会感到像大海捞针一样束手无策,陷入一个拥有丰富数据但是却缺乏知识的困境。

  在今天国内国外市场都面对全球性激烈竞争的环境下,商家的优势不仅仅体现于产品、服务、营销能力等方面,还在于对市场的把握和理解、对客户的认知和控制,更在于创新。用知识作为创新的原动力,就能使商家长期持续地保持竞争优势。而知识来源于日积月累所形成的庞大的业务数据库、广博的互联网和新闻、国家法律、法规、政策等数据或信息。知识帮助商家理解和满足易变的客户需求,成为因市场快速变化而引起激烈竞争局面的重要武器。因此,如何对数据与信息快速有效地进行分析加工提炼以获取所需知识,就成为计算机及信息技术领域的重要研究课题。

  海量的数据之中埋藏着丰富的不为用户所知的有用信息和知识,而要使企业能及时准确地做出科学的经营决策,以适应变化迅速的市场环境,就需要有基于计算机与信息技术的智能化自动工具,来帮助挖掘隐藏在数据中的各类知识。这类工具不应再基于用户假设,而应能自身生成多种假设,再用数据仓库或大型数据库中的数据进行检验或验证,然后返回用户最有价值的检验结果。此外这类工具还应能适应现实世界中数据的多种特性(即量大、含噪声、不完整、动态、稀疏性、异质、非线性等)。要达到上述要求,只借助于一般数学分析方法是无法达到的。多年来,数理统计方法以及人工智能和知识工程等领域的研究成果,诸如推理机、机器学习、知识获取、模糊理论、神经网络、进化计算、模式识别、粗糙集理论等诸多研究分支,给开发满足这类要求的数据深度分析工具提供了坚实而丰富的理论和技术基础。在信息技术、人工智能技术、商业需求的共同作用下,数据挖掘技术逐步发展起来。

11.1.2 什么是数据挖掘

  数据挖掘早期在人工智能(Artificial Intelligence,AI)中被称为知识发现(Knowledge Discovery in Database,KDD),指的是从大量数据中寻找未知的、有价值的模式或规律等知识的过程。在人工智能领域中,知识发现是由若干挖掘步骤组成的(图11-1),而数据挖掘是其中的一个主要步骤。

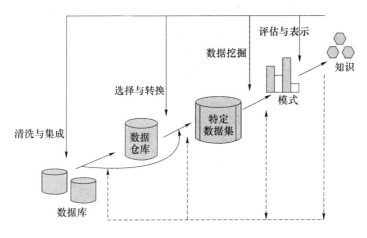

图 11-1　知识发现的过程

知识发现的主要步骤如下。

- 数据清洗(Data Cleaning)：清除噪声数据、不一致的数据和与挖掘主题明显无关的数据。
- 数据集成(Data Integration)：将来自多数据源中的相关数据整合到一起，形成一致的、完整的数据描述。
- 数据转换(Data Transform)：通过汇总或聚集将数据转换为易于进行数据挖掘的数据存储形式。
- 数据挖掘(Data Mining)：知识发现的一个基本步骤，利用智能方法挖掘模式、规则、网络等知识。
- 模式评估(Pattern Evaluation)：根据一定评估标准或度量(Measure)从挖掘结果中筛选出有意义的知识。
- 知识表示(Knowledge Representation)：利用可视化和知识表示技术，向用户展示所挖掘出的相关知识。

随着商业中对数据分析应用的日渐增多，以及商业用户对知识的认识逐渐深入，需要有个时髦的、更容易被大众接受的名词来表达知识发现过程。因此数据挖掘这个非常形象化的名词在更多的商业场合下被更多人所熟知。尽管数据挖掘仅仅是整个知识挖掘过程中的一个重要步骤，但目前工业界、媒体、数据库研究领域中，"数据挖掘"一词已被广泛使用并被普遍接受，因此在这里也广义地使用"数据挖掘"一词来表示整个知识挖掘过程，即数据挖掘是从数据库、数据仓库或其他信息库中的大量数据(海量数据)中，挖掘潜在的、目前未知的、有趣的知识的过程。

在这个定义中，典型的数据挖掘系统(图 11-2)包括以下部分。

- 数据库、数据仓库或其他信息库：表示数据挖掘对象是由一个(或一组)数据库、数据仓库、数据表单或其他信息库组成。通常需要使用数据清洗、数据集成或过滤操作，对这些数据对象进行初步的处理。
- 数据库或数据仓库服务器：这类服务器负责根据用户的挖掘请求，读取相关的数据。
- 知识库：此处存放数据挖掘所需的领域知识，这些知识将用于指导数据挖掘的搜索过程，或者用于帮助对挖掘结果的评估。挖掘算法中所使用的用户定义的阈值就

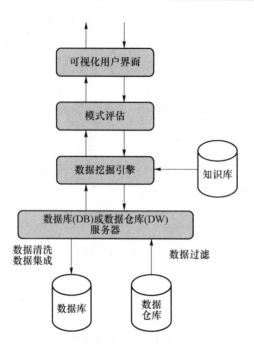

图 11-2　典型的数据挖掘系统结构

是最简单的领域知识,比如最小支持度、置信度、兴趣度等。
- 数据挖掘引擎:这是数据挖掘系统的最基本部件,它通常包含一组挖掘功能模块,以便完成特征描述、关联分析、分类、聚类、进化计算和偏差分析等挖掘功能。
- 模式评估模块:该模块可根据兴趣度度量,协助数据挖掘模块聚焦挖掘更有意义的模式知识。如该模块可与数据挖掘模块有机结合,有助于把搜索限制在有兴趣的模式上,提高其数据挖掘的效率。
- 可视化用户界面:该模块帮助用户与数据挖掘系统进行沟通交流。一方面,用户通过该模块将自己的挖掘要求或任务提交给挖掘系统,以及提供挖掘搜索所需要的相关知识;另一方面,挖掘系统通过该模块向用户展示或解释数据挖掘的结果或中间结果;此外该模块也可以帮助用户评估所挖掘出的模式知识,以多种形式展示挖掘出的模式知识。

数据挖掘有机结合了来自多学科的技术,其中包括数据库、数理统计、机器学习、高性能计算、模式识别、神经网络、数据可视化、信息检索、图像与信号处理、空间数据分析等,这里需要强调的是数据挖掘所处理的是大规模数据即通常所说的海量数据,且其挖掘算法应是高效的和可扩展的(Scalable)。通过数据挖掘,可从数据库中挖掘出有意义的知识、规律或更高层次的信息,并可以从多个角度对其进行浏览查看。所挖掘出的知识可以帮助进行决策支持、过程控制、信息管理、查询处理等。因此数据挖掘被认为是数据库系统最重要的前沿研究领域之一,也是信息工业中最富有前景的数据库应用领域之一。

11.1.3　数据挖掘的商业流程

知识发现的基本过程分为数据的清洗与集成、数据的选择与转换、数据挖掘、模式评估和知识表示等几个典型的步骤。实际上,在商业领域中为了保证数据挖掘的质量和结果的可靠,商业数据挖掘过程更为重视挖掘前对业务模型和业务数据的理解。在商务环境下的数据挖掘过程主要划分为以下过程:商业理解、数据理解、数据准备、建立模型、模型评估、模型发布,流程如图 11-3 所示。

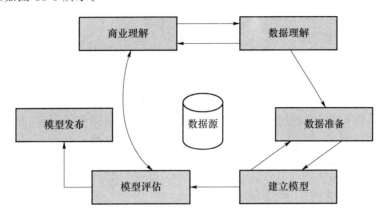

图 11-3　数据挖掘的商业流程

商业理解是数据挖掘的起点,是从商业需求出发来研究数据挖掘可能提供的商业价值,要完成以下基本工作。

- 确定商业目标,包括分析项目背景、具体的商业目标,如何定义成功。
- 进行形势评估,描述项目拥有的资源、需求的资源和限制、项目风险和可能的偶发因素、成本与收益。
- 确定数据挖掘的目标(不是项目目标),该目标应具有可评估性和可实现性、定义数据挖掘成功的标准。
- 制订项目计划,描述和评估需使用的工具、方法。

数据理解主要包括以下内容。

- 收集原始数据,撰写数据收集报告,说明数据来源。
- 完成数据描述报告。
- 完成数据的探索性分析报告,说明业务数据的基本情况,如字段类型、填充率。
- 撰写数据质量报告,说明数据基本质量,如空缺值情况、字段完整率。

数据准备阶段要完成以下工作。

- 根据业务理解和挖掘目标,在已得到的数据集中确定挖掘时要包含(或去除)的数据。
- 根据数据探索性分析报告和质量报告,设计数据清洗方案,撰写数据清洗报告。
- 根据现有数据字段设计数据重构方案,生成新的字段。
- 整合相关数据。
- 格式化数据,使之适合于后续分析。

建立模型阶段指的是利用数据挖掘算法开展的具体处理过程,主要包括以下内容。

- 从商业理解和可用的数据出发选择挖掘算法。
- 使用快速挖掘工具建立模型。
- 调整模型,分析模型结果,通过和预期结果比较分析、修订模型参数。

- 得到模型结果,整理挖掘结论。

模型评估阶段主要指的是评估模型的价值,包括以下工作。

- 结果评估,结合商业理解评估挖掘结果,描述商业结论。
- 与管理、营销人员沟通,确定下一步的工作,做出决策是否结束模型调整。

模型发布作为数据挖掘的最终环节,要完成以下工作。

- 设计模型维护计划及方案。
- 撰写最终的数据挖掘报告。
- 项目总结。

需要指出的是,由于市场变化非常迅速,可能存在的商业活动机会往往会迅速消失,战术决策层面的数据挖掘过程可根据具体的商业目标进行灵活调整。另外,任何一个模型都有适用的范围和限制,当组织环境、市场或数据情况等基础条件发生变化时,必须及时调整模型以保证挖掘结果的可靠。

11.1.4 数据挖掘的典型应用

作为商务智能(BI)的重要组成,数据挖掘的主旨在商业应用,即如何辅助人们完成决策、客户划分与识别、客户信用评价、交叉销售、欺诈发现等。

在数据挖掘中有一个啤酒和尿布的故事。这个故事实际上是在沃尔玛连锁超市中存在的一个有趣的现象。尿布与啤酒这两种风马牛不相及的商品居然摆在一起。出现这种特殊情况的原因是由于西方的生活习惯,有了孩子后,青年夫妇通常是自己带孩子。由于母亲需要在家照顾孩子,所以由父亲在下班回家的路上为孩子买尿布等婴儿用品。要知道,在西方啤酒是男性最重要的饮品。丈夫在买尿布的同时如果能顺路走过啤酒摊的话,一般会顺手购买一打自己爱喝的啤酒。啤酒和尿布这两个看上去毫无关系的商品事实上却存在着潜在的联系。而发现这个联系的方法就是数据挖掘中的货篮分析,即关联规则挖掘。这个故事最早是在1998年《哈佛商业评论》上报道的,它现在已经成为数据挖掘在商业领域应用的经典案例。

20世纪90年代沃尔玛超市尝试将关联规则挖掘算法引入销售数据分析中,并获得了成功。通过让这些客户一次购买两件商品而不是一件,从而获得了很好的商品销售收入,这个策略在商业上还被叫作商品的交叉销售。这种销售现象几乎和人类历史一样悠久,在古人披着兽皮交换贝壳、粮食、石斧等商品时,他们已经清楚地了解商品交叉销售对于商品交易的重要性。"啤酒和尿布"的故事只是对商品交叉销售现象的一种现代解释,并不是出现"啤酒和尿布"的故事之后,才存在商品交叉销售的现象。从这个意义上讲,沃尔玛并没有发现新大陆,只不过是在数十万种商品、海量的交易行为记录中把我们用肉眼无法发现的现象挖出来,并从中发现了商业价值。

除了上面交叉销售的例子外,数据挖掘技术在企业对客户的分析中也得到了比较普遍的应用,这个应用在商业领域内被叫作市场细分或客户识别。其基本假定是"消费者过去的行为是其今后消费倾向的最好说明"。商家通过收集、加工和处理涉及消费者消费行为的大量信息,可以确定特定消费群体或个体的兴趣、消费习惯、消费倾向和消费需求,进而推断出相应消费群体或个体下一步的消费行为,然后以此为基础,对所识别出来的消费群体进行特定内容的定向营销。这与传统的不区分消费者对象特征的大规模营销手段相比,大大节省了营销成本,提高了营销效果,从而为企业带来更多的利润。这种形式也就是现在所说的数据库营销所表现出来的一种。

沃尔玛并不是零售业中唯一使用数据挖掘工具辅助营销的商家。Safeway 是英国的第三大连锁超市,年销售额超过 100 亿美元,提供的服务种类达 34 种。该超市的首席信息官迈克·温曲指出,该公司必须要采用不同的方式来取得竞争上的优势。"运用传统的方法——降低价位、扩充店面以及增加商品种类,若想在竞争中取胜已经越来越困难了。"如何能在竞争中立于不败之地? 温曲先生的说法是:"必须以客户为导向,而非以产品和商家为导向。这意味着我们必须更了解每一位客户的需求。为了达到这个目标,我们必须了解600 万客户所做的每一笔交易以及这些交易彼此之间的关联性。"换句话说,Safeway 想要知道哪些类型的客户买了哪些类型的产品以及购买的频率,用来建立"以个人为导向的市场"。

Safeway 首先根据客户的相关资料,将客户分为 150 类,再用关联相关技术来比较这些资料集合(包括交易资料以及产品资料),列出产品相关度的清单。然后,对商品的利润进行细分。例如,Safeway 发现某一种乳酪产品虽然销售额排名较靠后,在第 209 位,可是消费额最高的客户中有 25% 都常常买这种乳酪,这些客户是 Safeway 最不想得罪的客户,因此,这种产品是相当重要的。同时,Safeway 也发现,在 28 种品牌的橘子汁中,有 8 种特别受消费者欢迎,因此该公司重新安排货架的摆放,使橘子汁的销量能够大幅增加。"我可以举出数百种与客户购买行为有关的例子,这些信息实在是无价之宝。"

通过采用数据挖掘技术,Safeway 知道客户每次采购时会买哪些产品以后,就可以找出长期的经常性购买行为;再将这些资料与主数据库的人口统计资料结合在一起,营销部门就可以根据每个家庭在哪个季节倾向于购买哪些产品的特性发出邮件。根据这些信息该超市在一年内曾发了 1 200 万封有针对性的邮件,对超市销售量的增长起到了很重要的作用。

商业消费信息来自市场中的各种渠道。例如:每当我们用信用卡消费时,商业企业就可以在信用卡结算过程中收集商业消费信息,记录下我们进行消费的时间、地点、感兴趣的商品或服务、愿意接受的价格水平和支付能力等数据;当我们在申办信用卡、办理汽车驾驶执照、填写商品保修单等其他需要填写表格的场合时,我们的个人信息就存入了相应的业务数据库;企业除了自行收集相关业务信息之外,甚至可以从其他公司或机构购买此类信息为自己所用。

这些来自各种渠道的数据信息被组合,应用超级计算机、并行处理、神经元网络、模型化算法和其他信息处理技术手段进行处理,从中得到商家用于向特定消费群体或个体进行定向营销的决策信息。这种数据信息是如何应用的呢? 举一个简单的例子,当银行通过对业务数据进行挖掘后,发现一个银行账户持有者突然要求申请双人联合账户,并且确认该消费者是第一次申请联合账户,银行会推断该用户可能要结婚了,它就会向该用户定向推销用于购买房屋、支付子女学费等的长期投资业务。银行还可以对账户进行信用等级的评估。金融业风险与效益并存,分析账户的信用等级对于降低风险、增加收益是非常重要的。利用数据挖掘工具进行信用评估可以从已有的数据中分析得到信用评估的规则或标准,即得到"满足什么样条件的账户属于哪一类信用等级",并将得到的规则或评估标准应用到对新的账户的信用评估。银行可以分析信用卡的使用模式。通过数据挖掘分析信用卡的使用模式,可以得到这样的规则:"什么样的人使用信用卡属于什么样的模式",一般一个人在相当长的一段时间内,使用信用卡的习惯往往是较为固定的。因此,通过判别信用卡的使用模式,可以监测到信用卡的恶性透支行为,还可以根据信用卡的使用模式,识别"合法"用户。

与银行业类似,保险行业在数据挖掘上也有一些比较典型的应用。对受险人员的分类有助于确定适当的保险金额度。数据挖掘有助于确定对不同行业、不同年龄段、处于不同社会层次的人的保险金额度。使用数据挖掘技术,通过险种关联分析,可以预测购买了某种保险的人是否会同时购买另一种保险。通过使用数据挖掘技术可以预测哪些行业、哪个年龄段、哪种社会层次的人会买哪种保险,或者预测哪类人容易买新的险种等。

在市场经济比较发达的国家和地区,许多公司都开始在原有信息系统的基础上通过数据挖掘对业务信息进行深加工,以构筑自己的竞争优势,扩大自己的营业额。美国运通公司有一个用于记录信用卡业务的数据库,数据量达到 54 亿字符,并仍在随着业务进展不断更新。运通公司通过对这些数据进行挖掘,制定了"关联结算优惠"的促销策略,即如果一个顾客在一个商店用运通卡购买一套时装,那么在同一个商店再买一双鞋,就可以得到比较大的折扣,这样既可以增加商店的销售量,也可以增加运通卡在该商店的使用率。再如,居住在伦敦的持卡消费者如果最近刚刚乘英国航空公司的航班去过巴黎,那么他可能会得到一个周末前往纽约的机票打折优惠卡。

基于数据挖掘的营销常常可以向消费者发出与其以前的消费行为相关的推销材料。卡夫食品公司建立了一个拥有 3 000 万客户资料的数据库,数据库是通过收集对公司发出的优惠券等其他促销手段做出积极反应的客户和销售记录而建立起来的,卡夫公司通过数据挖掘了解特定客户的兴趣和口味,以此为基础向他们发送特定产品的优惠券,并为他们推荐符合客户口味和健康状况的卡夫产品食谱。美国的《读者文摘》出版公司运行着一个积累了 40 年的业务数据库,该数据库容纳遍布全球 1 亿多个订户的资料,每天 24 小时连续运行,保证数据不断得到实时的更新。正是基于对客户资料数据库进行数据挖掘的优势,《读者文摘》出版公司才能够从通俗杂志扩展到专业杂志、书刊和声像制品的出版和发行业务,极大地扩展了自己的业务。

11.2 基于电子商务的数据挖掘技术

随着网络技术和数据库技术的飞速发展,电子商务正显示着越来越强大的生命力,加速了社会经济的电子化进程,同时也使得数据爆炸的问题越来越严重,利用数据挖掘技术可以有效地帮助企业分析网上或取得的大量数据,发现隐藏在其后的规律,提出有效信息,进而指导企业的营销策略,给企业的电子商务客户提供个性化的高效服务,由此使电子商务业务得到进一步的发展。

目前电子商务的发展势头迅猛,面向电子商务的数据挖掘将是一个非常有前景的领域,它能够预测客户的消费趋势、市场的走向,指导企业建设个性化智能网站提供个性化服务,带来巨大的商业利润,被认为是未来十年内投资的重点。

11.2.1 电子商务中的数据特点

数据挖掘的兴起为电子商务提供了强大的数据支撑,电子商务的发展使得越来越多的企业开始了以前从未有过的网上交易,电子商务网站的服务器日志、后台数据库中客户相关的数据,以及交易记录等数据资源中都蕴含着大量有待充分挖掘的信息,由此可见电子商务是数据挖掘应用的一个极佳对象。

面向电子商务的数据挖掘是 Web 挖掘的一个典型应用,Web 上的日志文件,如客户的访问行为、访问频度、浏览内容及时间等,包括很多可挖掘内容。可以对这些客户内容进行提取,使客户的访问数据从潜在的、隐含的状态,经过数据的提取、清洗、加工、分析等步骤成为企业分析市场、制定经营策略、管理客户关系的有力依据,从而实现 Web 上电子商务活动的本质价值,获得商务的增值。

电子商务与数据挖掘有着天然的联系。就像之前提到的,电子商务网站能够为数据挖掘的工作提供海量数据,而海量数据正是数据挖掘的一个必要条件,如果数据量少,则挖掘的信息是不够精准的。随着 Web 技术的不断发展,电子商务活动日渐频繁。客户对企业网站的每一次点击都会被企业网络服务器记录在日志中,由此产生点击流数据。点击流将会产生电子商务挖掘的大量数据。

雅虎(图 11-4)在 2000 年每天被访问的页面数是 10 亿,如此的访问量将会产生巨大的 Web 日志,该日志能够记载页面的访问情况,简单来说,每小时产生的 Web 日志量就达到 10 GB!

图 11-4　雅虎页面

抛开雅虎不说,即便是很小的电子商务网站也会在极短的时间内产生大量数据挖掘所需的数据。假如一个小型电子商务站点每小时卖出 4 件产品,顾客平均买一件产品需要访问 9 个页面,且所有顾客中真正买东西的人的比例为 2%,那么一个月该网站能产生多少页面访问量呢?

来计算下:$4 \times 24 \times 30 \times 9 / 0.02 = 1\,296\,000$ 页面!

如果电子商务站点设计得好,可以获得各种商务信息或者用户访问信息:

- 商品的属性;
- 商品的归类信息(如果展示多种商品,商品的归类信息将会非常有用);

- 促销信息；
- 访问量信息(如访问计数等)；
- 客户相关信息(如客户年龄、性别、兴趣等；可以通过客户登录/注册获取)。

电子商务网站不仅能够为数据挖掘提供海量数据，还能够提供"干净的"数据。因为许多相关的信息是从网站上直接提取的，无须从历史系统中集成，避免了很多错误。还可以通过良好的站点设计直接获得跟数据挖掘有关的数据，而不是再来分析、计算、预处理要用的数据。电子商务网站的数据非常可靠，无须人工输入，从而避免了很多错误。此外，还可以通过良好的站点设计来控制数据采样的颗粒度。

电子商务的数据挖掘能够使得挖掘的成果非常容易应用。很多其他的数据挖掘研究虽然有很多的知识发现，但是这些知识大多不能轻松地在商业领域中应用并产生效果。因为要应用这些知识可能意味着需要进行复杂的系统更改、流程更改或改变人们日常的办事习惯，这在现实中是相对困难的。而在电子商务领域，很多知识发现都可以直接应用。例如，改变站点设计(改变布局，适当进行个性化设计)，开始针对特定目标或消费群的促销，根据对广告效果的统计数据改变相应的广告策略，根据数据特点可以很容易地进行捆绑式销售等。

电子商务中原始数据的来源与类型如下。

(1) 服务器数据。客户访问服务器就会在服务器上产生相应的服务数据，这些数据通常指服务器日志文件或者 Cookie 日志文件，通常文件的格式为："Date, Client, _IP, User_name, Bytes, Server, Request, Status, Service name, Time, Protocol_version, User_agent, Cookie, Referrer."如果可以对这些文件中存储的数据进行语法上的分析，例如分析 DNS，就可以知道客户来源的区域，如域名 Alibaba.com 被分析后就可以知道客户来自美国。现在，Microsoft 最新的数据库管理系统中已经具备了数据仓储功能。

(2) 背景信息。客户登记信息也是另一个重要的数据挖掘数据源，主要来源于客户登记表。客户登记信息是指客户在浏览器页面上填写的、需要提交给远端服务器的有关资料，比如客户的个人资料，客户要订购的商品资料，客户提出的一些问题、要求等。

(3) 其他信息。在面向电子商务的数据挖掘中，将客户登记信息和服务器日志有效地结合起来进行分析，可以提高挖掘的精度和深度，得出更理想的结果。另外，电子商务在 Internet 上分布的大量异质的数据源中也隐含着其他有用的信息，挖掘后提供给有兴趣的客户也可以支持商业决策。

11.2.2 基于电子商务的数据挖掘概念

基于电子商务的数据挖掘就是通过 Web 挖掘等数据挖掘技术，利用分类、聚类、时间序列分析、关联规则等挖掘方法充分分析电子商务网站能够提供的网络日志等海量数据，从而得到相关知识，以此来定位目标群体，发现潜在客户，优化网点，提供个性化服务，引导市场决策，最终达到商务增值的过程。

数据挖掘技术之所以可以服务电子商务，是因为它能够挖掘出活动过程中的潜在信息以指导电子商务营销活动。在电子商务领域其主要有四个方面的作用。

- 挖掘客户活动规律，有针对性地在电子商务平台中提供"个性化"的服务。
- 可以在浏览电子商务网站的访问者中挖掘出潜在的客户。

- 优化电子商务网站的信息导航,方便客户浏览。
- 通过对电子商务访问者活动信息的挖掘,可以更加深入地了解客户需求。

电子商务中数据挖掘的主要目标是帮助企业确定营销机制。在电子商务中,商业信息来自各个渠道,这些数据信息经过数据挖掘技术处理后,可从中得到用于特定消费群体或个人定向营销的决策信息,以确定电子商务的营销机制。

基于数据挖掘的电子商务营销常常可以向消费者发出与以前的消费行为相关的推销材料,数据挖掘的电子商务营销对于我国当前情况下的市场竞争具有启发意义。经常可以看见繁华商业街上一些厂商对行人不分对象地散发大量商品宣传广告,其结果是不需要的人随手丢弃,而需要的人未必能够得到。如果家电维修服务公司向在商店中刚购买家电的消费者邮寄维修服务广告,药品厂商向刚在医院门诊就医的特定病人邮寄广告,肯定比漫无目的的营销要好很多。

11.2.3 数据挖掘在电子商务领域中的应用

数据挖掘技术源于商业的直接需求,因此它在各种商业领域都存在广泛的使用价值。电子商务是商业领域的一种新兴商务模式,是指利用电子信息技术开展一切商务活动。当电子商务在企业中得到应用时,企业信息系统将产生大量数据,这些海量数据使数据挖掘有了丰富的数据基础,同时高性能计算机和高传输速率网络的使用也给数据挖掘技术提供了坚实的保障。因此数据挖掘技术在电子商务活动中有了更大的用武之地。下面介绍数据挖掘在电子商务几个方面的应用。

(1) 应用于客户细分

随着"以客户为中心"的经营理念不断深入人心,分析客户、了解客户并引导客户的需求已成为企业经营的重要课题。通过对电子商务系统收集的交易数据进行分析,可以按各种客户指标(如自然属性、收入贡献、交易额、价值度等)对客户分类,然后确定不同类型客户的行为模式,以便采取相应的营销措施,促使企业利润最大化。

(2) 应用于客户获得

利用数据挖掘可以有效地获得客户。比如,通过数据挖掘可以发现购买某种商品的消费者是男性还是女性,学历、收入如何,有什么爱好,是什么职业等。甚至可以发现不同的人在购买该种商品的相关商品后多长时间有可能购买该种商品,以及什么样的人会购买什么型号的该种商品等。也许很多因素表面上看起来和购买该种商品不存在任何联系,但数据挖掘的结果却证明它们之间有联系。在采用了数据挖掘后,针对目标客户发送的广告的有效性和回应率将得到大幅度的提高,推销的成本将大大降低。

(3) 应用于客户保持

数据挖掘可以把大量的客户分成不同的类,在每个类里的客户拥有相似的属性,而不同类里的客户的属性也不同。可以做到给不同类的客户提供完全不同的服务来提高客户的满意度。数据挖掘还可以发现具有哪些特征的客户有可能流失,这样挽留客户的措施将具有针对性,挽留客户的费用将下降。

(4) 应用于交叉销售

交叉销售可以使企业比较容易地得到关于客户的丰富信息,而这些大量的数据对于数据挖掘的准确性来说是有很大帮助的。在企业所掌握的客户信息,尤其是以前购买行为的信息中,可能正包含着这个客户决定下一个购买行为的关键,甚至决定因素。这个时候数据挖掘的作用就会体现出来,它可以帮助企业找到影响客户购买行为的因素。

(5) 应用于个性服务

当客户在电子商务网站注册时,将会看到带有客户姓名的欢迎词。根据客户的订单记录,系统可以向客户显示那些可能引起客户特殊兴趣的新商品。当客户注意到一件特殊的商品时,系统会建议一些在购买中可以增加的其他商品。普通的产品目录手册常常简单地按类型对商品进行分组,以简化客户挑选商品的步骤。然而对于在线商店,商品分组可能是完全不同的,它常常以针对客户的商品补充条目为基础。不仅考虑客户看到的条目,而且还考虑客户购物篮中的商品。使用数据挖掘技术可以使推荐更加个性化。

(6) 应用于资源优化

节约成本是企业盈利的关键。通过分析历史的财务数据、库存数据和交易数据,可以发现企业资源消耗的关键点和主要活动的投入产出比,从而为企业资源优化配置提供决策依据,例如降低库存、提高库存周转率、提高资金使用率等。

(7) 应用于异常事件的确定

在许多商业领域中,异常事件具有显著的商业价值,如客户流失、银行的信用卡欺诈、电信中移动话费拖欠等。通过数据挖掘中的奇异点分析可以迅速准确地甄别这些异常事件。

以上可见,数据挖掘在电子商务中有广泛的应用。数据挖掘的方法有很多,包括关联分析、分类、聚类、时间序列模式等。

比如,利用路径分析方法对 Web 服务器日志文件中客户访问站点的访问次数进行分析,挖掘出频繁访问路径。因为客户从某一站点访问到某一感兴趣的页面后就会经常访问该页面,通过路径分析确定频繁访问路径,可以了解客户对哪些页面感兴趣,从而更好地改进设计,为客户服务。利用关联规则统计出电子商务客户访问某些页面及兴趣关联页面的比率,以此更好地组织站点,实施有效的市场策略。利用分类预测电子商务中客户的响应,如哪些客户最倾向于对直接邮件推销做出回应,又有哪些客户可能会换手机服务提供商,由此使电子商务营销更有针对性。利用聚类分组找出具有相似浏览行为的客户,并分析客户的共同特征,更好地帮助电子商务的用户了解自己的客户,向客户提供更合适的服务。利用时间序列模式进行电子商务组织预测客户的查找模式,从而对客户进行有针对性的服务。

目前,数据挖掘技术正以前所未有的速度发展,并且扩大着用户群体,在未来越来越激烈的市场竞争中,拥有数据挖掘技术必将比别人获得更快速的反应,赢得更多的商业机会。现在世界上的主要数据库厂商纷纷开始把数据挖掘功能集成到自己的产品中,加快数据挖掘技术的发展。我国在这一领域正处在研究开发阶段,加快研究数据挖掘技术,并把它应用于电子商务中,应用到更多行业中,势必会有更好的商业机会和更光明的前景。

总之,随着电子商务发展的势头越来越强劲,面向电子商务的数据挖掘将是一个非常有前景的领域,有很多优势。它能自动预测客户的消费趋势、市场走向,指导企业建设个性化智能网站,带来巨大的商业利润,可以为企业创建新的商业增长点。但是在面向电子商务的数据挖掘中还存在很多问题急需解决,比如怎样将服务器的客户数据转化成适合某种数据挖掘技术的数据格式,怎样解决分布性、异构性数据源的挖掘,如何控制整个 Web 上的知识发现过程等。利用这些挖掘技术可有效统计和分析用户个性特征,从而指导营销的组织和分配,让企业在市场竞争中抢占先机。

11.2.4 电子商务中数据挖掘的过程

对在线访问客户数据的挖掘主要有两部分:一部分是客户访问信息的挖掘,另一部分是客户登记信息的挖掘。面对大量的访问日志,首先要做的就是对数据进行清洗,即预处理,把无关的数据,不重要的数据等处理掉;接着对数据进行事务识别,对事务进行划分后,就可以根据具体的分析需求选择模式发现的技术,如路径分析、兴趣关联规则、聚类等。通过模式分析,找到有用的信息,再通过联机分析(OLAP)的验证,结合客户登记信息,找出有价值的市场信息,或发现潜在的市场。

具体说来,电子商务中数据挖掘的过程一般由三个主要的阶段组成:数据准备、数据挖掘、结果解释和评价。

(1) 数据准备:又可分为数据选取和数据预处理。数据选取的目的是确定发现任务的操作对象,即目标数据,是根据用户的需要从原始数据库中抽取的一组数据。

数据预处理一般包括:合并数据,将多个文件或多个数据库中的数据进行合并处理。数据清洗、过滤,剔除一些无关记录,消除噪声,推导计算缺值数据,消除重复记录。转换数据,将文件、图形、图像及多媒体等文件转换成可便于数据挖掘的格式;还有很重要的一点是数据类型转换,如把连续型数据转换为离散型数据,以便于符号归纳;或是把离散性数据转换为连续型数据,以便于神经网络计算以及对数据降维,即从初始特征中找出真正有用的特征以减少数据挖掘要考虑的变量个数。

(2) 数据挖掘:首先要确定数据挖掘的目标和挖掘的知识类型。根据不同的挖掘目标,可以相应采用不同的挖掘方法,得到有意义的数据模式。数据挖掘的方法有很多种,总结起来可以概括为三大类:统计分析、知识发现、其他可视化方法。根据挖掘的知识类型可选择合适的挖掘算法,如分类的决策树算法、贝叶斯算法,统计学中的线性回归模型,聚类的 k-means 算法等,之后实施数据挖掘操作,运用选定的挖掘算法从数据库中抽取所需的知识。这里想特别指出一点,在挖掘的过程中,可以将数据分为实验组和验证组,用实验组数据来进行挖掘分析,用验证组数据来做验证分析,可以得出所选算法的偏差,如果误差较大,可再选择其他算法,之后重复此步骤,以此可保证挖掘结果的精确性。

(3) 结果解释和评价:数据挖掘阶段发现的知识,经过评估,可能存在冗余或无关的知识,这时需要将其剔除,也有可能知识不满足用户的要求,需要重复上述挖掘过程重新进行挖掘。另外,由于数据挖掘最终要面向用户,因此,还需要对所挖掘的知识进行解释,以一种用户易于理解的方式(如可视化方式)供用户所用。

可以看出,以上整个数据挖掘过程是不断地循环和反复的,因而可以对所挖掘出来的知识不断求精和深化,最终得到用户满意的结果。

11.3 数据挖掘方法介绍

11.3.1 典型的数据挖掘方法

数据挖掘是在大量的数据下进行的。一般,数据挖掘任务可以分两类:描述和预测。描述性挖掘任务刻画数据库中数据的一般特性。预测性挖掘任务在当前数据上进行推断,以进行预测。在某些情况下,用户不知道他们的数据中什么类型的模式是有趣的,因此可能想并行地搜索多种不同的模式。因此,重要的是,数据挖掘系统要能够挖掘多种类型的模式,以适应不同的用户需求或不同的应用。此外,数据挖掘系统应当能够发现各种粒度(不同数据抽象层次)的模式。数据挖掘系统应当允许用户给出提示,指导或聚焦有趣模式的搜索。由于有些模式并非对数据库中的所有数据都成立,通常每个被发现的模式会带确定性或"可信性"度量。

下面简要介绍几种数据挖掘功能以及它们可以发现的模式类型。

数据可以与类或概念相关联。例如,在某商店,销售的商品类包括计算机和打印机,可用汇总、简洁、精确的方式描述每个类或概念,这种类或概念的描述称为概念描述或特征描述。这种描述可以通过下述方法得到。

(1) 数据特征化,汇总所研究类(通常称为目标类)的数据。

(2) 数据区分,将目标类与一个或多个比较类(通常称为对比类)进行比较。

(3) 数据特征化和比较。数据特征是目标类数据的一般特征或特性的汇总。有许多有效的方法,可以将数据特征化和汇总。

数据特征的输出可以用多种形式提供,包括饼图、条图、曲线、多维数据和包括交叉表在内的多维表。结果描述也可以用泛化关系或规则(称作特征规则)形式提供。例如,比较两组客户,定期(每个月出现2次以上购买行为)购买计算机产品的和偶尔(每年少于2次购买行为)购买这种产品的客户。在数据挖掘中的描述可能是,经常购买产品的客户80%在20～40岁之间,受过大学教育;而不经常购买的客户有60%太老或太年轻,没有大学学位。通常按照职位、收入水平、居住位置等不同特征还可以发现更多的客户特征描述。

1. 关联分析

关联分析或者称为关联规则挖掘,是在数据中寻找频繁出现的项集模式的方法。关联分析也就是前面在"啤酒和尿布"例子中说到的货篮分析,它广泛用于市场营销、事务分析等应用领域。

关联规则揭示数据之间的内在联系,发现用户与站点各页面的访问关系。其数据挖掘的形式描述为:设 $I=\{i_1,i_2,\cdots,i_m\}$ 为挖掘对象的数据集,存在一个事件 T,若对于 I 中的一个子集 X,有 X 包含于 T,则 I 与 T 存在关联规则。

通常,关联规则表示如 $X \Rightarrow Y$ 形式,含义是数据库的某记录中如果出现了 X,则也会出现 Y 的情况。这个写法与数据库中的函数依赖一致,但表述的则是数据库中记录的实际购买行为。一个数据挖掘系统可以从一个商场的销售(交易事务处理)记录数据中挖掘出如下所示的关联规则:

$$age(X,"20-29") \wedge income(X,"20k-30k") \Rightarrow buys(X,"MP3")$$
$$[support=2\%, confidence=60\%]$$

其中,∧符号是谓词逻辑表示方法中的合取符号,代表逻辑与关系。上面这条规则换成自然语言的描述就是,该商场有2%的顾客年龄在20岁到29岁且收入在2万到3万之间,这群顾客中有60%的人购买了MP3,或者说这群顾客购买MP3的概率为60%。关联规则实际上是借用了产生式规则知识表示方法的形式来表达商品间的联系。通过构建关联模型,进行Web上的数据挖掘,我们可以更好地组织站点,减少用户过滤信息的负担。关联分析是数据挖掘应用较为成熟的领域,已经有一些经典算法。

2. 分类

分类就是找出一组能够描述数据集合典型特征的模型(或函数),以便能够分类识别未知数据的归属或类别,即将未知事例映射到某种离散类别之一的方法。用通俗的语言来描述,即根据已有的实例建立一个模型,使之能够识别对象所属类别,该模型可以用于将未定类别的对象划分到已知类别的工作。

用于分类分析的技术有很多,典型方法有统计方法的贝叶斯分类、机器学习的决策树归纳分类、神经网络的后向传播分类等。最近数据挖掘技术也将关联规则用于分类问题。另外还有一些其他分类方法,包括 k-means 分类、MBR、遗传算法、粗糙集和模糊集方法。目前,尚未发现一种方法对所有数据都优于其他方法。实验研究表明,许多算法的准确性非常相似,其差别是统计不明显,而计算时间可能显著不同。

与分类相似的一个操作是预测。分类通常用于预测未知数据实例的归属类别(有限离散值),如一个银行客户的信用等级是属于 6 级、5 级还是 4 级,或者直邮收件人是否会有反馈。但在一些情况下,需要预测某数值属性的值(连续数值),这样的分类就被称为预测。尽管预测既包括连续数值的预测,又包括有限离散值的分类,但一般还是使用预测来表示对连续数值的预测,而使用分类来表示对有限离散值的预测。

典型的分类应用在商业中的客户识别、老客户维系、新客户获取等方面。比如,现有一个顾客邮件地址数据库。利用这些邮件地址可以给潜在顾客发送用于促销的新商品宣传册和将要开始的商品打折信息。该数据库内容就是有关顾客情况的描述,包括年龄、收入、职业和信用等级等属性描述,顾客被分类为是否会成为在本商场购买商品的顾客。当新顾客的信息被加入数据库中时,就需要根据对该顾客是否会成为计算机买家进行分类识别(即对顾客购买倾向进行分类),以决定是否给该顾客发送相应商品的宣传册。不加区分地给每名顾客都发送这类促销宣传册显然是一种很大的浪费,而相比之下,有针对性地给有最大购买可能的顾客发送其所需要的商品广告,才是一种高效节俭的市场营销策略。显然为满足这种应用需求就需要建立顾客(购买倾向)分类规则模型,以帮助商家准确判别每个新加入顾客的可能购买倾向。

3. 聚类

聚类分析从名字上来看与分类很相近,在一些非专业文章中也会把这两种操作合称为分类,但在数据挖掘中还是需要明确加以区分的。一般来说聚类指的是根据最大化簇内的相似性、最小化簇间的相似性的原则将数据对象聚类或分组,所形成的每个簇可以看作一个数据对象类,用显式或隐式的方法加以描述,如图 11-5 所示,无序的事物通过聚类就变得有序并划分成了组织。

聚类分析与分类预测方法的明显不同之处在于,后者学习获取分类预测模型所使用的数据是已知类别归属,属于有教师监督学习方法;而聚类分析(无论是在学习还是在归类预测时)所分析处理的数据均是无(事先确定)类别归属,类别归属标志在聚类分析处理的数据集中是不存在的。其原因很简单,它们原来就不存在,因此聚类分析属于无教师监督学习方法。简而言之,在分类时,有已知的实例作为学习划分的参考,而聚类操作时并没有这些参考信息,完全需要根据对象本身的特征完成划分过程。

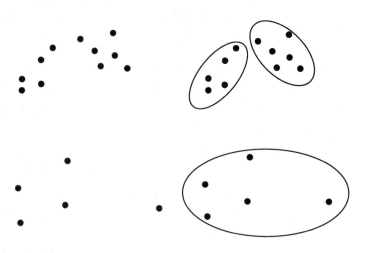

图 11-5 原始对象分布与聚类结果

4. 时间序列模式

时间序列模式侧重于挖掘出数据的前后时间顺序关系,分析是否存在一定趋势,以预测未来的访问模式。序列模式分析和关联分析类似,其目的也是为了挖掘数据之间的联系,但序列模式分析的侧重点在于分析数据间的前后序列关系。它能发现数据库中形如在某一段时间内,顾客购买商品 A,接着购买商品 B,而后购买商品 C,即"序列 A-B-C 出现的频率较高"之类的知识。序列模式分析描述的问题是:在给定交易序列数据库中,每个序列是按照交易时间排列的一组交易集,挖掘序列函数作用在这个交易序列数据库上,返回该数据库中出现的高频序列。在进行序列模式分析时,需要用户输入最小置信度 C 和最小支持度 S。另外,序列关联规则挖掘中采用的 Apriori 特性可以用于序列模式的挖掘,另一类挖掘此类模式的方法是基于数据库投影的序列模式生长技术。

可通过按时间顺序查看时间事件数据库来发现时间序列模式,从中找出另一个或多个相似的时序事件,通过时间序列搜索出重复发生概率较高的模式。

除了上面介绍的几种典型数据挖掘应用外,还包括路径分析、孤立点分析(异类分析)等其他多种方法。

11.3.2 电子商务中的 Web 挖掘

Web 挖掘是数据挖掘技术在 Web 环境下的应用,是从大量的 Web 文档集合和在站点内进行浏览的相关数据中发现潜在的、有用的模式或信息。它是一项综合技术,涉及 Internet 技术、人工智能、计算机语言学、信息学、统计学等多个领域。对应于不同的 Web 数据,Web 挖掘也分成三类:Web 内容挖掘(Web Content Mining)、Web 结构挖掘(Web Structure Mining)和 Web 使用模式挖掘(Web Usage Mining),如图 11-6 所示。

Web 内容挖掘就是对网络页面的内容进行挖掘分析。目前 Web 内容挖掘包括对文本、图像、音频、视频、元组数据的挖掘,但多数是基于文本信息的挖掘,这又可以进一步分为网页内容挖掘和搜索结果挖掘,前者是传统的依据内容搜索网页,后者是在前者搜索结果的基础上进一步搜索网页。Web 内容挖掘和通常的平面文本挖掘的功能和方法比较类似,

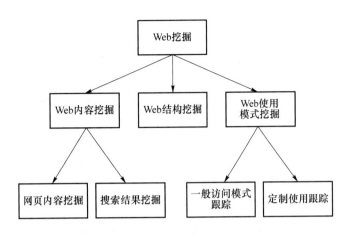

图 11-6 Web 挖掘的分类

但由于互联网上的数据基本上都是 HTML 格式的文件数据格式流,因此可以利用文档中的 HTML 标记来提高 Web 文本挖掘的性能。

Web 结构挖掘是对网络页面之间的结构进行挖掘,从网页的实际组织结构中获取信息。整个 Web 空间中,有用的知识不仅包含在页面内容中,也包含在页面的结构中。Web 结构挖掘主要就是针对页面的超链接结构进行分析,通过分析一个网页链接和被链接数量以及对象来建立 Web 自身的链接结构模式。这种模式可以用于网页归类,并且由此可以获得有关不同网页间相似度及关联度的信息,如果发现有较多的超链接都指向某一页面,那么该页面就是重要的。发现的这种知识可以用来改进搜索路径等。

Web 使用模式挖掘是对用户和网络交互的过程中抽取出来的二次信息进行挖掘,包括网络服务器访问记录、代理服务器日志记录、浏览器日志记录、客户简介、注册信息、客户对话或交易信息、客户提问方式等。最常用到的是网络服务器访问记录挖掘,它通过挖掘 Web 日志文件及客户交易数据来发现有意义的客户访问模式和相关的潜在客户群。其主要特点是对客户信息数据进行抽取、转换、分析和其他模型化处理,从中提取辅助商业决策的关键性数据。需要特别指出的是,Web 使用模式挖掘还可以进一步分为一般访问模式跟踪和定制使用跟踪,前者是一种查看网页访问历史记录的使用模式挖掘。这种挖掘可以是一般化的,也可以是针对特定的使用或使用者,这便是后者。

在 Web 上可以用来作为数据挖掘分析的数据量比较大,而且类型众多,总结起来有以下几种类型的数据可用于 Web 数据挖掘技术产生各种知识模式。

(1) 服务器数据

客户访问站点时会在 Web 服务器上留下相应的日志数据,这些日志数据通常以文本文件的形式存储在服务器上。一般包括 sever logs、error logs、cookie logs 等。

(2) 查询数据

它是电子商务站点在服务器上产生的一种典型数据。例如,在线客户也许会搜索一些产品或某些广告信息,这些查询信息就通过 cookie 或登记信息连接到服务器的访问日志上。

(3) 在线市场数据

这类数据主要是传统关系数据库里存储的有关电子商务站点信息、客户购买信息、商品信息等数据。

(4) Web 页面

Web 页面主要是指 HTLM 和 XML 页面的内容,包括文本、图片、语音、图像等。

(5) Web 页面超级链接关系

其主要是指页面之间存在的超级链接关系,这也是一种重要的资源。

(6) 客户登记信息

客户登记信息是指客户通过 Web 页输入的、要提交给服务器的相关客户信息,这些信息通常是关于用户的人口特征。在 Web 数据挖掘中,客户登记信息需要和访问日志集成,以提高数据挖掘的准确度,使之能更进一步地了解客户。

总之,尽管 Web 挖掘的形式和研究方向层出不穷,但随着电子商务的兴起和迅猛发展,Web 挖掘的一个重要应用方向将是电子商务系统。电子商务是数据挖掘技术最恰当的应用领域,因为电子商务可以很容易满足数据挖掘所必需的因素:丰富的数据源、自动收集的可靠数据,并且可将挖掘的结果转化成商业行为,商业投资可以及时评价。在三类 Web 挖掘中与电子商务关系最为密切的是 Web 使用模式挖掘。

Web 使用模式挖掘(图 11-7)是 Web 数据挖掘中最重要的应用。其数据源通常是服务器的日志信息。Web 服务器的日志(Web Log)记载了用户访问站点的信息,这些信息包括访问者的 IP 地址、访问时间、访问方式(GET/POST)、访问的页面、协议、错误代码以及传输的字节数等信息。例如:

222.198.122.53[06/Dec/2006:10:13:10+0800]"GET/mp3/zhufu.mp3HTTP/1.1"

这就是一条简单的 Web 日志记录,它表示 IP 地址为 222.198.122.53 的用户于上午 10 点 13 分 10 秒访问了文件 mp3/zhufu.mp3,以 GET 方法访问,HTTP/1.1 表示 HTTP 协议版本。每当网页被请求一次,Web Log 就在日志数据库内追加相应的记录。站点的规模和复杂程度与日俱增,利用普通的概率方法来统计、分析和安排站点结构已经不能满足要求。通过挖掘服务器的日志文件,分析用户访问站点的规律,来改进网站的组织结构及其性能,增加个性化服务,实现网站自适应,发现潜在的用户群体。

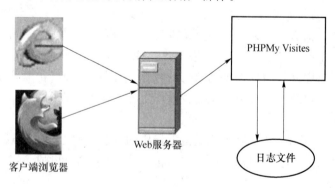

图 11-7 Web 使用模式挖掘

Web 使用模式挖掘对电子商务网站起着非常积极的作用。

- 提高站点的质量。
- 改善 Web 缓存,缓解网络交通,提高网络性能。
- 定位目标用户,挖掘潜在客户。

- 发现细节,为进一步分析提供了可能性。

面向电子商务的数据挖掘过程可以分为准备数据、发现模式和分析解释模式3个步骤。Web使用模式挖掘的主要步骤如下。

(1) 预处理过程

首先要做一些数据清洗。其次由于日志文件中只记录了主机或代理服务器的地址,需要运用Cookie技术和一些启发规则来帮助识别用户。之后还要确认Web日志中是否有重要的访问页面被遗漏,如果有,需要进行相关的路径补充。最后要进行事务识别工作,即将用户的会话针对挖掘活动的特定需要进行定义、细分,使挖掘更加精确,得到想要的知识。

① 数据清洗:就是把日志文件中一些与数据分析无关的项处理掉,例如剔除Web请求方法中不是"get"的记录。删除Web服务器日志中与挖掘算法无关的数据,一般来说只有服务器日志中的HTML与挖掘相关,Web日志文件的目的是获取用户的行为模式,通过检查URL的后缀,删除不相关的数据。例如:将日志文件中后缀名为JPG、GIF等的图片文件删除,将后缀名为CGI的脚本文件删除。具体到实际系统可以用一个缺省的后缀名列表帮助删除文件,列表可以根据正在分析的站点类型进行修改。

有时会出现的一种情况是:一些网站的页面用户提出请求,但Web服务器拒绝该页面的请求,在数据清洗时应该过滤掉非法请求的页面,只对正常的页面进行数据处理。

② 用户识别:数据清洗之后,使用基于日志的方法同时辅助以一些启发式规则,可以识别出每个访问网站的用户,这个过程就叫作用户识别。如可作规则:若用户IP地址不同,则认为是不同用户;若用户IP地址相同,用户使用的浏览器或操作系统不同,则认为是不同用户;当用户的IP地址、操作系和浏览器均相同时,则应根据网站的拓扑结构进行用户识别,如果被用户请求的某个页面不能通过已经访问过的任何页面到达,则判定这可能是一个新的用户。

在时间区段跨越较大的Web日志中,某一用户可能多次访问该站点,这时要用到会话识别。其目的就是将用户的访问记录分为单个会话(Session)。那么如何来分呢?可以做如下设定:用二元组S表示一个用户会话,$S=<userid, RS>$,其中userid是用户标识,RS是用户在一段时间内请求访问Web页面的集合,RS内包含用户请求页面的标识符Pid及请求时间time,那么这段时间的访问集合RS即可划分为

$$RS = \{<Pid1, time1>, <Pid2, time2> \cdots <Pidn, timen>\}$$

于是,用户会话可表示为

$$S = <userid, \{<Pid1, time1>, <Pid2, time2> \cdots <Pidn, timen>\}>$$

由此可以看出分成的每一个单独的会话。在此基础上,会话识别的任务就是要从大量会话中识别出属于同一用户的同一次访问请求。在此,可设定规则来识别会话:一个新用户的出现必然会有一个新会话产生;如果从一个页面到另一个页面的时间超过某个设定的时间阈值,就认为产生了一个新会话;如果一个用户会话中引用的页面为空,则认为产生了一个新的会话。

③ 路径补充:代理服务器本地缓存和代理服务器缓存的存在使得服务器的日志会遗漏一些重要的页面请求,路径补充就是利用引用日志和站点的拓扑结构将这些遗漏的请求补充到用户会话中,设遗漏的请求为$<Pidk, timek>$,其中请求时间$timek$为设备前后两次请求的平均值,用户会话即可表示为

S=＜userid,{＜Pid1,time1＞,＜Pid2,time2＞…＜Pidk,timek＞…＜Pidn,timen＞}＞(k＜n)

在实际操作中,路径补充可遵循规则:如果当前访问的页面和以前访问过的某个页面存在超链接关系,则可以认为用户是通过本地缓存调出页面历史记录并链接到当前页面;如果服务器日志中有多个页面和当前页面存在超链接关系,那么可以认为用户是通过这多个页面中最近被访问的页面链接到当前页面。

④ 事务识别:用户会话是 Web 日志挖掘中唯一具备的自然事物元素,但对于某些挖掘算法来说可能它的颗粒太粗,区分度较低,为此需要利用分割算法将其转换为更小的事物,即进行事务识别。

HTML 通过"Frame"标记支持多窗口页面,每个窗口里装载的页面都对应一个 URL,Frame 页面用来定义页面的大小、位置及内容,"Subframe"用来定义被 Frame 包含的子窗口页面,当用户访问 URL 对应的是一个 Frame 页面时,浏览器通过解释执行页面源程序,会自动向 Web 服务器请求该 Frame 页面包含的所有 Subframe 页面,这一过程可以重复进行,直到所有 Subframe 页面都被请求。如果在这样的用户会话文件上进行挖掘,Frame 页面和 Subframe 页面作为频繁遍历路径出现的概率很高,这自然就会降低挖掘的结果价值。为此应当消除 Frame 页面对挖掘的影响,得到用户真正感兴趣的挖掘结果。

(2) 模式发现

数据预处理之后,可以对"干净整齐"的数据进行挖掘,即找出有用的模式和规则的过程。常用的四种 Web 使用模式挖掘办法是:关联分析、分类与预测、聚类分析、时间序列分析。

① 关联分析:通过分析用户访问网页间的潜在联系进而归纳出的一种规则,就像之前提到的"啤酒和尿布"的例子。再比如,80%的用户访问页面 company/product1 时,也访问了页面 company/product2,这说明了两个页面的相关性。可以进行一个页面的预取,来减少等待时间。用{A,B}来表示两个页面,在用户访问 A 时,把页面 B 提前调入缓存中,从而改善 Web 缓存,改善网络交通,提高性能。若 A 和 B 表示两个产品页面,则两种产品对客户来说有很大的相关性。利用这一点做出很有效的促销和广告策略。

关联规则的算法思想是 Apriori 算法或其变形,由此可以挖掘出访问页面中频繁在一起被访问的页面集,这种频繁在一起被访问的页面就称为关联页面,可用 A⇒B 表示。若有
$$A⇒B⇒C, A⇒B⇒D, A⇒B⇒E, A⇒B⇒F⇒G,…$$
则说明 A⇒B。

② 分类与预测:用分类来提取出用来描述重要数据类的模型,并可以用分类模型来划分未知数据的类,从而预测未知数据的趋势。常用的算法思想为决策树、贝叶斯分类等。比如根据用户的资料数据(包括用户一些属性)或其特定的访问模式将其归入某一特定的类。

可以根据客户对某一类产品的访问情况或其添加或抛弃购物车的情况,来对客户分类(即对哪一类产品感兴趣)。更深入一点,可以为客户添加一些属性,如性别、年龄、爱好等(可在网站注册信息中获得),并将对哪一类产品感兴趣定义为目标属性,基于这些属性可以用决策树算法来进行分类,得出符合目标属性的人的特点,如 30 岁以上的男性更容易购买皮鞋等,这样可更精准地捕捉客户并制定营销策略。

③ 聚类分析:聚类即将对象的集合分成由类似的对象组成的多个类的过程。常用的算法思想有划分方法、层次方法、基于密度的方法等。如用 k-means 的划分方法做到类之间差

异化最大,而类内相似性最大。

在使用模式挖掘中主要有两种聚类。一种是页聚类,即将内容相关的页面归到一个网页组,这对网上搜索引擎对网页的搜索有很大帮助。另一种是客户聚类,即将具有相似访问特性的客户归为一组,从而分析出喜好类似的客户群,进而动态地为客户群制定网页内容或提供浏览意见,如通过对众多的浏览"camera"网页的客户分析,发现经常在该网页上花上一段时间去浏览的客户,再通过对这部分客户的登记资料分析,知道这些客户是潜在要买相机的客户群体,就可以调整"camera"网页的内容和风格,以适应客户的需要。这在电子商务市场的分割和为客户提供个性化服务中起到了很大的作用。

④ 时间序列分析:挖掘出数据的前后时间顺序关系,分析是否存在一定趋势,以预测未来的访问模式。序列模式可以用来做客户的浏览趋势分析,也就是找出在一组数据项之后出现的另一组数据项是什么,从而形成一组按时间排序的会话来预测未来的访问模式。这有利于针对特别客户安排特定的内容。

在时间序列分析中一个重要的方法思想是相似时序,需要在 Web 日志中发现所有满足客户规定的最小支持度的大序列模式。序列模式的发现就是要在有序的事务集中,找到那些一个项跟随着另一个项的内部事务模式。

(3) 模式分析

在挖掘出一系列客户访问模式和规则后,还需要进一步观察发现的规则、模式和统计值。之后确定下一步怎么办,是发布模式还是对数据挖掘过程进行进一步调整。如果经过模式分析发现该模式不是想要的有价值的模式,则需要对挖掘过程进行调整,再转入第二步重新开始。反之,即发现感兴趣的规则模式,可采用可视化技术以图形界面的方式提供给使用者。

Web 数据挖掘将数据挖掘技术应用到互联网数据上,理论上可行,但是由于互联网自身的一些特点,也面临一些需要克服的技术难点。

① 互联网上的数据动态性很强,页面本身的内容和相关的链接经常更新。而互联网面对的客户也各不相同,这些都增加了客户行为模式分析的困难度。而且,互联网上的数据是海量增长的。

② Web 页面支持多种媒体的表达,比一般文本文件结构复杂很多。人们希望通过 Web 来实现世界各种信息的互通,所以这个平台需要表达现实应用中所有的任何信息。因此,也造成了互联网数据的复杂性这个特点,互联网上的文档一般是分布的、异构的、无结构或者半结构的。目前 XML 技术的出现为解决这个难题提供了一条可行的道路。

③ 客户访问站点的情况复杂多样。如何从日志文件中构造网站访问模型,挖掘出准确的客户访问模式从而发现网站被访问的规律,是一个复杂问题。

11.3.3 Web 挖掘应用与案例分析

Web 挖掘中的内容挖掘、结构挖掘和使用模式挖掘对于电子商务网站来说都具有独特而重要的作用,主要可概括为以下几点。

1. 发现潜在客户

客户在网站上的浏览行为反映了客户的兴趣和购买意向。对一个电子商务网站来说,了解、关注注册客户群体非常重要,但从众多的访问者中发现潜在的客户群体也同样非常关键。如果发现某些客户为潜在客户群体,就可以对这类客户实施一定的策略使他们尽快成为在册客户群体。对一个电子商务网站来说也许就意味着订单数的增多、效益的增加。

2. 提供优质个性化服务,提高客户忠诚度

在电子商务中,传统客户与销售商之间的空间距离对客户来说已经不复存在,客户从一个电子商务网站转换到竞争对手那边,只需点击几下鼠标即可。网站的内容和层次、用词、标题、奖励方案、服务等任何一个地方都有可能成为吸引客户同时也可能失去客户的因素。通过对客户访问信息的挖掘,就能知道客户的浏览行为,从而识别客户的忠实度、喜好、满意度,了解客户的兴趣及需求,动态地调整 Web 页面以满足客户的需要。在 Internet 上的电子商务中一个典型的序列恰好就代表了一个购物者以页面形式在站点上导航的行为,所以可运用数据挖掘中的序列模式发现技术进行挖掘。

3. 改进系统性能,增强安全性

对于电子商务网站的各种数据统计分析有助于改进系统性能,增强系统安全性,并提供相关决策支持。Web 服务器的性能是衡量客户满意度的关键指标,数据挖掘通过分析客户的拥塞记录可以发现站点的性能瓶颈,以提示站点管理者改进 Web 缓存策略、网络传输策略、流量负载平衡机制和数据的分布策略等。此外,还可以通过挖掘找到并分析网络的非法人员数据,从而改进系统弱点,提高站点可靠性,保证电子商务的正常展开。

4. 改进站点设计

对 Web 站点链接结构的优化可从以下三方面来考虑。

(1) 通过对 Web Log 的挖掘,发现客户访问页面的相关性,从而对密切联系的网页之间增加链接,方便客户使用。

(2) 利用路径分析技术判定在一个 Web 站点中最频繁的访问路径,可以考虑把重要的商品信息放在这些页面中,改进页面和网站结构的设计,增强对客户的吸引力,提高销售量。

(3) 通过对 Web Log 的挖掘,发现客户的期望位置。如果在期望位置的访问频率高于对实际位置的访问频率,可考虑在期望位置和实际位置之间建立导航链接,从而实现对 Web 站点结构的优化。

5. 应用于搜索引擎

通过对 Web 网页内容的挖掘,可以实现对网页的聚类和分类,实现网络信息的分类浏览与检索;通过客户使用的历史记录分析,可以有效地进行扩展,提高客户的检索效果;通过运用 Web 挖掘技术改进关键词加权法,可以提高网络信息的准确度,改善检索效果。通过挖掘客户的行为记录和反馈情况可以为站点设计提供改进的依据,从而进一步优化网站组织结构和服务方式来提高网站效率。站点的结构和内容是吸引客户的关键,站点上页面内容的安排和连接如同超市中物品在货架上的摆设一样,把具有一定支持度和信任度的相关联物品摆放在一起有助于销售。比如利用关联规则,可以针对不同客户动态调整站点结构,使客户访问的有关联的页面之间的链接更直接,让客户很容易访问到想要访问的页面。这样的网站往往能给客户留下好印象,提高客户忠诚度,吸引客户不断访问。

6. 聚类客户

许多企业都对企业的客户、市场、销售、服务与支持信息进行深层次挖掘和分析,对客户价值进行分类,发现新的市场机会,增加收入和利润。如图11-8所示,在电子商务中客户聚类是一个重要的方面。通过分组具有相似浏览行为的客户并分析组中客户的共同特征,可以帮助电子商务的组织者更好地了解自己的客户,及时调整页面及页面内容使商务活动能够在一定程度上满足客户的要求,向客户提供更适合、更面向客户的服务,使商务活动对客户和销售商来说更具意义。

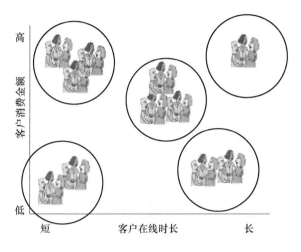

图 11-8 聚类

对于电子商务网站中的海量客户数据,在聚类中可以根据其数据属性进行相似度分析,从而把具有相似数据特点的客户划分到一类。

案例

电子商务网站中的客户聚类分析

(1) 目的:把具有相似性质的客户分在一类中,从而可以针对不同的群体做出不同的动作,比如在网站上推出不同的营销策略、打折优惠等。

(2) 方法:聚类分析,根据客户的关键属性将其分成不同的组别,要求能做到组间差异化最大,组内相似性最大。

具体做法是从电子商务数据中抽取一个具有 N 个元组或者记录的数据集,用分裂法构造 K 个分组,每一个分组就代表一个聚类,$K<N$。而且这 K 个分组满足下列条件。

① 每一个分组至少包含一个数据记录。

② 每一个数据记录属于且仅属于一个分组(注意:这个要求在某些模糊聚类算法中可以放宽)。

对于给定的 K,运用算法首先给出一个初始的分组方法,以后通过反复迭代的方法改变分组,使得每一次改进之后的分组方案都较前一次好。

(3) 算法:k-means 算法。

k-means 算法的基本步骤如下。

① 从 n 个数据对象中任意选择 k 个对象作为初始聚类中心。

② 根据每个聚类对象的均值(中心对象),计算每个对象与这些中心对象的距离,并根

据最小距离重新对相应对象进行划分。

③ 重新计算每个(有变化)聚类的均值(中心对象)。

④ 计算标准测度函数,当满足一定条件,如函数收敛时,则算法终止;如果条件不满足则回到步骤②。

(4) 所需软件:SPSS、PASW Modeler 18、SAS 等。

(5) 操作步骤如下。

① 首先将抽取的数据做一些预处理:清洗无用数据,处理缺失数据,合并重复数据,转换数据格式等。

② 之后选用聚类方法中的 k-means 算法对其进行分析(可同时选取一组数据作为验证组)。

③ 最后用可视化的形式导出结果,对聚类结果进行解释和评价,分析每一类中客户的共同特点,制定相应的营销策略。

(6) 应用:取得的效果如下。

① 客户访问行为聚类分析,从而优化网站技术架构。

② 客户购买行为聚类分析,做不同的促销活动,细分市场,精确营销,提高网站黏度。

③ 页面点击率聚类分析,发现页面流质量。

11.4 实　　训

1. 体验数据挖掘软件 PASW Modeler 18,利用软件中自带的案例数据,按照本章所讲的数据挖掘步骤进行分类和聚类分析。

2. 对得到的结果进行解释,分析得到该结果的原因并作出相关预测。

3. 浏览淘宝或邮乐等电子商务网站,分析站点需要改进的地方,并说明数据挖掘在其中如何应用。

思 考 题

1. 数据挖掘技术是如何产生的?
2. 简述数据挖掘的概念、方法及商业流程。
3. 为什么说电子商务非常适用于数据挖掘技术?
4. 电子商务中的数据来源有哪些?
5. 电子商务中数据挖掘的主要方法有哪些?
6. 数据挖掘在电子商务中有哪些应用?
7. Web 挖掘有哪几大类?分别有什么特点?
8. 简述 Web 使用模式挖掘(包括定义、作用、挖掘方法、挖掘过程等)。

参考文献

[1] 宋文官. 电子商务实用教程[M]. 3版. 北京：高等教育出版社，2007.
[2] 李琪，等. 电子商务图解[M]. 北京：高等教育出版社，2001.
[3] 李琪，等. 电子商务概论[M]. 北京：人民邮电出版社，2002.
[4] 李琪. 电子商务概论[M]. 北京：高等教育出版社，2009.
[5] 梁玉芬，胡丽琴. 电子商务基础与实务[M]. 北京：清华大学出版社，2003.
[6] 张润彤. 电子商务[M]. 北京：科学出版社，2005.
[7] 张润彤. 电子商务概论[M]. 北京：电子工业出版社，2003.
[8] 钟强. 电子商务概论[M]. 北京：清华大学出版社，2003.
[9] 陈科鹤，黄春元. 电子商务实务教程[M]. 北京：清华大学出版社，2002.
[10] 张润彤，王力波. 电子商务基础教程[M]. 北京：首都经济贸易大学出版社，2003.
[11] 杨坚争，杨晨光. 电子商务基础与应用[M]. 3版. 西安：西安电子科技出版社，2001.
[12] 陈修齐. 电子商务物流管理[M]. 北京：电子工业出版社，2006.
[13] 臧良运，纪香清. 电子商务支付与安全[M]. 北京：电子工业出版社，2006.
[14] 徐金宝，解芳. 电子商务概论[M]. 北京：机械工业出版社，2008.
[15] 濮小金，司志刚. 电子商务概论[M]. 北京：机械工业出版社，2005.
[16] 孙运传，邵伟萍，张宁. 电子商务[M]. 北京：北京理工大学出版社，2007.
[17] 严国辉，陈柏良. 电子商务[M]. 北京：北京理工大学出版社，2008.
[18] 柯新生. 网络支付与结算[M]. 北京：电子工业出版社，2005.
[19] 文燕平. 电子商务项目管理[M]. 北京：中国人民大学出版社，2006.
[20] 肖建民. 电子商务网站建设与管理[M]. 大连：东北财经大学出版社，2007.
[21] 孙博. 电子商务网站管理与维护[M]. 北京：北京邮电大学出版社，2008.
[22] 彭欣. 电子商务实用教程[M]. 北京：人民邮电出版社，2005.
[23] 王有为. 移动商务原理与应用[M]. 北京：清华大学出版社，2006.
[24] 张彩霞，等. 电子商务概论[M]. 成都：西南财经大学出版社，2008.
[25] 张宽海. 网上支付结算与电子商务[M]. 重庆：重庆大学出版社，2004.
[26] 张波，孟祥瑞. 网上支付与电子银行[M]. 上海：华东理工大学出版社，2007.
[27] 司林胜. 电子商务案例分析[M]. 重庆：重庆大学出版社，2007.
[28] 浙江淘宝网络有限公司. C2C电子商务创业教程[M]. 北京：清华大学出版社，2008.
[29] 张宽海. 网上支付与结算[M]. 北京：电子工业出版社，2009.

[30] 胡华江,余诗建. 电子商务实务[M]. 北京:北京大学出版社,2007.
[31] 叶红玉,沈凤池. 阿里巴巴电子商务初级认证教程国际贸易方向[M]. 北京:清华大学出版社,2008.
[32] 徐丽娟. 电子商务概论[M]. 北京:机械工业出版社,2008.
[33] 张涛,郑绮萍. 电子商务概论[M]. 北京:机械工业出版社,2008.
[34] 张月玲,韩毅娜. 网页设计教程[M]. 北京:北京交通大学出版社,2006.
[35] 杨选辉. 网页设计与制作教程[M]. 北京:清华大学出版社,2008.
[36] 王秀丽. 网页设计与制作[M]. 北京:清华大学出版社,2006.
[37] 梅灿. 电子商务与物流管理[M]. 北京:机械工业出版社,2008.
[38] 王绍军. 电子商务与物流[M]. 上海:上海交通大学出版社,2007.
[39] 张铎,林自葵. 电子商务与现代物流[M]. 北京:北京大学出版社,2004.
[40] 姜旭平. 网络整合营销传播[M]. 北京:清华大学出版社,2007.
[41] 欧阳峰. 电子商务解决方案[M]. 北京:北京交通大学出版社,2006.
[42] 陈月波. 电子商务解决方案[M]. 北京:电子工业出版社,2007.
[43] 张之峰. 电子商务解决方案[M]. 上海:上海财经大学出版社,2007.
[44] 贝尔森. 构建面向 CRM 的数据挖掘应用[M]. 北京:人民邮电出版社,2001.
[45] 李超锋,卢炎生. Web 使用挖掘技术分析[J]. 计算机科学,2006(2):220-222.
[46] 吕亚丽. Web 日志挖掘及其应用研究[J]. 山西财经大学学报,2006(S1):174-175.
[47] 陈京民,等. 数据仓库与数据挖掘技术[M]. 北京:电子工业出版社,2002.
[48] 吴洪贵,陈文婕. 移动商务基础[M]. 北京:高等教育出版社,2019.
[49] 许应楠. 移动电商基础与实务[M]. 北京:人民邮电出版社,2018.
[50] 张昶. 移动电子商务[M]. 北京:北京邮电大学出版社,2016.
[51] 陈银凤,等. 网络支付与结算[M]. 北京:电子工业出版社,2016.
[52] 周虹. 电子支付与结算[M]. 北京:人民邮电出版社,2016.
[53] 谷斌. 数据仓库与数据挖掘实务[M]. 北京:北京邮电大学出版社,2014.
[54] 方玲玉. 网络营销实务[M]. 北京:高等教育出版社,2014.
[55] 王忠诚,潘维琴. 电子商务概论[M]. 北京:机械工业出版社,2016.
[56] 庄小将. 电子商务应用基础[M]. 沈阳:东北大学出版社,2018.
[57] 百度百科. 百度百科电子邮件推广[EB/OL]. https://baike.baidu.com/item/%E7%94%B5%E5%AD%90%E9%82%AE%E4%BB%B6%E6%8E%A8%E5%B9%BF.
[58] 知乎. 网络营销步骤有哪些?[EB/OL]. https://www.zhihu.com/question/39222200.
[59] 艾瑞网. 2018 中国短视频营销市场研究报告[EB/OL]. http://report.iresearch.cn/report/201812/3302.shtml.